比较哲学翻译与研究丛书

编委会

判教与比较

比较哲学探论

比较哲学翻译与研究丛书

丛书主编 吴根友 万百安

吴根友 著

Classification and Comparison

A Tentative Study on Comparative Philosophy

中国出版集团
東方出版中心

图书在版编目(CIP)数据

判教与比较：比较哲学探论 / 吴根友著. —上海：东方出版中心，2019.7
（比较哲学翻译与研究）
ISBN 978-7-5473-1447-0

Ⅰ.①判… Ⅱ.①吴… Ⅲ.①比较哲学—研究—中国、西方国家 Ⅳ.①B1-03

中国版本图书馆 CIP 数据核字(2019)第 054742 号

判教与比较：比较哲学探论

出版发行：东方出版中心
地　　址：上海市仙霞路 345 号
电　　话：(021)62417400
邮政编码：200336
印　　刷：山东鸿君杰文化发展有限公司
开　　本：890mm×1240mm　1/32
字　　数：276 千字
印　　张：13.875
插　　页：1
版　　次：2019 年 7 月第 1 版第 1 次印刷
ISBN 978-7-5473-1447-0
定　　价：75.00 元

比较哲学翻译与研究丛书

总　序

近四百多年来，人类社会出现的巨大变化之一就是资本主义生产—生活方式的兴起与发展。资本主义生产—生活方式的出现，一方面给人类带来了巨大的物质财富、新的科学技术、对自然与人自身富有广度与深度的认识视野；另一方面，也给人类带来了前所未有的灾难、痛苦，造成了极其严重的环境破坏，而且使人类陷入长时间的焦虑与困惑之中。巨大的物质财富，就其绝对数量而言，可以让全世界70余亿人口过上小康式的生活，但当今全世界的贫困人口仍然有13亿之多，其中赤贫人口有8亿之多。民族、国家之间的冲突、战争不断，文化与文明之间的矛盾冲突，依然彼伏此起。造成这种诸多极不如意的社会生活现状的原因无疑是多方面的，但笔者认为资本主义主导的生产—生活方式要为此担负主要责任。想要解决这些极不如意的世界范围内的生活乱象，方法与途径也将是多元的，而从学术、文化上加强沟通与理解，增进不同文化、文明共同体之间的合作与信任，是其中重要的方法与途径。本套"比较哲学翻译与研究丛书"，本着一种深远的学术济世宏愿，着眼于极其具体、细小的学术研究工作，希望能对全球化时代人类的和平、幸福生活，作出一点微薄的贡献。

简要回顾中西哲学与文化比较研究的历史，大约需要从 16 世纪耶稣会传教士来华的时代算起。一方面，来华传教士将中国的社会、历史文化情况发回欧洲，引起了 17 世纪以后的欧洲对于中国文化的持久兴趣；另一方面，来华传教士带来的欧洲学术、科学、思想文化成果，也引起了中国社会少数有识之士的关注。清代康熙年间的“历法之争”，是中西文化交流过程中的一股逆流，但此股逆流所反映出的外来文化与本土文化之间的关系问题，却是真实而持久的。此一问题，在佛教传入中国的过程中也曾经长期存在过，但印度与中华文明都处在农业文明阶段，不涉及文明之间的生死存亡之争的问题。因而在漫长的佛教中国化过程中，逐渐解决了此问题。耶稣会传教士带来的欧洲文化，无论是其中的一神教的思想，还是一些科学的思维方式，对于古老而悠久的中国文化来说，都是一种强有力的挑战。从 17 世纪初到 19 世纪中叶，中国哲学、文化与欧洲哲学、文化之间的比较研究，可以视之为第一个历史时期。这一时期，由于政治、经济上的自主性，中国哲学与文化也保持着自己的精神主体地位。而在中国大地上进行传教的耶稣会士们，则是主动地让基督教文化向中国哲学、文化靠拢，在中国哲学、文化传统里寻找到有利于他们传教的文化因子，如坚持适应路线的传教领袖利玛窦（Matteo Ricci，1552－1610）就努力在中国传统哲学、文化里寻找与上帝相一致的“帝”观念，以证明基督教的上帝与中国儒家传统有内在的一致性。与此同时，欧洲的一些启蒙思想家，如莱布尼兹（Gottfried Wilhelm Leibniz，1646－1716）、沃尔夫（Christian Wolff，1679－1754）、伏尔泰（Voltaire，1694－1778）、魁奈（Francois Quesnay，1694－1774）等人，则努力从中国哲学与文化里寻找“自然理性”之光，以对抗基督教的“天启之光”，将遥远的中国哲学与文化视为欧洲启蒙文化的同盟军。

1840 年鸦片战争以后，特别是第二次鸦片战争、甲午海战等接二连三的战败，近代中国人在政治上的自主性迅速丧失。伴随而来的是文化自信心的丧失。可以说，直到 1949 年新中国成立以前，中国百年近代史就是一部丧权辱国史，也是一部中华民族不断丧失自己文化自信心，在精神上不断被动和主动阉割自己的历史。哲学、文化的研究，就其主流形态而言，是一种甘当西方，甚至日本哲学、文化的小学生的历史。其中也有一些比较研究的成分，但其比较的结果，就其主要的面向说，都是对自己哲学、文化中专制的、落后的内容进行反思与检讨。只有少数被称为“文化保守主义”者，才努力地发掘中国哲学、文化的自身价值。早年的严复在思想上基本属于革新派，他在 1895 年发表的《论世变之亟》一文，深刻地反省中国文化在近代以来失败的原因，认为其主要原因就是：在政教方面，中国历代圣贤皆未能以自由立教。[1]

新文化运动之初，还未接受马克思主义的陈独秀，曾发表过一篇有关中西哲学与文化比较的文章，文中虽然泛用“东洋”与

---

① 严复此文中的一段话很长，其要义是：“夫自由一言，真中国历古圣贤之所深畏，而从未尝立以为教者也。”（《严复全集》卷七，福州：福建教育出版社，2014 年版，第 12 页。）

"西洋"两词，实际上即是讨论中国哲学、文化与西方哲学、文化。陈独秀在该篇文章里一共从三个方面对中国与西方的哲学、文化做了比较，在整体上都是从否定的角度来评价中国哲学与文化精神的，如第一个方面，"西洋民族以战争为本位，东洋民族以安息为本位。"[①]其最后的结论是："西洋民族性，恶侮辱、宁斗死。东洋民族，恶斗死、宁忍辱。民族而具如斯卑劣无耻之根性，尚有何等颜面，高谈礼教文明而不羞愧！"[②]第二个方面，"西洋民族以个人为本位，东洋民族以家族为本。"其结论是："西洋民族，自古讫今，彻头彻尾，个人主义之民族也。""举一切伦理、道德、政治、法律、社会之所向往，国家之所祈求，拥护个人之自由权利与幸福而已。思想言论之自由，谋个性之发展也。"[③]"东洋民族，自游牧社会，进而为宗法社会，至今无以异焉；自酋长政治，进而为封建政治，至今亦无以异焉。宗法社会，以家族为本位，而个人无权利，一家之人，听命家长。"[④]而被中国传统儒家视之为文明象征的忠孝伦理与道德，在陈独秀看来，是一种半开化民族的"一贯之精神"，此精神有四大害处：一是"损坏个人独立自尊之人格"，二是"窒碍个人意思之自由"，三是"剥夺个人法律上平等之权利"；四是"养成依赖性，戕贼个人之生产力"。而整个"东洋民族社会中种种卑劣不法残酷衰微之象，皆以此四者为之因。"[⑤]第三个方

① 陈独秀：《东西民族根本思想之差异》，《独秀文存》，合肥：安徽人民出版社，1987年版，第27页。
② 同上书，第28页。
③ 同上。
④ 同上。
⑤ 同上书，第29页。

面,“西洋民族以法治为本位,以实利为本位;东洋民族以感情为本位,以虚文为本位。”[①]东洋民族以感情、虚文为本位的结果是:“多外饰厚情,内恒愤忌。以君子始,以小人终,受之者习为贪惰,自促其生以弱其群耳。”[②]

上述是陈独秀在比较哲学与比较文化的视野里,对中国文化的批评与否定,可以视之为激愤之词,在学术性上有很多可以商榷之处,在当时中国处于列强环视、瓜分豆剖之际,可以激发国人深沉自省、洗心革面、奋发向上。今天,随着我们对西方文化的深入了解,我们可以更加客观、理性地看待中西文明各自优劣之处。同时,对近代以来资本主义以殖民的方式对世界各国文化所造成的巨大破坏,以武力侵略的方式对整个人类所制造的各种骇人听闻的惨剧,也不应该加以掩盖。

近百年的中国历史,在政治上是受屈辱的历史,在经济上是被侵略的历史,在文化上则是新旧斗争、中西斗争最激烈的历史。一些被称为“文化保守主义”的学者,在面对西方文化的强势冲击时,努力地维护中国传统哲学、文化的自尊。他们所要维护的有些具体内容未必是正确的,但这种“民族精神自卫”的思维方式与情感倾向,从整体上看是可取之的。几乎与五四新文化运动同步,20 世纪 20 年代,一批信奉儒家思想的现代新儒家们也成长起来,其中,以梁漱溟的《东西方文化及其哲学》(1921)一书为标

① 陈独秀:《东西民族根本思想之差异》,《独秀文存》,合肥:安徽人民出版社,1987 年版,第 28 页。

② 同上书,第 30 页。

志，在中西印哲学与文化的比较方面，开始了系统的、哲学性的思考。梁氏从精神生活、社会生活、物质生活三个方面①出发，对中、西、印三大文化系统的异同、优劣、未来可能的走向进行分析，并对世界文化的发展方向作出预测。他认为，“西方化是以意欲向前要求为其根本精神的”。或者说是“西方化是由意欲向前要求的精神生产‘塞恩斯’与‘德谟克拉西’两大异采的文化”。②“中国文化是以意欲自为调和、持中为其根本精神的。”“印度文化是以意欲反身向后要求为其根本精神的。”③而经过西方近代文化发展阶段之后的未来世界文化发展方向，则是“中国文化的复兴，有似希腊文化在近世的复兴那样”。④ 梁氏的具体论断与其结论，当然都有许多值得商榷之处，但他真正从比较哲学的形上学角度思考了人类几大哲学、文化系统的异同，并对三大文明系统的走向给出了自己的论断。由梁氏所代表的现代新儒家的比较哲学与比较文化的思想表明，20 世纪 20 年代的文化保守主义恰恰为保留自己民族文化的自信提供了一些有益的思想启迪，而从维护全球文化的多元化，反对现代文化的同质化方面，亦为世界文化的丰富性作出了自己的独特贡献。

在回顾 20 世纪中西比较哲学与文化研究的过程中，我们不应该忘记中国共产党人在学术与思想上所作出的贡献。作为中国共产党人集体思想结晶的《新民主主义论》宏文，虽然不是专门

① 梁漱溟：《东西文化及其哲学》，北京：商务印书馆，1999 年版，第 19 页。
② 同上书，第 33 页。
③ 同上书，第 63 页。
④ 同上书，第 202 页。

的比较哲学与比较文化的论著，但其中涉及的中国新文化发展的大问题，特别是面对外来文化时，恰恰为当代中国的比较哲学与文化研究，提供了一个基本的思想原则。在该文里，毛泽东说道："这种新民主主义的文化是民族的。它是反对帝国主义压迫，主张中华民族的尊严和独立的。"[①]面对外来文化，毛泽东说道：

> 中国应该大量吸收外国的进步文化，作为自己文化食粮的原料，这种工作过去还做得不够。这不但是当前的社会主义文化和新民主主义文化，还有外国的古代文化，例如各资本主义国家启蒙时代的文化，凡属我们今天用得着的东西，都应该吸收。[②]

毛泽东所代表的中国共产党人，在20世纪40年代就已经站在本民族文化的再造与创新的高度，触及了中西比较哲学、文化研究的根本方向、历史任务的大问题。当今中国学术界、思想界所从事的比较哲学与比较文化研究，不是为了比较而比较，恰恰是为了中国当代哲学与文化创新而从事中西比较、中外比较，尽可能广泛地吸收世界上各民族创造的一切有价值的文化成果，从而为当代中国的哲学与文化建设事业服务。

实际上，在20世纪比较哲学与文化的领域里，可谓是名家辈出，荦荦大者有王国维、胡适、金岳霖、钱钟书、张岱年、侯外庐，以

---

① 毛泽东：《新民主主义论》，《毛泽东选集》上册，北京：人民出版社，1986年，第397页。
② 同上。

及整个现代新儒家群体，他们的比较哲学与比较文化的研究成果，扩大了中国人的思想视野与知识视野，丰富了中国人的精神内涵，增强了中国哲学与文化的自身活力与创新能力。自 20 世纪 80 年代以来，伴随着中国社会的改革开放，比较哲学与比较文化研究工作，一方面处在恢复发展阶段，另一方面也表现出一些新的特点。除一些学者个人凭借自己的学术兴趣、语言优势，继续从事比较哲学与文化的研究工作外，如像海德格尔（Martin Heidegger，1889－1976）与中国哲学、解释学与中国的解释学等研究成果，一些大型的丛书与杂志也在持续出版，在更大的范围内影响着当代中国的学术、思想与文化。最典型的系列丛书有：乐黛云所开创并主持的比较文学研究丛刊与丛书、刘东主持的“海外汉学研究丛书”、任继愈主编的《国际汉学》系列论文集等。而对于中西哲学比较研究史第一次较为系统的梳理与研究，当以许苏民的皇皇大著《中西哲学比较研究史》为典型代表。当代中国这些新的比较哲学与比较文化研究形态与具体成果表明，随着中国与世界的关系越来越密切，比较哲学与比较文化的研究也越来越深入、越广泛。但就笔者目前所知的情况来看，比较系统、专门地介绍现代西方比较哲学、文化研究，同时又以此主题展开研究的丛书，目前似乎还未出现。因此，我们希望通过此套丛书一辑、二辑，及至于多辑的出版，将当代中国的比较哲学与比较文化研究由比较分散的状态，带向一个相对较为集中、专业的方向，进而为推动当代中国哲学与文化的创新，作一点微薄的贡献。

相对于当代中国哲学与文化的创新和发展的主题而言，比较哲学与比较文化的研究只是一种学术助缘与手段。但在全球化的过程中，比较哲学与比较文化研究将是一个需要有众多学人长期进行耕耘的广阔的学术领域。近四百年来西方文化在此领域所取得的成就，从整体上看要超过中国。不可否认，西方现代文化在其发韧期充满着一种对东方及其他非西方文化、文明的傲慢，而在比较哲学与比较文化研究的领域里，有些结论也带有明显的文化偏见与傲慢，像黑格尔（G.W.F. Hegel，1770－1831）、马克斯·韦伯（Max Weber，1864－1920）等人对东方、中国哲学的一些贬低性的认识与评论，在西方与国际学术界，均产生了相当不好但非常有力的影响，即使是当代中国的有些学人，也深受这些观念的影响。但我们需要全面、系统地了解、研究与翻译现代西方学术中从事比较哲学与比较文明研究的学人，像李约瑟（Jeeph Needham，1900—1995）、斯宾格勒（O.A.G. Spengler，1880－1936）、汤因比（Arnold J. Toynbee，1889－1975）、雅斯贝尔斯（Karl Jaspers，1883－1969）、布罗代尔（Fevnard Broudel，1902－1985）等人的研究成果，而马克思（Karl Max，1818－1883）、恩格斯（Friedrich Evgels，1820－1895），以及法兰克福学派的一些有关全球化的反思与论述，也是我们从事比较哲学研究者需要加以认真研读的。

正在全面走向世界，并将为世界文化作出新的、更大贡献的中国，需要有更加开放的胸怀，学习、吸纳西方哲学与文化，同时还应该放宽眼界，学习、吸纳全世界所有民族的优秀思想与文化。我们还应该对中东、非洲、南美洲的思想与文化传统有所研究与了解，未来的比较哲学与文化翻译与研究丛书中，也应该有这些地区、国家的思想、文化研究成果。中国的现代化，中华民族文化的现代化，应当继承欧美现代化、现代文化的一切优良成果，摒弃其殖民主义、霸权主义、资本主义中唯利是图、垄断等一切不好的内容，从人类一体化，人类命运休戚相关的高度，来发展自己民族的现代化，来创新自己民族的现代文化，为造福世界作出应有贡献。

我们希望有更多胸怀天下的学术青年，加入比较哲学和文化的翻译与研究的领域之中，在现在及未来相当长的一个时间段里，这将是一个生机勃勃，充满希望的学术领地；但也是一个要求艰辛劳作的学术领域，因为在这一领地里工作，要比其他领域付出更多的学术努力与奋斗，更高的外语要求、更多的文献阅读，甚至还要深入异域文化地区进行实地了解，不止是做书斋里的学问。但通过比较哲学与文化的长期研究，我们也会不断地扩展知识视野与思想视野，丰富我们每个人的内在精神，让自己在精神上真正成为文化上有根的世界公民。这或许是比较哲学与文化研究事业在造就新人方面所具有的独特魅力！

是为序。

丛书主编

2019 年 1 月 30 日

自　序

当人类的异质思想与文化相遇之时，比较哲学与比较文化的思维活动就自然而然地产生了。当然，一种自觉的比较哲学与比较文化研究活动，则要等到异质思想与文化双方在各自的生活中感到了某种异己力量的存在，而且需要正式着手加以处理这些异质思想与文化的问题之时，比较哲学与文化的研究活动才会真正地被提上议程，由自发的、个体的兴趣活动，逐渐变成一种自觉的、成规模的，甚至是政府机构开始组织的一种整体的人类精神活动。当代中国哲学发展过程中所出现的比较哲学研究活动，大体上正处在一种由自发逐步走向自觉的过程之中。本书就是这一自觉研究活动过程中一朵细小的浪花，作为一种个别的思维现象，在当代中国纷繁复杂的思想、思潮之中，它甚至可以小到忽略不计。

本书基本上由三大部分构成，一是比较哲学的理论探索，主要区分了比较与判教的问题。在笔者看来，比较哲学与比较文化研究，主要目标不在于站在自己民族的文化立场上对其他民族的思想与文化作一种“判教”式的分别，而是本着一种扩大思想视野与知识视野的态度，以寻求人类更好的生活方式与丰富的思想形态。在实际的比较哲学研究过程中，异质的文化主体要有求同存异，求异中之同、析同中之异的多层次的思想分析，进而为增进人类的精神相通与理解，同时也丰富人类的精神内涵作出贡献。除此主要问题，此一部分论述，还对比较哲学与比较文化研究过程中出现的附会现象，比较哲学与思想过程中深刻的洞见与不自觉的文化偏见、比较哲学研究过程中不可通约性与跨文化的理解等一系列问题，作了一些初步的理论探索。

第二，本书是对具体哲学问题以及少数哲学家的比较哲学研究的成果作一反思性的研究，特别是对 18 世纪以来欧洲哲学家对于中国哲学与文化的赞美与批评的重省，为当代中国哲学与文化的建设，提供一个镜像式的参照系。在现当代中国的哲学研究过程中，始终有一种顽强的声音——中国没有哲学，或中国哲学不是哲学而是思想，21 世纪初德里达(Jacques Derrida，1930－2004)来中国访问，又一次强化了这种声音。而中国哲学界内部，带着对 20 世纪中国哲学史书写范式的反思，提出了“中国哲学合法性”的问题讨论。当我们把眼光投向 18 世纪的欧洲，阅读莱布尼兹、沃尔夫、伏尔泰、魁奈等人的哲学论述时，我们就会发现，那个时期欧洲的主流哲学家当中，至少有相当多的一批人从未怀疑过中国哲学是不是哲学的问题。我们不是说这些人有关中国哲学的观点就一定是对的，而是说，这样的一些思想史的事实可以让我们在新的思想视野与知识视野里，重新思考中国哲学的自身特性问题，以及欧洲哲学对于中国哲学的态度问题。

第三，本书是从“世界哲学”的角度来探索性地思考比较哲学的前途与命运问题，目前当然主要是站在中国哲学的立场上来思考比较哲学的命运问题。按照马克思的观点看，自从现代资本主义社会开始，人类就慢慢地由国别史进入到世界历史的时代，显然世界哲学当然是世界历史在人类思想中的一种自觉的反映。黑格尔以他客观唯心主义的哲学思维方式，第一次系统地探索了世界哲学的发生、发展到最终结束的宏大问题，这在他的四卷本《哲学史讲演录》与《历史哲学》两本书中，有比较细致、深刻，同时也带有各种谬误、独断的论述，在今天，他的观点仍然值得我们高度关注。本书作者还没有这样的学识写出一种世界哲学的发展历史，但有一个初步的思想目标，即努力通过比较哲学与比较文化的研究工作，逐步打通各民族思想与文化之间相互交流的通道，在当前中华民族复兴的过程中，以一种民族文化自觉的形式积极参与到世界范围内的诸子百家争鸣的活动之中。

珞珈中国哲学学科是由萧萐父、李德永、唐明邦诸位先生共同开创的。而萧萐父先生在世的时候特别重视中国哲学与世界哲学的交流与互动，要敢于参与到世界范围内的百家争鸣的活动之中，这是萧先生，也是他生前的学术同道冯契先生共同的主张与理想。如果说从博士生阶段研究开始，在近三十年的中国哲学研究与教学的过程中，本人一直保持着一种比较哲学研究的视角与思维方式，这完全是得力于萧先生的指导。目前向学界奉献的这本小册子，主要是笔者近十几年来零星研究的成果汇聚，还谈不上是系统的研究。笔者非常感谢东方出版中心的领导，尤其是副总编辑刘佩英女士，他们以一种非常超前的眼光，出版包括本书在内的这套“比较哲学翻译与研究丛书”，让我这点还不成熟的思考能以较为集中的方式呈现给学界，让对此问题有兴趣的高明人士审阅与批评。本人真诚欢迎各位方家的批评与指点，以期在比较哲学与文化研究的道路上，走得更加稳健、更加长远。

是为序。

吴根友

2019 年 1 月 7 日草成

目　录

第一章

比较哲学的诸理论问题

第一节 “判教”与“比较”——“比较哲学与比较文化研究”的理论探索

笔者曾经就“比较哲学与比较文化研究”的问题提出了七点断想[①]，本书再对此问题作进一步的申论，特别是针对比较哲学与比较文化研究中的价值评判问题、比较哲学与比较文化研究的理论出发点、比较哲学与比较文化研究在当今世界的意义，以及比较哲学何以可能的四个问题作进一步的阐发，以就教于学界的前辈与同仁。在西方比较哲学与比较文化研究的过程中，也有一些学者批评了“文化沙文主义”的倾向，而中国的学者就“文化沙文主义”现象在比较哲学中的出现是否可以避免，也提出了某种质疑[②]。然而，比较哲学与比较文化研究中的“文化沙文主义”的倾向，即本节所说的“判教”问题，需要更进一步地从哲学理论上

---

① 参见《比较哲学与比较文化论丛》第1辑《序言》，武汉：武汉大学出版社，2009年版。

② 参见朱志方《〈比较哲学原理〉纲要》一文，载于《比较哲学与比较文化论丛》第1辑，武汉大学出版社，2009年版，第10页。又，2010年6月28日在华东师范大学参加学术会议时，笔者曾就避免比较哲学中的“判教”问题发表了自己的想法，倪梁康教授对我的想法提出了质疑。2010年8月22—24日哲学学院大连会议上，郭齐勇教授则认为，“判教”恰恰是理论思维中逼近真理的一种途径。对于上述学界同仁的观点，我的基本观点仍然是：能不能避免“判教”的思维方式与态度，是现实中从事比较哲学研究过程中经验性的个人意愿与态度问题，而应当与不应当运用“判教”的思维从事比较哲学研究，则是理论的出发点问题。仿照康德哲学中“纯粹理性”与“实践理性”的两个概念，笔者认为，避免比较哲学与比较文化研究中的“判教”思维与态度，是一种纯粹的理论要求；而在比较哲学与比较文化的实践中每个从事比较工作的个人能否避免，那是具体实践者的事情。两者虽相关而并不相同。从思想史的角度看，多种“判教”活动固然激发了人们的理论思维水平，然而顽固地坚持自己理论为唯一合理性理论的人肯定会阻碍人们接近真理，至多能保持一种片面的深刻性，尤其不利于思想视域的融合。

加以思考，并给出尝试性的回答。笔者深知这是比较哲学与比较文化研究领域里一个非常复杂的理论问题和现实问题，仅以理论探索的姿态来试图回答这一问题。因此，本节给出的答案是探索性的，诚盼对此问题有兴趣的专家赐教。

一、“判教”与“比较”

无论是比较哲学，还是比较文化研究，都不是传统佛教中的“判教”行为，即以自己的理论为标准，判定其他理论与学说在把握真理的方面为次一级的、不成熟的理论。也许在日常生活中，人们一开始不自觉地从“判教”思维出发来审视其他形式的哲学与文化，但从哲学反思的角度看，这种“判教”思维方式并不因为它是自然而然的因而就是合理的。恰恰相反，这是一种应当经过理性的反思而必须努力加以克服的狭隘思维方式。狭义的“判教”活动，是指中土佛教理论中一种依于自己对佛教教义的理解，而对佛教教义次第展开的内在逻辑进行理论分析的宗教教义的学术研究活动。[①] 广义的“判教”活动，则是指学术研究过程中某些学者或思想家从自己推崇的一种理论出发判别其他理论成就高低的学术活动。这样一种广义的“判教”学术活动，在中国先秦学术史中就已经有了萌芽状态。《庄子・天下》篇从道家理论出发，对各家各派的理论加以评判；《荀子》一书中的《非十二子》《解蔽》等篇则从儒家的角度对各家各派的理论得失进行评判；《韩非

---

① 参见吕澂《中国佛学源流略讲》，北京：中华书局，1979 年版，第 117—132 页，以及该书附录部分有关天台宗、慈恩宗、华严宗的“判教”思想的介绍。

子》一书中的《显学》《五蠹》等篇，司马谈《论六家要旨》一文，都可以看作是一种广义的“判教”文章。

与此广义“判教”思维活动颇为类似的另一种学术研究，就是“比较”研究。在“比较”研究活动过程中，固然也有两种或两种以上的理论之间的异同、高下的比较，并要给出一个判断，然与“判教”活动不同的是：“比较”研究不应当以研究者自以为是的某种理论为标准来判决另一种理论的是非、高下，而是将用来作“比较”的两种或两种以上的理论相互作为对方的参照，寻找出其中的异同，并进而析出其中的“异中之同”与“同中之异”，最终达到一种“视域的融合”。

不过，在“比较”研究中，如何避免庄子在《齐物论》一文中所批评的现象——简单地站在甲或乙、或合取甲乙的立场上对甲、乙进行裁判，这是比较研究必需要避免的思维陷阱。而庄子在《秋水》篇曾提出“以道观之”的超越方法，从而与以物观之、以俗观之、以差观之、以功观之、以趣观之的五种“判教”的方法区别开来，则是我们要认真加以吸取的哲学判断。

当然，我们会自然地追问：庄子的“以道观之”是否也是另一种“判教”而不是一种真正的哲学判断呢？笔者的回答是：“以道观之”的方法虽然是由庄子学派提出来的，但不是仅仅站在以庄子为代表的理论角度来判定其他学派的理论得失，而是基于一种理想性的整全角度来发掘万事万物各自具有的本性与独特价值。经验世界中的每个人都是有局限性的存在者与活动者，不可能做到无偏的判断，然而，这并不能否定人们从理论上设想从整全的角度来评价万事万物的可能性，以及将对整全性的要求作为一种最高级的方法去追求。换句话说，“以道观之”的判别方法，不只是有利于庄子学派一家的方法，而是从此方法出发也可以判别庄子学派自身的不足，并且从理论上说并不给庄子学派任何优越于其他学派的评判地位。从“道”的角度看，万物皆有自己内在的价值，不同的理论、学说即使各具一定程度的真理性内容，然而都不能穷尽真理，而至多只能说具有部分的真理性。虽然，庄子学派可能自认为他们的学说达到了“以道观之”的高度，然而从他者的角度看，庄子学派所把握的真理也只是“道”之一偏。因此，“以道观之”可以作为比较哲学一个理想性的原则或思想的出发点。

在现代西方哲学史中，雅斯贝尔斯《大哲学家》一书为中、西、印的比较哲学研究提供了一种值得关注的新文本。该书将哲学家分成三种不同的类型，即思想范式的创造者、思辨的集大成者、原创性形而上学家三大类型，然后将中、西、印不同的哲学家纳入这些类型之中，形成一种“世界哲学”视域下的新哲学分类。① 雅氏的这种做法与以往单纯从西方哲学的知识体系出发来裁量中国与印度，以及其他民族哲学的做法相比，显然是一种巨大的思维转向。这种思维转向对于我们今天继续从事比较哲学与比较文化的研究工作提供了极其有益的启示。不过，笔者认为，雅氏的比较哲学成果仍然带有“判教”的痕迹，即他没有对自己的比较研究基础进行一种理论的清理，而是在一种自我设定的思想范式

---

① 参见［德］雅斯贝尔斯著，李雪涛主译，李雪涛校：《大哲学家》（修订版），北京：社会科学文献出版社，2010年版。

下进行不同的理论之间的比较研究，对于自己文化传统的思想给予了更多的肯定，而缺乏从他者的角度对自己的文化进行有力的批评，因而距离一种理想性的比较哲学研究还是有相当大的距离。

什么是“比较”研究的理想前提呢？这是从事比较哲学与比较文化研究者首先必须加以追问并予以回答的理论问题。

笔者认为，在全球化的时代，思想与文化的“比较”研究活动开始之前，我们必有一预设的价值原点，那就是我们将认定某些价值是我们人类可欲的与必需的。超越“比较”研究活动中“判教”思维的影响，决不意味着我们在价值追求方面是处于一种绝对的“白板”（tabula rasa）状态。当代思想与文化的“比较”研究活动——无论是比较哲学还是比较文化研究活动，似乎都应当服从如下两个原则：其一是，发掘并维护本民族文化的独特性；其二是，探索并贞定全人类文明的共通性原则。这两个原则既有内在的联系，又在一定程度上表现出矛盾的特性。然而从辩证法的高度看，它们之间是辩证的统一的。人类各民族文化的独特性是保证人类文化多样性的绝对要求，而确立人类文明的共通性原则是“地球村”时代世界公民生活的必然要求。因此，关心本民族文化的独特性与探索人类文明的共通性原则，都内在关联着人类共同体的健康与未来命运的绝对要求，因而就成为当今比较哲学与比较文化研究的价值起点。而与此价值起点具有内在联系的现代性原则，就是每个个体平等、自由而全面的发展。“比较”研究不能忽视现代文化给予我们人类提供的这一“绝对命令”。而上述所说的两条原则——即各民族文化的独特性原则，人类文明的共通性原则与人的平等、自由、全面发展的现代性原则，就构成我们今日世界哲学“以道观之”的超越视角，也可以说是最基本的出发点。

接下来，比较哲学与比较文化首先要面对的是如何对我们讨论的问题进行一种哲学的贞定，如什么是哲学，什么是科学？只有在大致可以接受的哲学观与科学观的基础之上，我们才可以谈论中国哲学与西方哲学的比较，谈论中国有没有科学、中医是不是科学，以及科学的诸种形态等问题。否则，我们所有自觉与不自觉的“比较”研究活动，都是一种或明或暗的“判教”活动。而在经济全球化与文化多元化的世界历史的新阶段里，任何一种正统的或变相的“判教”思维，都不利于世界范围内的“诸子百家争鸣”[①]的学术活动。一些好心的西方学者，以及一些坚持概念明晰性的中国学者，认为“哲学”只能是古希腊意义下的“哲学”，中国没有哲学而有思想，思想不一定比哲学低级；中医不是科学不影响中医的价值等观点，在学术上也许可以成为一家之言，然而在实际上是不利于中国哲学、中医的发展的。当“哲学”成为一种世界性的知识体系，“科学”成为一种有力的价值尺度的现代社会里，我们需要做的是努力改变西方人对“哲学”与“科学”的地方性定义，使它们摆脱西方文化狭隘的地方性、经验性的内容，从而扩

---

① 先师萧萐父先生晚年多次对我，以及其他场合对其他人都讲到，要勇敢地参与世界范围内的诸子百家争鸣活动之中。而在他晚年的文章中也提到：“我们面临的是‘世界性的百家争鸣’，海内外中国哲学的各流派，都将在‘国际范围的百家争鸣中接受考验。’为此，中国哲学文化必须经过一个自我批判的阶段，进行系统全面的反思，克服各种‘理论上的盲目性’。”（《吹沙三集》，成都：巴蜀书社，2007 年版，第 6—7 页。）

展为一种新的世界历史时代的新概念，重新定义哲学与科学将是比较哲学与比较文化所要面对的一项具体的学术任务。顾颉刚在讨论许慎的《五经异义》（已佚）一书与《白虎通德论》一书的不同时，曾经也涉及了我在这里所论的“比较”研究的理论问题，尽管他研究的目的并不是谈论这一问题。他认为，这两部书的着眼点都在于比较同异，然而，《白虎通德论》一书“在比较之后作主观的取舍，乃是求取信仰的正鹄”；而《五经异义》一书“将各家同异之点一一胪陈，目的乃在显示他们的真相”，“固然在显示了真相之后也要加以别择，但这就是批评的态度而不是信仰的态度了。”①

在此，我将“求取信仰的正鹄”的比较称为“判教式的比较”，而将“显示真相的取舍、别择”的比较称为“求知式的比较”。固然，在文化研究领域，特别是在涉及宗教信仰领域的问题时，“求知式的比较”并不很容易做到“显示真相”的理论目标，如基督教的上帝信仰与佛教对于佛的信仰，这两者之间我们无法判断哪种信仰是“信仰的真相”？但是，如果我们换一个角度来思考此问题，即对“信仰”这一精神现象作一历史的、多元的比较文化的研究，也许我们就会发现，作为带有相当强的主观倾向性的“信仰”本身，没有什么对与错之分。每一种信仰都植根于一种文化传统，并与一定的历史阶段里人们的社会生活相适应。如果明白了“信仰”这一精神现象的“真相”，则我们对于各种具体的信仰现象，如信上帝、信佛或者信仰其他，它们之间其实都可以相互尊

---

① 顾颉刚：《战国秦汉间人的造伪与辨伪》，载于《古史辨自序》（上），石家庄：河北教育出版社，2000 年版，第 175 页。

重、相互并存的，不必以某一种信仰为正宗而排挤、打击其他信仰，而这或许正是"求知式的比较"相对于"判教式的比较"的优胜之处。现代社会呼吁"宗教宽容"的价值诉求，恰恰应当建立在"求知式的比较"宗教与比较文化研究的理性认知基础之上。

二、判教，一家之学也；求是，比较之研究也——"判教"与"比较"的性质区分

我们究竟需要一种什么样的思想与文化"比较"研究的理论？在此，我愿再引顾颉刚批评中国传统士大夫之学时所说的一段话，作为传统的"判教之家学"与今日所追求的"求是之比较"两者之间不同的一种说明。顾颉刚说："旧时士夫之学，动称经史词章。此其所谓统系乃经籍之统系，非科学之统系也。惟其不明于科学之统系，故鄙视比较会合之事，以为浅人之见，各守其家学之壁垒而不肯察事物之会通。夫求学术者与天下共之，不可以一国一家自私。凡以国与家标识其学者，止可谓之学史，不可谓之学。执学史而以为学，则其心志囚拘于古书，古书不变，学亦不进矣。为家学者未尝不曰家学所以求一贯，为学而不一贯是滋其纷乱也。然一贯者当于事实求之，不当于一家之言求之。"①

在上文中，顾颉刚批评了"鄙视比较会合之事"，"各守其家学之壁垒而不肯察事物之会通"的"一家之私学"，倡导一种"科学之统系"的"学"，并认定这种"天下公器"之"学"的性质是："求一贯

① 顾颉刚：《〈古史辨〉第一册自序》，《古史辨自序》（上），石家庄：河北教育出版社，2000年版，第48页。

者当于事实求之，不当于一家之言求之。”让其“学术应直接取材于事物”，以“辨然否”为旨归，而消除“家学”之蔽障。[1] 这一学术理想，似乎可以借为今日比较哲学与比较文化研究的学术理想，同时又提醒我们：比较哲学与比较文化之研究，也是一种科学的认识活动。而认识活动的一项重要任务就是追求认识结果的正确性，也即是通常所说的“真理”。这样一来，对于各种哲学形态与文化形态的研究，在认识论层面就无法避免对其中的真假、是非、对错进行判断。而对于那些带有较多真理性认识的哲学体系或文化体系，我们理当给予更高的评价。相反，那些带有较少真理性认识的哲学体系或文化体系，理当给予较少的肯定，因而也就应当处于相对低一级的层次。这种比较哲学与比较文化研究的认识论成果，我暂且称为思想的“鉴定”，从而与上文所否定的“判教”思维区别开来。

思想的“鉴定”与“判教”究竟有什么根本的不同呢？依据上文所论，我们所说的“判教”，是指以一种哲学体系或文化类型为对错、优劣的标准，来审判其他哲学体系与文化类型价值的高低。不同哲学体系或文化类型在把握事相的准确程度上的真理性内容有多有少，这是可能的，这也是思想史和文化史的真实。在人类文明的发展过程中，每一种哲学体系或文化类型因为其所把握事相的真理性认识的多少而自然构成一种高高低低的人类文明的立体图景，但这种认识论层面依据真理性认识的多少而给出文

① 顾颉刚：《〈古史辨〉第一册自序》，《古史辨自序》（上），石家庄：河北教育出版社，2000 年版，第 48—49 页。

化价值的相对差异性的论断，并不是一种“判教”，而恰恰是基于比较哲学与比较文化研究之后，参照事相而言得出的真理性认识。这一真理性的认识告诉我们，每一种哲学体系与文化类型在把握事相的过程中可能皆只有其相对性的价值，而无法充当裁量其他哲学体系或文化类型价值的重任。在人类认识的无限过程与无限边界面前，所有的包含着或多或少的真理性认识的哲学体系与文化类型，都只是人类认识无限世界和对世界的无限认识的大网上的一个纽结。假如世界是一个无限大的大象，甲哲学体系或文化类型偏重于从大象的腿说世界的柱状特征，乙哲学体系或文化类型偏重于从大象的耳朵说世界的扇状特征，而丙哲学体系或文化类型偏重于从大象的尾巴说世界的绳状特征，其他 N 种多的哲学体系或文化类型偏重于从大象的其他方面说世界的特征，如我们有人以其中的任何一种哲学体系或文化类型为标准，来判断其他种说法的高低，这种判断就是“判教”。如果我们以人类意识中理想型的“大象”为标准，来分别析取其中的不同说法的可取之处，则就是一种科学的求真性的认识、判断与鉴别，而不是“判教”。

也许有人会说，有一种哲学理论、文化类型或一种宗教教义把大象的所有特征都说出来了，那么这种哲学理论、文化类型或宗教是否就可以胜任“判教”的任务呢？对于此种设想，我尝试作如下的回答：

其一，这一设想在逻辑上是不成立的。既然世界是无限大的大象，就没有一种哲学理论或文化类型把握这头无限大的大象的所有特征。“无限大的大象”只是一指示性的言语形式，它指向的是一个没有边界、永远开放、动态的无始无终的存在自身，而不是对存在自身的定义与规定。

其二，所有哲学体系与文化类型，都是由非常有局限的人创造出来的，因而不存在能把握无限的哲学体系、文化类型或宗教教义。

其三，所有的真理性认识都只是相对的真理性认识。这种相对性可以相对于无限的世界而言是相对的，也可以相对于不同个人在具体的历史条件下的认识能力而言是相对的，以及认识主体对于无限世界认识维度的相对性而言是相对的等多重角度而言的。

其四，作为认识论的结果——真理性的认识，具有较大范围的可公度性，即有相对大的范围内的可接受性。而这种可接受性可以超越某种理论与教义原则的影响，而以地球上的人是同类，必须把对方当作人看待的基本原则作为认识论真理的基本前提。换句话说，所有认识论领域的真理性认识不得具有或隐或显、或直接或间接的反人类的思想倾向。

我们可以根据人类认识能力及其相互的可理解性，说某种哲学、某些哲学体系或文化类型更有真理性，或者说具有相对多一点的真理性认识，但绝对不是说某种哲学体系或文化类型可以上升到绝对真理的高度，以之作为标准来裁量其他哲学体系与文化类型。只有相对好一些的哲学理论或文化类型，但不存在可以作为标准的哲学体系或文化类型。由此可知，运用传统的“家学”观念来从事比较哲学与比较文化研究固然行不通了，运用变相的“家学”——如固守一国之学，一种宗教文化传统之学，一个学派之学的“新家学”，也无法从事比较哲学与比较文化的研究活动。作为“天下之公器”的现代之“学”当以追求全人类的福祉为最高目的。而就学术研究的自身目标而言，比较哲学与比较文化研究则应当是：观其异同、求其会通、探寻公是，通过比较哲学与比较文化的研究工作扩展人类认识的视野，避免各种认识之蔽。而就学术研究的社会责任来说，既解决学术领域内的理论问题，也解决人生与社会问题。而比较哲学与比较文化研究的社会责任与目标，也与一切学术研究的终极目标相通，即造福于人类的生活。

求同存异，辨其异中之同、同中之异，探寻公是，是比较哲学与比较文化研究的基本任务。而力求在文化价值的认同方面达成某些低度的共识，是“世界历史”的新时代对比较哲学与比较文化研究提出的现实要求。在扩大低度共识与维护多元文化并存的思想张力中，使比较哲学与比较文化的学术研究活动充满着长盛不衰的生命力。

三、成为精神的旅游者——比较哲学与比较文化研究的主体精神

我们深知，当今世界是一个充满多重矛盾的人类共同体，一方面是经济的全球化，另一方面是文化的本土化。经济的全球化需要文化的一体化作为支撑。而追求多元、合理的价值形态，以

对抗经济全球化过程中出现的“文化同质化”的现象，从而保存人类文化生态的多样性。这样一个看似矛盾的生活现象，其实从人类生存的深层次需求来看是相辅相成的。尝试论之：从文明发展的趋势看，“全球化”恰恰给各民族文化的发展以一种方向感，它要求人类在“地球村”时代具有同类相爱的人文心理和伦理精神；“本土化”则满足人们的故乡情结而给人一种家园感，使人们在全球化时代里成为随心而游的文化“旅行者”，而不是沦为文化的“流浪者”。人们从自己熟悉的、固有的文化传统出发理解人类的共同命运及人类一体化时代里的低度共通原则，在深爱自己民族精神时，以一种博大的胸怀欣赏、接纳、吸收他者的文化。比较哲学与比较文化研究，正是基于对当今及未来世界文明发展方向的体认，要求不同的学者在各自的专业学术领域里从事新文化的建设与创造工作。

众所周知，“轴心时代”的四大文明基本上是独立创造出来的，现代文明是通过资本的扩张方式把全世界各民族拉扯到一起的，其间充满了血腥的掠夺与屠杀。20 世纪两次世界大战给人类带来的心灵创伤至今仍未痊愈，而核战争的阴影与乌云也时常飘浮在人们的头顶。然而，我们今日及未来人类所处的“地球村”时代，则需要一种从根本上来说是全新的文化理念。这种文化理念的核心内容是：人类文明在一体化的趋势下必须坚守人人相爱的理念，并以人人相爱为文化心理起点，以平等、互惠、和平、协商的方式实现文明间的交流与对话，从而实现人类文化核心理念的再创造。而要实现这一伟大的抱负，在目前的情况下，则必须通过人类文明的综合创新，在中国，则大体上需要经历“漫汗通观儒释道，从容涵化印中西”（萧萐父语）的漫长过程，迎接世界性的文化核心理念再创造的未来。文化核心理念再创造是一崇高而遥远的理想，但它能给我们人文学者的学术与文化研究提供一个方向。朝着这一方向，“比较哲学与比较文化研究”要反对单一的“求同”或“立异”的目标。对此，萧萐父先生有非常透彻的论述。他说：“只有把‘寻根意识’和‘全球意识’结合起来，通过‘两化’，实现中国文化的解构重构、推陈出新，作出新的综合创新，才能有充分准备去参与世界性的‘百家争鸣’，与世界学术多方面接轨、多渠道对话，从而对人类文化的新整合和新发展作出应有的贡献。”①

笔者认为，今天以及未来的人类要做两件大事：一是要超越国界、民族、地区利益的限制，真切维护人类共同的生存根基，让地球成为全人类的共同家园；二是要拓展生存空间，让人类逐步走出太阳系的自然力量给予人类的限制，至少在银河系里寻找到更大的发展空间。而与人类实际事业相联系的文化事业则是：一是要共建“地球村”的文明形态；二是要拓展“信天游”，做“天民”的新文明理念，而这两个目标其实可以整合成一个统一的目标，那就是依托“地球村”文明形态而共谋人类的生存与发展的新文化理念。一切环境保护主义者与生态主义者的理想也必将以维护人类的共同生存与发展为终极目的，今日及未来的人类所有

---

① 萧萐父：《东西慧梦几时圆——1998 年 11 月香港“中华文化与二十一世纪”国际学术研讨会上的发言》，载于《吹沙三集》，成都：巴蜀书社，2007 年版，第 8 页。

事业，只有在这个切近而又遥远的目标指引下才能找到自己的意义与方向。

四、视界的扩大与人格的成长——比较哲学与比较文化研究的知性价值与伦理价值

笔者曾经在文章中指出，近现代中国哲学一开始就是比较哲学的。[①] 这种比较哲学虽然有“以西释中”的“反向格义”（刘笑敢语）倾向，但也体现了中国近现代哲学所具有的独特的开放性。作为中国现代思想开风气之先的领袖人物之一的胡适，他在写《中国哲学史大纲》一书时，也涉及比较哲学与比较文化研究的方法问题。他在论哲学史史料的整理方法时，一共说了三点：一是版本校勘，二是文字训诂，三是全书的“内容要旨融会贯通”。[②] 而在论“贯通”的方法时说道，中国古代哲学距离今天年代久远，成了绝学，如何去理解呢？胡适认为，别国的哲学史上，有时也会发生那些问题，也曾用过那些名词，也曾产出大同小异或小同大异的学说，于是，“我们有了这种比较参考的材料，往往能互相印证，互相发明。”[③]而他自己所用的“比较参证的材料，便是西洋的哲学。”[④]

非常有意思的是，胡适在“比较”研究中要消除的是中国人的

---

① 参见吴根友：《从比较哲学到世界哲学——从谭嗣同〈仁学〉中的‘通’论看比较哲学的前景》，载于《哲学动态》，2009 年第 12 期。

② 胡适：《中国哲学史大纲》（卷上），载于《胡适学术文集》（上），姜义华主编，北京：中华书局，1991 年版，第 24—27 页。

③ 同上。

④ 同上书，第 28 页。

"自夸"心理,而不是"自悲"心理。他说:"我虽用西洋哲学作参考资料,并不以为中国古代也有某种学说,便可以自夸自喜。做历史的人,千万不可存一毫主观的成见。须知东西的学术思想的互相印证,互相发明,至多不过可以见得人类的官能心理大概相同,故遇着大同小异的境地时势,便会产出大同小异的思想学派。东家所有,西家所无,只因为时势境地不同。西家未必不如东家,东家也不配夸炫于西家。何况东西所同有,谁也不配夸张自豪。故本书的主张,但以为我们若相贯通整理中国哲学史的史料,不可不借用别系的哲学,作一种解释演述的工具。此外别无他种穿凿附会、发扬国光、自己夸耀的心。"①

胡适说这话的时间是 1917 年,属于中国传统经学向现代多元学术过渡的时代。他警告当时的文化遗老遗少们,不要因为我们也有西方文化的某些东西而沾沾自喜,从而不再虚心地向西方学习。时隔两年之后,即五四新文化运动之后,中国人逐渐感觉到事事不如人,崇洋媚外的思想与文化心理逐渐成为 20 世纪 20 年代以后的主要倾向。直到今天,这种崇洋的思想与文化心态也很难说完全扭转过来了。作为一种学术研究活动,"比较哲学与比较文化"研究如何在拓展中国人的知识视野的同时,也能在"比较"的过程中确立新的伦理观,将是当前中国比较哲学与比较文化研究的现实任务。萧萐父先生曾在比较哲学与比较文化的视野下,对中国哲学文化的自身任务提出了两点看法,值得我们认

① 胡适:《中国哲学史大纲》(卷上),载于《胡适学术文集》(上),姜义华主编,北京:中华书局,1991 年版,第 28 页。

真咀嚼与反思。他说:“一方面,消极地说,中国哲学文化必须通过自我批判的反思和历史教训的总结,从根本上走出单一政治化的旧格局,而更好地恢复和实现学术文化固有的价值和功能。同时,也必然由统合走向分殊,摆脱‘统比分好’‘贵一贱多’的传统偏见,而走向真正百花齐放的多元的发展方向。”[①]“另一方面,积极地说,中国哲学文化的未来发展,应当更好地实现‘两化’,即中国传统文化的现代化和西方先进文化的中国化。‘两化’是互相区别而又互相联系的文化过程,必须善于兼顾,才能逐步圆满解决古今和中西两方面的矛盾的复杂交错的问题。”[②]

在萧先生所论的基础上,我再进一步地提出一点新的想法,即当前中国的比较哲学与比较文化研究不仅要提供新的知识视野,而且要在“知与德交相养”的过程中有助于现代中国人新的理想人格的养成。这一新的理想人格应当是中国化的马克思主义者冯契先生所说的“平民化的自由人格”[③],而不再是传统儒家文化中的圣人人格、君子人格,或者佛、道两教出家修行的修士型人格,至少主流的理想人格形态不能是这样的。而由具有“平民化的自由人格”的个人组成的世界将是一个“自由人的联合体”,或者是一个“和而不同”的“万民社会”。因此,比较哲学与比较文化的研究必将促进中国人伦理价值观的变化,使它既不脱离中国传统,同时又是中国化了、现代型的中国人的伦理价值观。

---

① 萧萐父:《东西慧梦几时圆——1998 年 11 月香港“中华文化与二十一世纪”国际学术研讨会上的发言》,载于《吹沙三集》,成都:巴蜀书社,2007 年版,第 7 页。
② 同上,第 8 页。
③ 参见吴根友:《冯契“平民化自由人格”申论》,载于《哲学研究》,1997 年第 11 期。

五、一个开放的话题：从“哲学无定论”看比较哲学何以可能，有何作为？

1988 年，武汉大学哲学学院前辈学者陈修斋先生发表了一篇非常引人深思的哲学文章——《关于哲学本性问题的思考》，提出了“哲学无定论”的著名命题，对于哲学的“性质”问题提出了非常思辨的新观点。这一新的“哲学观”对于我们进一步思考“比较哲学何以可能”的问题提供了新的思路。陈先生这样说：“事实上不仅对于哲学的定义无定论，对于哲学是否应有或能有公认定义总是无定论，对于哲学所讨论的许多问题也都无定论。我认为，无定论正是哲学的本性，只有无定论的问题才是真正的哲学问题，而真正的哲学问题总是无定论的。如果一旦有了定论，则它就是科学问题，而原本并不是或不再是哲学问题了。”①

陈先生的这一段话，笔者认为可从如下三个层面来理解“哲学无定论”：

1）人们关于何为“哲学”的定义本身没有一个普遍接受的公论，此为“哲学”观念或学科内涵的“无定论”。

2）对于“哲学”观念与学科内涵的本身是否应该，或者是否能够有公认的定义，人们也没有普遍接受的公论。而“是否应该”属于合理性的追问，“是否能够”则属于人们能否有达成、实现定

① 陈修斋著，段德智编：《陈修斋论哲学与哲学史》，北京：人民出版社，2009 年版，第 31 页。（案：此一观点是对贺麟先生“哲学无定论”的演义。）

论的能力问题，这是对于人类认知能力与接受能力和社会条件的许可性的追问。

3）对于“哲学”这门学科或知识系统所讨论的问题给予了贞定，即只有那些不具有普遍接受答案的问题才有可能成为哲学问题。

依据陈先生“哲学无定论”的观点，我们也可以说，他自己的哲学观也是可以讨论的。然而，在此处，我们并不是要讨论这一“哲学无定论”的观点，而只是从这一新的哲学观出发来思考比较哲学与比较文化研究的前途问题。既然“哲学无定论”，则表明在历史的维度里，人们关于“哲学”本身性质的认识是不断变化、不断深化与丰富化的；人们对于事物、具体认识对象的哲学分析与综合认识的结论不断在变化、深化与丰富化；而且还表明不同的民族，不同的人群，不同的阶级或阶层对于相同的认识对象也有不同的认识结论。这既显示了客观对象自身的丰富性与复杂性，也显示了人的认识能力的有限性与认识的关注点具有差异性，从而在整体上显示了人类“认识活动”自身的丰富性与复杂性。“哲学无定论”，就其呼唤思想解放的内在呐喊而言，它并不导向一种无可救药的怀疑主义和人们对相对真理的把握的否定，而毋宁说它以认识论的多元论思维姿态引导人们把握更加丰富的对象性世界，从而摆脱现实生活中形形色色的教条主义的、绝对主义的真理观的束缚，尤其是要摆脱以西方哲学、文化为绝对标准的哲学观，从而改变当前学术界自觉不自觉地以西方哲学、文化为标准的“判教”心态。陈先生在回答作为“无定论的哲学”有何作用的问题时，从三个方面肯定了哲学的价值，并对改变比较哲学研究过程中的“判教”心态有极强的启示意义。他认为，作为“无定论的哲学”，其一，“可以锻炼理论思维能力”；其二，“有助于使人树立正确的世界观和人生观，以作为立身处世之本”；①其三，哲学虽然无定论，“但也决不是说各种哲学观点都是不分轩轾的、无是非优劣可分的。我们虽永远不可能达到作为对世界的‘最后一言’式的‘绝对真理’，但这绝不是说我们就不能通过努力学习和实践而掌握一定的相对真理。”②而要把握“相对真理”，还是只有通过学习哲学，在社会实践过程中加以比较、检验，择善而从。因此，哲学“有助于使人摆脱心灵的桎梏，解放思想，开拓心胸，提高精神境界。”“通过良好的哲学训练，能从宇宙全体的高度来看待一切事物，看到个人在宇宙中的地位，就会有如登高望远，心胸开阔，眼光远大，不致为个人区区小事烦恼，从而获得精神的自由。”③

借用陈先生“哲学无定论”的命题，我们似乎也可以说，“比较哲学与比较文化”的研究活动是无止境的。即使到了世界大同，并且形成了所谓的“世界哲学”之时，比较哲学与比较文化的研究也仍然有事情可做，因为联结成为一体的世界及其文化，将是一个新的“百家争鸣”的时代，而且也会不断地产生新的人生问题与哲学问题。

---

① 陈修斋著，段德智编：《陈修斋论哲学与哲学史》，北京：人民出版社，2009 年版，第 39 页。
② 同上。
③ 同上。

如果说，谚语中“有比较才有鉴别”一语包含了浓厚的真假、价值高低的择别式的意涵，从而也保留了浓厚的“判教”意识。那么从哲学的高度来重省“比较哲学”与“比较文化”研究活动时，“鉴”与“别”恰恰是通过“比较”的行为而对认识对象的特征有所把握。“鉴”就是相互比照，既是物与物放在一起的比照，更是鉴别物与物的人的眼光、认识能力之间的相互比照，尤其是人的认识能力的相互比照。两个不同的物放在一起也是相互鉴别，然而，如果没有认识主体的人参与其中，这种鉴别则是无意义的。对于一头驴子而言，两堆不同的草垛放在它面前有什么意义？因此，只是对于人的认识而言，对于人的需求而言，鉴的意义才能凸显出来。有“鉴”而后有“别”，“别”的最基本意思就是区分，就是对认识对象的性质进行划界。也正是不断地通过对对象世界的鉴与别，人的认识能力扩大了，人的内心世界丰富了、复杂了，而这一切，都离不开“比较”。也正是从这一角度说，“比较”天然的是哲学的，也是文化的。当然，“比较”并不全然是哲学的，商人的比较就极有可能是经济的、功利的。要使“比较”成为哲学的，并由哲学性的比较上升为一种“比较哲学”，就必须超越人在认识视野上的狭窄性，价值选择方面的狭隘性和人的心胸、气度方面的狭隘性，通过比较哲学与比较文化的研究活动，谨慎地从事去伪存真、去粗取精，寻求并扩大人类认识的共识范围，同时又保存一些可以并存不悖的差异性，则“比较哲学与比较文化研究”就找到了自己的安身立命之所，从当前“妾身未明”的尴尬身份中解放出来。

第二节　比较哲学的问题、方法及其理论难题的化解

比较哲学与比较文化如何做到仅限于异同的比较，并通过察其异同、观其会通，最终实现新的哲学创造，而不是一种优劣的比较，进而是价值的审判，最后是以一方取代另一方，实现哲学帝国的一统天下？这既是一个理论的问题，也是一个实践的问题。

一、比较哲学的七个具体问题与价值取舍的标准问题

（一）七个具体问题

作为理论形态的哲学研究工作，首先是人类的理性认知活动，因而面临的第一个问题是一系列理论的问题。就比较哲学的研究工作来说，笔者认为至少有如下七对问题不能不认真思考。

第一，如何在我们的心灵深处确立这样一种认识的起点，比较哲学是在从事一种不同民族、不同阶段、不同哲学家思想体系之间的差异认识，而不是在作——至少首先不是作一种优劣的评价。中国古代哲人老子讲“涤除玄览”，庄子讲“心斋”“坐忘”，现代西方哲人韦伯（Max Weber, 1864－1920）讲“价值中立”，胡塞尔（Edmund Husserl, 1859－1938）讲“悬置”。他们所言在各自的思想体系里皆有特殊的含义，然而从认识论的角度看，这些说法都有一个共通点，那就是涤除认识活动过程中的“前见”，特别是根深蒂固的价值偏见，努力按照事物或认识对象的本来面目认

识对象自身。这种要求，从人的认识活动特征和过程来说，其实是一种理想性的要求，实际上做不到。因为人的认识活动总是在自己的历史文化活动中形成了一种系统的认识系统后才能认识其他。如果用镜子来作比喻的话（当然不是完全适宜），必须首先是镜子，然后才能反映对象。认识的主体必须让自己的思维成为比镜子更明亮的识别机体，而且更要具有镜子所不具备的“反思”能力，才有可能比较准确地认识自己的对象物。但人的思维不是一面镜子，这一思维机制里自然而然地含有价值判断的成分，只是这种价值判断成分有时是隐性的，有时是显性的；有的思维主体价值成分多一些，有些思维主体价值成分少一些，而要让思维之镜达到一种绝对的平滑，不含一点价值判断的成分，那只能是一种理想性的要求，而在具体历史文化活动中形成的思维主体往往难以做到。

这里有一种深度的矛盾，作为历史文化活动中思维主体的人自然而然地含有价值判断的认知倾向，而我们的比较哲学与比较文化的认知活动，首先又要求我们尽可能地“涤除”“悬置”这种价值判断，何以可能？

这当然涉及人的主体能动性问题了。人的思维虽有镜子反映对象物的浅表的认知活动层面，也有高于这种直接反映对象物的深度、能动的层面。克服认知活动过程中的天然性直观与习惯性的理所当然，不断后退到对自己认识活动主体思维机制自身的反思与调整，这是人的思维认知不同于镜子的最根本之处。因此，在比较哲学与比较文化的研究活动过程中，我们可以通过不断地“涤除”“悬置”我们思维主体中的显性的、隐性的价值判断的干扰，达到对认知对象的“逼真的理解”，在理论上是可能的，在实践上也应该是行得通的[①]。

第二，我们要意识到，比较哲学与比较文化研究不可避免地带有认识冒险的成分。为了让自己的认识成果的社会负面效应降低到最小的程度，我们要以小心翼翼的知识探险的态度来对待我们的认知对象。冒险与探险有什么不同呢？日常经验生活中的冒险，当然是带有一种侥幸的态度去追求一种自己想得到的东西，而没有认真地思考自身的能力，更没有充分地尊重在得到自己可欲对象过程中的困难，以及可欲对象自身的不可得到性。探险则不一样，即使是对认知对象的第一次探险，也是在充分估计接近对象的困难的基础上，带上自己所能想象得到的工具以应付这些困难。很多探险活动是失败的，但这种失败不是没有意义的。最显而易见的意义是为后人的继续探险积累了一些正面的经验，提供了一些反面的教训，然而冒险则很难具有探险，哪怕是失败的探险的意义。思想与学术研究的冒险往往是徒增纷扰，佛斥之为“戏论”！

第三，由于人的活动总是有目的的活动，比较哲学与比较文化的理论研究当然也是一种有目的的理论活动。然而，每个研究者的具体目的是不一样的，用列举的方式很难穷尽。从分类的角

① 康德对理论与实践的关系有一篇非常学究气，但又是通向真理性认识的论文，参见[德] 康德著，何兆武译：《论通常的说法：这在理论上可能是正确的，但在实践上是行不通的》，载于《历史理性批判文集》，北京：商务印书馆，1990 年版。

度看，也是从叙述的方便角度看，大体上可以分为两种理论目标：一是在比较中求同存异；二是在比较中求异存同。这两种理论目标如果在比较研究的过程中首先作为研究者的一种理论起点，则又可以从目标转化为一种方法与途径，从而形成比较哲学与比较文化研究活动中的两种致思原则与路向，其理论研究活动的认知结果当然也就迥异了。

不过，由这两种研究路数得出的“逼真的认知”结果，从一个综合的角度看可能恰恰是互补性的，可以帮助人们比较全面地认知被研究的对象面貌。而在实际的研究活动中，具体的研究者本人可能既在做一种求同存异的工作，又在做一种求异存同的工作，但这不妨碍我们从理论上对比较哲学与比较文化的研究工作给出这两种类型的划分。

第四，诚如朱志方教授在《比较哲学纲要》一文所言，比较哲学其实也涉及翻译理论和科学哲学中的“不可译”与“不可通约”的问题。我在此处将这两者综合成“不可交流”的问题，从而构成与“不可理解”相对应的问题，以之作为比较哲学与比较文化的第四对理论问题。

“不可译”是涉及两种语言之间的思想交流问题，“不可通约”主要是两种理论范式或模型之间的对话问题。在我看来，其实都是涉及比较哲学与比较文化中的“不可交流”的问题。“不可译”更偏重于交流的工具——语言的有效性问题，对于一个既了解甲语言，又了解乙语言的人，异质文化是可理解的。如果所有甲语言与乙语言的人都相互能掌握对方的语言，则“不可译”问题就不是比较哲学与比较文化的理论问题了。

“不可通约”的问题也是类似于“不可译”问题。牛顿(Issac Newton, 1643–1727)经典力学的理论与爱因斯坦(Albert Einstein, 1879–1955)的广义相对论的力学理论之间不可通约,但我们经过学习,都能理解两种理论的内容。因此,这两种理论之间能否通约就是一个次要的问题,只要我们用它们来处理不同的领域里的问题就够了。

尽管两种异质的文化与不同的理论之间存在着“不可译”与“不可通约”的现象,但其实并不绝对影响我们对两种文化各种理论的理解。那么导致我们理解异质文化与不同理论体系的根本原因何在?这当然要返回到我们人类自身的生存状态的层面。比较哲学与比较文化之所以可能,就在于我们人类的思维能跨越语言和理论体系的概念系统,让我们在生命存在的层面达到一种相互理解,从而实现相互交流。

第五,异以贞同、同可异致。在比较哲学与比较文化的研究过程中,有时恰恰可以通过相异的文化现象、哲学论述,达到对人类某些共同理想追求的认识。同时也可以发现,同一个目标,有时也可以通过不同的方式来实现,从而实现“异以贞同,同可异致”的相互印证,有殊途同归之妙。

第六,察其异同,观其会通。在比较哲学与比较文化的研究过程中,我们还可以通过对不同文化与哲学体系异同表象的扬弃,实现一种综合创新,这是比较哲学与比较文化研究的理想境界和根本任务。

第七，同不泯异，异不互斥。有人担心，比较哲学与比较文化的会通工作可能会导致不同民族文化、哲学独特性的丧失。这种担忧是有道理的，但其结果可能不会出现。如果不是某种政治与经济力量的操纵与故意为之，比较哲学与比较文化的文化交流工作可能会增强各自不同文化与哲学的自身特质，丰富它们的内涵，纠正它们的偏颇与褊狭，最终将是同不泯异、异不互斥。关于这一点，在宗教对话和中西医结合中表现得可能更为突出。黄超教授的论文揭示了段德智教授在这一方面的睿识与卓见。世界各大宗教都有自己的独特信仰。而一种宗教之所以是这种宗教，其核心与本质正在于这一信仰，世界各大宗教在宗教文化方面可以对话，但在信仰层面很难统一为一种信仰。师领副教授以障碍性贫血的中西医治疗模式的不同为例，进而深入论述了中西医在原理、方法、具体治疗技术方面的根本性差异，进而对中西医结合的常识性、流行性的思想口号提出了富有深刻启示意义的质疑。而这两篇文章似乎在哲学层面都给我们提供了一个值得深思的思想原则问题：即如何能做到同不泯异，异不互斥？就宗教文化的复杂性而言，在我们可预见的未来还不可能让世界统一为一种宗教；同样，随着中国经济的发展，中医或其他非西医系统的各民族医学自身理论水平与治疗技术的提高，西医与其他医学系统之间也不可能相互取代，天下尽为西医独霸的局面。而之所以如此，除了现实社会的民族、国家利益与社会就业人群的利益驱动之外，更为重要的是不同宗教信仰与医学系统自身包含着其他宗教与医学系统无法取代的合理性的因素。

这里借用罗尔斯（John Rawls，1921－2002）在《政治自由主义》（*Political Liberalism*）一书中所使用的“多元合理性并存”的概念来说，当今还能活着并能发挥作用的不同文化、哲学系统，都或多或少地包含着一种合理性。比较哲学与比较文化的研究就在于通过“辨同异、别共殊”（萧萐父语）的细致思想梳理工作，彰显各种文化、哲学系统的合理性，然后各自文化、哲学系统自主地吸收其他文化、哲学系统的合理性，而增强自己文化、哲学的生命力。从这样的角度看，比较哲学与比较文化的研究还在于为不同文化系统与哲学的相互认识、学习、交流提供一个知识王国的自由、民主的理论平台，以防止“文化沙文主义”在知识领域里实行专制。

笔者个人的观点是：比较哲学与比较文化的研究工作，其意义在于扩大自己对异己的文化与哲学体系的认识，而不在于以自己来同化、吃掉对方，恰恰通过认识对方而达到对对方的一种理解与肯认，并能从中吸取自己之所需。没有一个真实的人是全知全能的，而且能从全方位的角度把整体宇宙的问题看清楚。西方文化中的上帝，佛教文化中的如来，中国文化中的圣人，都是这种理想化的人的观念形象。由这样有缺陷的人而组成的群体，进而形成国家、民族的文化，也都是在漫长的历史过程发展出了一种主流的看问题的系统方式。而出于各种现实利益的驱动，这些有缺陷的看问题方式总想借助于一种现实的权力而想成为一统天下的精神统治者。比较哲学与比较文化的研究工作旨在消解这种文化与精神王国里的文化专制神话，试图以文化联邦的形式形成一个“世界哲学”的视野，促进知识王国的自由、民主共体的诞生，从而真正实现世界各民族文化和平竞争、相互促进、共同发展，为世界的万民社会造福。

（二）比较研究中的参照系与文化价值标准的取舍问题

文化比较是两种以上不同文化研究活动中自然会产生的一种文化研究活动。文化比较研究是一件非常困难的事情，由于文献的不足，或由于研究者对他者文化的相对陌生，在研究过程中常常得出在母文化人士看来非常不贴切的结论与观点，从而导致有些人否认文化比较研究的可行性。其实，文化现象正如其他的认识对象一样，对于研究者来说都有一个由浅入深的过程。在文化比较研究的过程中开始会出现一些不甚准确，有时甚至是错误的结论，也是难以避免的认知现象，符合人类认识的一般规律。正是从这一认识的原理出发，我们完全可以理解梁启超、侯外庐等人在明清思想史研究领域里，借用西方的思想来贞定、评价中国思想家的思想特性时出现的一些比附的观点。但他们开创的比较文化研究的新视野，将明清思想史的研究纳入世界史的范围之内，则是他们的开创之功。笔者曾经在《二十世纪明清学术、思想研究的三种范式》（《哲学门》2004 年第 2 卷）一文中，对梁启超、钱穆、侯外庐三人为代表的三种范式下的明清学术与思想研究成果的得失，给出了自己的评价，此处不再赘述。在本节中，笔者想就比较文化的理论问题作一点粗浅的阐述。笔者认为，在比较文化研究的领域里，是将异质文化作为参照系，还是作为评判标准，这是两种非常不同的比较文化研究的活动。

将他者文化作为参照系的文化比较研究活动，首先就要求研究者持有价值中立的态度来尽可能地认识他者文化的特征，并将其描述出来。然后再将异质文化中与母体文化的异同之处作一准确的“对勘”——我在这里借用了校雠学的概念，从而拓宽我们文化的视野。其次，我们要注意不同文化所处的时代差异，不能将一个民族较为发达的、年代靠后的文化现象与一个民族年代靠前、较为不发达的文化现象进行比较，从而得出文化的优劣论。再次，还要重视不同民族文化发展的特殊形态，如中国自秦汉以至明清两千多年的历史，主要是一个郡县制下的一统帝国的政治与文化形式，以农耕经济为其主体，从而形成中华帝国特有的大一统的农业文明形态。而欧洲社会自古罗马帝国解体后，形成了独特的封建诸侯政治形态，由于基督教势力的逐渐强大，在相当长的历史时期内形成了基督教神权凌驾于世俗王权之上的“政教合一”的神学政治时代，而在秦汉以后的中国社会，则是以世俗王权统治各种宗教教权的中国式的“政教合一”形式。如果再向前追溯，中国文明在西周时代所形成的礼乐制度，在秦汉以后又逐渐形成了礼法制度，这与古希腊社会重视法制，罗马帝国重视法律的文化传统，都不一样。在人类未进入工业化时代之前，这两种不同文化体系很难简单地说谁优谁劣，而只能说，在服从人类追求人性完善，现实生活幸福的标准下，各有优劣。

在人类处于国别史的时代，每个民族都有以自己的文明形态为中心的心态，中华帝国的华夏文明优越感不是独一无二的现象。钱钟书先生对此曾经作过研究，他说："古希腊、罗马、亚剌伯人著书各以本土为世界中心。"如法显在《佛国记》中称印度为"中国"而以中国为边地，并引其父铉翁的说法："中有定名而无定位"，"随地而各不同"。[①] 由此可见，古代的中国人称自己所处的位置为世界中心，并不是夜郎自大。这是因为人们的地理知识所限的缘故。其实，当我们看亚里士多德（Aristotle，384－322BC）的《政治学》（*Politics*）一书时，其中充满着对希腊文明圈以外的欧洲及东方文明的蔑视，将他们称为野蛮的民族。如在该书卷三第十三章论君主政体形式时说："君主政体的另一属，其权力类似僭主（专制），常常见于野蛮民族（非希腊民族）各国中。……因为野蛮民族比希腊民族富于奴性；亚洲蛮族又比欧洲蛮族富于奴性，所以他们常常忍受专制统治而不起来叛乱。"[②]亚里士多德生活在公元前 4 世纪至前 3 世纪，大约与孟子处于同一时代。而这时的华夏文明不比希腊文明高明，至少是与希腊文明处于同一高度。由此可见，在近代文明到来之前，希腊人、欧洲人的文化偏至论，自大情结，一点也不比中国人逊色。

以明清学术、思想研究为例，我们要问，为什么我们要以西方的文明作为标准来衡量中国文化有没有现代工业性因素，能不能成为现代文明的活水源头？宋明理学究竟是制造了"以理杀人"

---

① 钱钟书：《管锥编》第四册，北京：中华书局，1986 年第二版，第 1556 页。
② ［古希腊］亚里士多德著，吴寿彭译：《政治学》，北京：商务印书馆，1965 年版，第 159 页。

的理学，还是培养了民族的气节？其核心问题都出在1840年的鸦片战争中的失败以及接踵而来的一系列现实政治、军事的失败，导致了中国人对自己文明价值的怀疑，进而产生了否定自己文化传统，要求全面学习西方文明的心态。而关于明清学术与思想的现代性问题，宋明理学究竟是进步的还是落后的问题，都只是服从这一大的民族自强的功利要求，因而，20世纪的宋元明清的思想与学术研究，尤其是明清学术与思想研究，价值要求在先，事实认定在后的程序倒置，使得明清学术与思想研究产生了很多主观臆断的学术结论，对宋明理学的价值贞定也表现得相当偏颇。广义的意识形态要求——现代性的宏观叙事方式在很大程度上成为明清学术研究的蔽障。

但是，从参照系的角度看，西方近代很多价值观念在中国明清之际的思想家的著作中，又确实存在着！而且，当时的很多思想家们，有的是相互了解的，如黄宗羲与顾炎武，顾炎武与傅山，王夫之与方以智，方以智与黄宗羲；但也有一些是互不通声气的，如陈确与王夫之，戴震与袁枚等，但是，他们的著作中都有一些共同的新思想。这些新思想与近代西方哲学家、思想家提倡的人道主义、个人权利、思想自由、言论自由、反对专制的民主政治等观念，都非常接近。这样一种普遍的社会精神现象，而且持续了三百年之久，就不是一种偶然的精神现象，而是代表了一种新的时代要求。这种新的时代要求也不是这些思想家个人在头脑里凭空产生的，其产生一定有它的社会基础。只是这些新思想要求的表述方式、实现过程的长度与西方近代社会有相当大的差异，以至于有些人否认中国曾经产生过这样的新思想！这也不符合思想史的真实。

综上所述，在明清学术与思想研究过程中，我们无法避免比较文化研究的方法。但是，在比较文化研究的过程中，如何在理论上自觉到以异质文化为参照系与以异质文化为价值评价标准的两者之间的不同，是一个非常关键的问题。当以异质文化为价值评价标准时，则会对自己的母体文化作出非常有害的割裂、取舍。如果以异质文化之是为是，之非为非，更会造成民族文化的虚无主义倾向。但是，我不能否认异质文化的参照系意义。这种参照系既可以使母文化的某些零星的、不成系统的、暂时还处于非主流的新思想更能显示出其理想的光芒；也可以在比较的视野里彰显母文化中的新思想所具有的普适性及其自身特质；既能在寻求各民族文化的融合的道路上与其他民族达成文化共识，又能强化民族文化自身特质，增进民族文化的自我意识与认同感，为抗拒现代文化的同质化，为保证现代真正的多元文化作出自己的努力。

其实，现在我们从事的中西文化与哲学的比较研究工作，在耶稣传教士来华时就已经开始，而德国哲学家莱布尼兹（Gottfried Leibniz, 1646－1716）是最早从事这方面工作的欧洲哲学家。自16世纪以来，中西文化与哲学的交流虽然是历尽坎坷，曲折备至，但一直在进行着，从未中断，只是有隐显之分。中西文化各有自己的现代文化的"源头活水"，亦各有自己的内发原生的现代文化根芽与精神动力，只是有"顺产"与"难产"之别。在比较哲学与比较文化研究的活动中，笔者特别注意业师萧萐父先生提出的“辨同异、别共殊；辨异中之同，析同中之异”的方法，以及通过这一方法达到“东西慧梦”的圆融与理解。

二、哲学与国别史时代哲学的地方性

众所周知，作为一门学科与知识门类，哲学是由西方传入中国的。这是20世纪中西文化交流过程中，西方文化对中国文化的一项馈赠。现当代中国的学科与知识分类中的哲学，从一开始就打上了比较哲学的印痕。换句话说，中国哲学从一开始就是比较哲学。即使从更广泛的意义上说，所有在中国研究西方哲学的人，只要不是一开始就出生在西方，接受西方文化的教育，他们都或隐或显地以比较哲学的眼光来看待哲学及哲学问题的。因此，中国人在中国研究哲学，他们的命运注定了就是比较哲学。更简要地说，比较哲学就是中国哲学的命运，因为所有说汉语的中国人要在有意识与无意识的思维过程中运用汉语来从事隐性或显性的思想翻译。

当然，说比较哲学是中国哲学的命运，并不意味着中国哲学就没有自己的民族特性。恰恰相反，当西方的哲学观念经过汉语或隐或显的翻译之后，就或深或浅地打上了中国文化的印记。深厚的文化传统，特殊的现代化经验，这些作为哲学思考之土壤的广义文化背景在很大程度上影响到哲学的中国性特征。自然科学知识作为一种普遍的知识形态，会在相当大的程度上影响到现代世界各民族哲学的思维方式、思维的精密程度，从而对世界历史时代里的哲学的普世性特征有决定性的影响，中国哲学也不会外在于这一世界历史时代里的哲学的共性。但当哲学思考的对象与内容涉及人的存在方式，社会管理与人性诸问题时，哲学的地方性、民族性的特征就会逐步凸显出来，而比较哲学有所作为的天地也正在于哲学的人文性特征或内容方面。

在西方，哲学是科学与很多学科之母，然而哲学不是今日中国人所理解的科学。在德国古典哲学与近现代哲学研究中，德国的哲学家一直致力于把哲学做得更科学。文德尔班（Wilhelm Windelband，1848－1915）的《哲学史教程》（*History of Philosophy*）就充满着这种哲学的企图，现代现象学大家胡塞尔就要让哲学为科学奠定基础，把哲学做得比科学还科学。然而，德国哲学家所理解的科学不是我们今天狭隘意义上与技术紧密相连，甚至就是绝对准确性、正确性意义上的科学。德国哲学家所理解的科学更多是合乎理性、合乎逻辑，具有逻辑的必然得出的准确性、明确性等意思。[①]

---

① 科学一词德语：Wissenschaft；希腊语词源：episteme（德语中认识论 Epistemologie，知识学 Erkenntnistheorie，科学理论 Wissenschaftstheorie 都源于此，而且这三个词在德语中几乎是同义词）；拉丁语：scientia（英、法语中 science 即源于此）。“科学”（Wissenschaft）一词在德语中大体上经历了一个从传统到现代的转换，所谓的“传统”系指古典时期和中世纪的“形而上学-本体论传统”，在这一时期并非没有从人类经验生活世界出发所作的学科分类，这些学科也是以经验生活世界不同领域中的不同事物为研究对象的，所不同于“现代经验科学”的根本之处在于，传统思想把经验生活世界的丰富多彩和秩序井然始终看作是某种本源（上帝、精神等等）的展开和显现，传统思想家更加痴迷于科学的科学，亦即哲学。当因研究对象和研究方法的不同而相互区分的经验科学不再关注“经验何以可能”这样一个根本的哲学问题并逐渐和哲学脱离关系时，欧陆理性主义传统中的大哲学家（如康德、黑格尔等）试图力挽狂澜。而欧陆理性主义哲学（在此，哲学并不忽视经验科学及其伟大成就）和英美经验科学（在此，哲学只是众多学科中的一个门类，沦为哲学史或者从事语义分析等等）的根本分歧正在于此。（转下页）

如文德尔班认为，德文中的"Wissenschaft"（科学）一词，就是古希腊哲学家柏拉图（Plato，428/427 - 348/347BC）、亚里士多德学派中的"哲学"一词，而这个词比英文、法文中"科学"（science）一词的意义要广泛得多。因此，文氏认为，"一般哲学指的是我们认识'现存'事物的井井有条的思想工作，而个别'哲学'指的是特殊科学，在这些特殊科学里我们要研究和认识的是现存事物的个别领域。"①文氏所讲的"一般哲学"在古希腊是指第一哲学，即形而上学，也即是中国人所理解的作为哲学学科的哲学——包括形而上学、认识论、伦理学或道德哲学、逻辑学、历史哲学、政治哲学等。而文氏所讲的"特殊科学"，即各门类的自然科学，如物理、化

（接上页）"现代经验科学"主要分为两大门类，即研究事物之间、可用数学语言量化表达的因果关系（relationaler und mathematisch-quantitativ formulierbarer Ursache-Wirkungs-Zusammenhang）的自然科学（Naturwissenschaften）和研究精神-历史生活领域中、各种现象之间的意义联系（Sinn-und Bedeutungszusammenhang zwischen den geistig-geschichtlichen Erscheinungen）的精神科学（Geisteswissenschaften）。伴随"现代经验科学"的繁盛，所谓哲学日益沦为精神科学中的一个门类，不再思考"经验对象世界"之外的以"经验何以可能"为核心的先验哲学问题。简而言之，"现代经验科学"把世界看作是研究和征服的对象（Weltbeherrschung，Beherrschungswille），而不再对世界感到惊奇。

康德、黑格尔等大哲之后的新唯心主义（Neuidealismus）思潮（新康德主义、新黑格尔主义等）的思考正是在这一大背景下展开的。他们思考的对象即是以各种知识的面貌而呈现的"现代经验科学"本身，是关于科学的科学。作为新康德主义者的文德尔班秉承了这一理性主义哲学传统，他所理解的科学（Wissenschaft），除了包括"现代经验科学"的所有知识门类之外，更根本性地是指哲学，即科学的科学，是对科学本身的思考，这也是他在《哲学史教程》开篇所谓德语"科学"（Wissenschaft）一词比英、法语中的 science 意涵更深广的原因。

以上据 Alois Halder 所著之《哲学词典》（*Philosophisches Wörterbuch*，Freiburg im Breisgau，2000）中的相关词条编译而成。并参考了 Anton Hügli 和 Poul Lübcke 所编著之《哲学专业字典》（*Philosophie Lexikon*，Reinbek bei Hamburg，1991）中的相关词条。（按：此注释由李健君博士提供，在此表示感谢。）

① ［德］文德尔班著，罗达仁译：《哲学史教程——特别关于哲学问题和哲学概念的形成和发展》（上卷），北京：商务印书馆，1996 年版，第 8 页。

学、生物学等。这样一来，在汉语语境里讨论哲学问题，在西方人的语境里就不太容易被理解，甚至在西方哲学的大传统里，欧洲大陆的哲学传统，特别是德、法哲学传统与英、美哲学传统也有相当大的差异。好在他们有一个大传统为他们的相互理解提供了巨大的传统基座。而在中国与欧美之间，因为对“哲学”的理解不同，很难在一个短的时间里让欧美的哲学家们理解所谓的“中国哲学”。对此，我们也不必着急让他们承认中国有哲学、中国哲学是哲学，我们现在能做的，而且要有信心去做的事情是：在比较哲学的视野里，吸收西方哲学的长处与优点，努力发展中国哲学，一方面尝试着说一些让他们听得懂的哲学语言；另一方面也不必迁就他们，要自信地说我们自认为是哲学的话语。

在我们看来，哲学思维方式作为人类的精神花朵，它是广义的人类文化的有机组成部分，它的根深深地扎在民族生活与文化的传统之中。作为人类文化中最为精华的一部分，哲学总是具有地方性的特征，特别是在国别史的时代，哲学的文化性特征更为强烈与鲜明。即使在今日的世界历史时代，哲学的文化特征仍然强烈而又鲜明。就哲学的逻辑思维特征来说，中国传统哲学更重视辩证逻辑思维。佛教传入中国后，这一辩证逻辑思维又得到了进一步的发展。当代中国哲学在吸收了马克思主义哲学传统后，辩证逻辑思维又在新的形态下得到发展，特别是与生动的社会实践相结合，当代中国的辩证思维又获得了新的营养，从而在各种社会制度与政策的制定过程体现出一种包容性的特征。“既……又……”的句式不仅是当代中国官方文件与话语句式，也是中国民间社会的话语句式，而这个句式所体现出的哲学思考方式就是典型的辩证逻辑思维。

从较粗略的思想史线条来看，欧陆哲学传统中的英国经验主义传统与德法思辨的理性主义传统之间，有明确的差异，而欧陆的德国哲学传统与当代英美的分析哲学传统也有具体的文化差异。至于东方的中国哲学、印度哲学与欧美传统的哲学，其差异更是明显。因此，我们并没有一个普遍的哲学，至少人类的哲学史到今天为止仍然是一个国别史性质的哲学时代，因而全球范围内的所有哲学家、哲学流派都是中国传统文化意义上的“诸子百家”，所以古希腊哲学、欧洲哲学、美国哲学、中国哲学、印度哲学，都是一种地方性的哲学。从某一地方性的哲学传统出发，肯定或否定其他传统的哲学是或不是哲学，恐怕在理论上都会陷入庄子在《齐物论》中批评儒墨之间是非之争的理论陷阱。在世界历史时代，我们要追求的可能正是庄子“以道观之”的超然态度，对各种带有地方性特征的哲学内在的所是、所然、所可与所非、所不然、所不可，要有比较清醒的认识，然后去追求一种大写的世界哲学或真正的哲学。

三、比较与附会的区别[①]

“比较哲学”研究一定要涉及“比较”。然而，“比较”不是附会或比附。按照《现代汉语词典》的解释，附会的意思是：“把没有关

① 参见《比较哲学与比较文化》(第 4 辑)《序言》，吴根友主编，储昭华副主编，武汉：武汉大学出版社，2012 年版。

系的事物说成有关系；把没有某种意义的事物说成有某种意义”，如牵强附会，穿凿附会等。[①]

就词典的定义来看，“把没有关系的事物说成有关系”，其实就是对事实的真相缺乏研究，以主观想象为能事，制造甲事物与乙事物之间的关系。这种做法的动机与目的会因人而异。然就其缺乏对事物之间关系真相的把握的共性而言是共同的。此一层意思上的“附会”因而就带有较强的主观作伪的成分，有时可能含有某种恶意。“把没有某种意义的事物说成有某种意义”，主要从语言层面着眼，把某个词、某个命题、某种理论，依照自己的意思加以发挥，说成某种意思，因而以故意的曲解、误解来证成某种理论或命题的现实的目的。这一层意义上的“附会”如果要上升到哲学解释学的层面来思考，未必不是某种创造。就中国哲学史的经验来说，程颐与朱熹都将《易传》中“一阴一阳之谓道”的命题解释成“所以一阴一阳者谓之道”。如程颐说：“‘一阴一阳之谓道’，此理固深，说则无可说。所以阴阳者道，既曰气，则便是（一作有）二。”（《二程遗书·伊川先生语一》）又说：“离了阴阳更无道，所以阴阳者是道也。阴阳，气也。气是形而下者，道是形而上者。形而上者则是密也。”（《二程遗书·伊川先生语一》）朱熹认为，“阴阳，气也，形而下者也；所以一阴一阳者，理也，形而上者，道即理之谓也。”（《通书·诚上注》，《朱子全书》卷七）他还说：“阴阳非道也，一阴又一阳，循环不已乃道也。只说一阴一阳，便见得

① 《现代汉语词典》（修订本），北京：商务印书馆，1996 年修订第 3 版，第 394 页。

阴阳往来，循环不已之意，此理即道也。”（《朱子语类》卷七十四）这种意义上的“附会”已经超出一般词典意义上的语义解释，而上升到一种思想的创造了。不过，像胡适当年所批评的肤浅的“附会”现象，如有人认为“基督教是墨者的绪余，墨家的巨子即是矩子，而矩子即是十字架”，[①]在比较哲学与比较文化的研究过程中还是要努力避免的。

不过，我们也应该有足够的思想准备，即基于对文化或哲学理论的不甚了解而以自己熟悉的哲学与文化现象类比或同化他者的“附会”倾向，在比较哲学与比较文化的研究过程中，可能在相当长的时间内还会存在。之所以如此，主要在于人类的认识能力有限而导致的，当然也与人的价值偏好或深层次的文化“前见”有关，故对“附会”现象的认识不能过于简单化。从言说者的动机角度看，我们可以分出“无意的附会”和“有意的附会”两种形式。无意的附会主要归因于认识能力的不足而导致以熟悉的思想与文化解释或同化思想与文化上的他者；而有意的附会则可能有不同的动机，一种可能是出于对思想或文化上的他者根本上瞧不起，不认真加以研究而就自以为是地以自己的思想或文化同化解释他者；另一种可能是出于“攀缘”的心理，认为对方的思想观念好，但不服输，认为我们也有这种思想或观念，而“有意的附会”中又可以进一步分出“善意的附会”与“恶意的附会”，当然也可能是中性的，无善意也无恶意的附会。

---

① 胡适：《〈国学季刊〉发刊宣言》，载于《胡适选集》，天津：天津人民出版社，1991 年版，第 153 页。

从“附会”的效果来看，一种浅薄的附会当然会导致极其错误的、毫无价值的认识结果，但也有一种比较有哲学解释学意味的误解与曲解，这种“附会”就其认识的价值而言可能没有多少学术性，但可能会产生一种积极的思想成果，例如佛教在中国的传播与接受的过程中所出现的情况——魏晋南北朝时期的“六家七宗”，就是其中的典型例证。

作为一个现代汉语的词汇，“附会”是一个带有贬义倾向的词汇，就词典的定义来看，“把没有关系的事物说成有关系”，其实就带有信口开河，以想象为能事，制造某种故事，以达到某种隐藏着的目的。此层意思上的附会带有较强的主观作伪的成分，甚至含有某种恶意。“把没有某种意义的事物说成有某种意义”，主要从语言层面着眼，把某个词、某个命题、某种理论，依照自己的意思加以发挥，说成某种意思，因而以故意的曲解、误解来证实某种理论或命题的现实的目的。其实，思想家、文学家的借古讽今的做法，现实生活中的指桑骂槐现象，俗文学、民间故事也常常与“附会”有关。然而，这与比较哲学与比较文化研究过程中的“附会”已经大相径庭了。

不过，“词典”对一个词汇意义的解释往往仅在形式上有效，如果从思想的角度对这个词的解释作更进一步地追问，其语言形式上的明白性就会逐渐变得模糊起来，比如说，我们如何断定事物之间是有关系还是没有关系？这与人类的认识程度密切相关，以哲学史为例，董仲舒的“天人感应”说，一度被认为是一种宗教神学的臆语与附会，但其中也包含着天人相应的某种合理因素；

中医关于人与自然之间的模型——大宇宙与小宇宙说，在西医的模式下也是胡说，但在今天看来仍然有它的合理思想成分。仅此而言，“附会”就不完全是胡说八道。此处从比较哲学与比较文化的角度讨论“附会”问题，虽然不是一个语言学的问题，但也与语言学密切相关。不过，作为古汉语的“附会”一词与现代汉语的意思根本不同，如在《文心雕龙·附会》篇中，“附会”的意思是指融会贯通。此处无意于“附会”一词的语言学史的考察，仅就比较哲学与比较文化研究过程中出现的对待陌生理论、文化上的他者的误解、曲解（是理解过程中的问题）而作的一种理论性的探索，以就正于时贤。

（一）附会的两种形式——无意附会与有意附会

胡适在展开现代史学建设的过程中，提出以“博采参考比较的材料”作为一种基本的方法。在使用这一方法时，胡适特别强调了比较与附会的区别。他认为，附会是不了解他者而以想象为能事，如有人认为“基督教是墨者的绪余，墨家的巨子即是矩子，而矩子即是十字架。”①

像胡适所说的这种浅陋的“附会”，在今天的比较哲学与比较文化研究过程中已经很难发现了，但基于不了解他者而以自己熟悉的哲学与文化现象类比或同化他者的“附会”倾向，在比较哲学与比较文化的研究过程，可能在相当长的时间内还会存在。之所

① 胡适：《〈国学季刊〉发刊宣言》，载于《胡适选集》，天津：天津人民出版社，1991年版，第153页。

以如此，主要在于人类的认识能力有限而导致的，当然也与人的价值偏好或深层次的文化前见有关。故“附会”从原则上讲，可以分为无意的附会和有意的附会两种形式，无意的附会主要归因于认识能力的不足而导致以熟悉的思想与文化解释或同化思想与文化上的他者；而有意的附会则可能有不同的动机，一是可能出于对思想或文化上的他者根本上瞧不起，不认真加以研究而就自以为是的以自己的思想或文化同化或解释他者，正像上文胡适所举的例子；二是可能出于对外来文化的攀龙附凤，以旧知附会新说，如 19 世纪末 20 世纪初某些中国学者，将中国文化的某些内容比拟成西方文化的现代内容，如将谭嗣同将西方科学中的以太与中国儒家传统中的“仁”相比拟。这种有意附会虽有文化交流的表面意义，但不利于对外来文化作更准确、深入的理解。

就“附会”的原因来说，一般而言，属于相对劣势的一方多“附会”新知与文化强势的一方，以表明自己并不劣于新知或强势的一方面。20 世纪中西文化交流中“附会”西学，正是典型的例证。而晚明来华传教士利玛窦努力从中国儒家经典中寻找上帝的观念，也是当时仍处于文化交流弱势的耶稣会士“附会”中华文化的一个明证。当然，也有不尽然之处，如佛学东来时，亦出现过以中学的道家思想附会佛学的情形，而此时的道家思想与文化很难说是低于佛教，此种情形可以称为“格义”。

（二）附会与判教的区别

作为比较哲学与比较文化研究过程中的“附会”现象，与判教现象又有何区别呢？笔者认为，“判教”主要涉及对不同的哲学体系、文化作理论认识方面的高低、价值优劣、大小的判定。而这种判定又是以自己所信奉的哲学主张或文化类型作为标准，来安排其他哲学体系或文化的位置。

当然，历史上的哲学与文化的“判教”并非总是坏的现象，只要这种思想与文化上的判教不诉诸某种硬性的政治与军事的力量，不同的哲学与文化体系的“判教”可以促进不同哲学、文化体系的对话，加深人们对其他哲学与文化体系的理解。换句话讲，比较哲学与比较文化展开的过程中，“判教”是作为一种“常态”而始终存在于哲学比较与文化比较的活动之中的，要求避免“判教”心态反而成为一种理想型的理论要求。

“附会”与“判教”的明显区别在于：“附会”往往只是以一种想象的方式求得异质哲学理论体系、文化类型的“求同”，表面上化解了不同理论、不同文化之间的真实或深层次的冲突，实际上掩盖或拖延了矛盾冲突或矛盾冲突解决的时机。比较哲学与比较文化的研究不拒绝真正的“求同”性的认识与结论，只要是建立在对不同理论形态、文化形态的仔细分析、科学研究基础上的对相同性的把握与认识，这种有关“相同性”或“相似性”的认识或结论是可以接受的。因为比较哲学与比较文化的历史使命之一就是求“通”，即寻求异质理论形态与文化形态之间的相互沟通与理解，而理解总是有某种最低度的“共识”作为理解的基础，“共识”即是某种确实可靠的异质理论与文化形态之间的某种“相同性”或“相似性”。

在两种异质的哲学理论与文化类型之间，有些人特别强调两者之间的不可通约性或不可翻译性。我们认为，异质的理论与文化之间的确存在着某种不可通约与不可翻译之处，但并不因此而否定异质理论与文化之间求同存异的理解。“附会”现象表达了人们的求同心理，只是附会者采取了不甚正确的求同方式而已。我们反对并警惕比较哲学与比较文化研究中的各种形式的“附会”现象，但并不因此而反对不同哲学与文化之间的求同存异及其对可理解性、可沟通性的追求。

（三）“附会”与“理解”

克服比较哲学与比较文化研究过程中的“附会”现象，不是一蹴而就的事情，而是一个过程。因此，对于“理解”与“附会”的现象，就必须上升到理论的高度加以认识，一方面要适度地区别理解与附会的非同质性；另一方面要意识到这两者之间的区别并非是绝对的区分，总有一些过渡的、模糊的中间地带。“理解”之中也隐含着或多或少的“附会”成分，而“附会”之中（文章开头胡适提到的极端的“附会”例子除外）也多少隐含着一些理解的成分。作为一种认识过程中的非恶意的误解，“附会”可以看作是误解的一种，即是一种误解、曲解式的理解。

“附会”作为一种误用了的理解而包含着某种求同的意愿，为进一步的理解提供最为善良的理解意愿。当然，如果仅仅停留在“附会”层面就会为更深入、更准确的理解造成巨大的认识障碍。

随着比较哲学与比较文化研究的深入展开，需要进一步地认识对方、他者，在切实地认识他者的基础上，以比较的眼光、扩大的视野来认识自己，从而实现哲学与文化视野的扩展与整合，一方面为人类提供新知；另一方面为人类提供并扩大共识圈，增进人与人、民族与民族之间的相互理解与信任。“比较”不可避免地与“判教”打交道，“比较”难以真正地克服“附会”。然而“比较”不是“判教”，“比较”更不是“附会”。在“比较”与“判教”、“比较”与“附会”的张力中，比较哲学与比较文化的事业在向前推进着。

对于远距离的文化与陌生的思想不甚了解，作一种想象性的描述，亦是比较哲学与比较文化研究中“附会”的变种。简而言之，作为一个哲学概念的“附会”，其内涵与格义、想象等概念均有某种程度的关系。另外，像比附、模仿等概念，也表达了一种“求同”的意向，或者就是以“求同”为目标，因而可以作为“附会”的近义词而构成一个有关理解他者的“附会”现象的概念场。所以，从比较哲学与比较文化的理论角度看，“附会”与解释、理解之间的关系，实在是一个有待深入思考的哲学问题。这一哲学问题是通过比较哲学与比较文化研究的展开提出来的关于如何理解理论与文化上的他者的新问题。

四、比较哲学与比较文化研究中的难题及其克服

（一）超越“判教”式的比较[①]

经济全球化，让作为地方性的古希腊哲学、欧洲哲学与世界

① 参见本书前一节。

其他民族文化相遇。19、20世纪的西方哲学裹挟着西方经济扩张、军事征服、文化殖民的大潮，以普遍的姿态降临于东方与中国。此后，中国人依西方哲学的葫芦画中国哲学的瓢，无论是胡适的《中国哲学史大纲》依照他所理解的美国实证主义哲学形式写中国哲学史，还是冯友兰的两卷本《中国哲学史》依照新实在论的思想写中国哲学史，还是后来依照苏联传过来的马克思主义哲学范式写中国哲学史各种类型的教材，中国哲学史的书写与中国哲学研究，其主流都是依西方哲学史中某一家、一派的思想范式来书写中国哲学史、研究中国哲学。这种哲学史的书写与哲学研究，我把它称为在不自觉的"判教"理论下从事哲学史研究与哲学研究。这种"判教"式的哲学史书写与哲学研究，不能说没有价值，恰恰相反，它把哲学的基本元素带入了中国，激活了中国思想中与哲学本性相关，或者说具有哲学本性特征的思想与观念，从而让中国哲学从自发、自在的形态变成了自觉与自为的形态。当代中国的比较哲学研究，就应当从理论上自觉反省20世纪中国哲学研究中的种种"判教"现象，对判教式哲学研究中的诸现象加以总结并分析其中的得与失，从而改善、改进我们今日及未来的中国哲学研究，使哲学真正成为中国哲学，并写出真正带有中国哲学味的中国哲学史来。当然，世界哲学的曙光早已经升起，无论是黑格尔（G.W.F. Hegel，1770－1831）哲学中"绝对精神"式的"世界哲学"，还是后来雅斯贝尔斯（Karl Jaspers，1883－1969）的"世界哲学"构想，发源于古希腊，经过漫长发展历史而形成的近现代欧洲哲学，已经逐渐从地方性的知识变成全球性的公共知识，而中国哲学在谭嗣同的“仁以通为第一义”的“仁通”哲学观里，也展示了某种程度的世界性。哲学的中国性不排斥中国哲学的世界性品质。换句话说，中国哲学的发展不应当外在于西方哲学、印度哲学、伊斯兰世界的哲学，而应当充分吸收它们的哲学精神，使之成为中国哲学的有机组成部分。只有这样，中国思想才具有哲学的品性而成为中国哲学，从而构成“世界哲学”的有机组成部分。

（二）“理解”与“不可译”“不可通约”问题的化解

现代翻译理论中有“不可译”理论，现代科学哲学中有“不可通约”的说法。这些出自各具体学科中的跨文化交流与跨理论间的沟通问题，已经从具体领域的问题上升为一具有普遍性意义的比较哲学问题。比较哲学如何从理论上来对这些问题作出合理的解释，是当代比较哲学面临的理论难题。当代的哲学解释学与文本阅读理论在一定意义上可以对此类问题作出一种可以接受的解释。哲学与文化经典在翻译过程中，的确会碰到一些根本无法翻译的核心概念，但不可翻译并不表明不可理解。如果在经典与文化文本的翻译过程中对某些难以翻译的概念加以比较详细、准确的解释，在相当大的程度上可以克服比较哲学与比较文化研究过程中的“不可译”问题，如大乘佛教的核心概念“空”就是如此。

对“不可通约”的问题也可以在“理解”的层面上加以化解。比如说，牛顿力学的科学范式与爱因斯坦相对论形式的力学范式，两种理论范式之间的概念系统不可通约。但今天作为具有一定科学知识与哲学认识能力的人而言，对于两种理论范式所要表达的意思都可以理解。而中国传统经学中的“今文经学”范式与“古文经学”范式，作为学术方法意义上的“汉学”范式与“宋学”范式，它们之间的概念系统、思维方式都具有相当大的不可通约性，但对于坚持不同理论范式的双方，都能理解对方语言与理论所要表达的意思，否则就无法展开相互的批判，只是由于各自理论的关注点不同，价值的诉求不同，作为相互对立的理论范式的双方不愿意接受对方的主张而已。

其实，就哲学文本来说，当哲学家创造的文本生成之后，哲学家本人相对于文本而言在相当大的程度上就已经变得不是那么重要了。经典文本的原义固然重要，但更重要的是经典文本向它的阅读者所呈现出的意义。而一部哲学发展史在很大程度上就是一部哲学经典与经典哲学家思想的理解与解释史。我们不必夸大地说，一千个读者就有一千个孔子或苏格拉底（Socrates，469－399BC）。但我们可以说，历史上的孔子或苏格拉底与孔子或苏格拉底的理解历史之间，还是有相当大的思想张力的。

比较哲学与比较文化的研究，其目标旨在沟通不同哲学传统与哲学体系，从而增进人类各民族、各族群之间的相互理解。从人类认知的角度看，比较哲学其实也是在不断地拓展着人类的认识视野。哲学，从历史到今天，它都与科学研究的进展、人类社会政治生活的变化密切相关。自然科学的研究可以拓宽哲学的认知视野，人类的社会生活、政治生活及其变化，不同民族的文化交流也可以拓宽哲学的认识视野。比较哲学与比较文化的研究任务与目标之一就是要让哲学王国里的所有“他者”都能获得一个平等的身份，从而在不同的“主体”之间建立真正的沟通性。

笔者承认，当西方文化、西方哲学还处在现阶段人类文化的主流位置上的时候，“比较哲学”就仍然还处在当今哲学王国的边缘。但从边缘到中心的围棋思维，使笔者有理由相信比较哲学有光辉灿烂的未来。

第三节　现代西方比较哲学与比较文化两本典范作品及其得失分析

一、“偏见”与“洞见”——韦伯《儒教与道教》一书的得失斠评

马克斯·韦伯在当代中国学术界是非常有名的德国思想家、社会学家，他的《新教伦理与资本主义精神》（*Die protestantische Ethik und der Geist des Kapitalismus*）一书经于晓、陈维刚翻译成中文之后，在当代中国学术界、思想界广为人知，并常被人引用讨论。相比较之下，他的另一本著作《儒教与道教》（*Konfuzianismus Und Taoismus*）的中译版在中国学术界的知名度、影响力似乎要弱于前一本书，个中的原因可能是多方面的，但有一点是不容置疑的，即韦伯对于中国的儒教与道教并不是很熟悉，他所凭借的材料既不是十分充分，而且对于他所掌握的材料本身的理解，材料背后的社会脉络的理解都存在着巨大的偏差，因而他依据这些

材料所得出的有关儒教与道教对于中国社会影响的具体结论，就缺乏足够的学术可信度。更进一步，他在研究儒教与道教的问题时，心中早有一个先行的立场，即现代资本主义制度及其精神只能在欧洲的精神中产生，尤其是只能在清教的文化传统中生成，而儒教与道教为主的中国文化传统不可能发展出现代资本主义。出于这一“判教”的思维方式，他对于儒教与道教本身及其所支配与影响的中华文化性质的解读，就很难切合实际，让中华文化传统下成长起来的，而且熟悉自己传统的人文学者，对于韦伯该著作的第一感受就是充满着文化偏见。

不过，在仔细阅读并研究韦伯的《儒教与道教》一书之后，我们又不得不承认，韦伯在其文化偏见之中也表达了深刻的文化与思想洞见，让我们意识到，在异质的基督教文化传统面前，特别是经过韦伯解读后的基督教与现代资本主义文化精神面前，的确看出了儒教和道教支配与影响下的中国传统文化的鲜明特色，尤其是在推动现代资本主义文明方面的内在不足。因此，我们似乎可以这样说，韦伯式的哲学与文化比较研究是“偏见”与“洞见”并存，从其对中国儒教与道教的性质与细节的认识及其性质评价的角度看，带有很多的偏见，存在着很多的不准确之处。但他在分析、比较与基督教、特别是清教徒与现代资本主义精神之间内在关系之后，对儒教与道教不利于现代资本主义生长的种种论断，又充满着学术与思想的洞见。

需要补充一句的是，此处所说的“偏见”，并非一般意义上的个人偏好，或者是习俗层面的“偏见”，而是基于一种深刻的宗教与哲学立场基础上的“思想偏见”。这种思想的偏见以深刻、系统的理性化方式表达出来，言之成理、持之有故，如果没有足够的思想能力反而易被说服，且不得不接受的一种学术上的观点。而之所以说是“偏见”，是因为这种深刻、系统的理论见解本身将一些从特殊的经验中得出的理论观点加以普遍化，不能很恰当地说明不同的经验与现象。仅就《儒教与道教》一书的结论部分内容来看，韦伯对于儒教与道教的“偏见”与“洞见”，都与他提出的判别“一个宗教所体现的理性化程度”的两个尺度有关。他提出的第一个尺度是“这个宗教摆脱巫术的程度”，第二个尺度是“这个宗教将上帝与世界之间的关系，以及由此而来的这个宗教本身与世界的伦理关系，有系统地统一起来的程度。”[1]而韦伯在运用此两个尺度评价儒教与道教时所表现出的文化偏见主要表现在如下三个方面。

首先，就第一个尺度来看，韦伯认为儒教与道教里保存了大量的巫术成分，而禁欲主义的基督新教“就连在已纯化的圣礼与象征的仪式里，巫术也原则上被根除了，所以，道德上极端拘谨的清教徒在自己心爱的人被埋葬入土时也不举行任何仪式，为的是挖去任何‘迷信’的根源，也就是说，为的是消除任何对巫术性操纵的信任”。[2] 他还进一步提出一个典型的个案，即在韦伯的时代里，新英格兰仍然盛行审判女巫的行为就体现了基督新教对于

① ［德］马克斯·韦伯著，洪天富译：《儒教与道教》，南京：江苏人民出版社，1995 年版，第 256 页。

② 同上。

巫术的不容忍。相反，在儒教里“巫术性宗教渗透进一切领域，例如：皇帝的地位，皇帝基于他个人的资格，必须为神灵的善行、天降时雨及收获时的好天气负责；官方的或民间的宗教信仰，必须把对祖先的崇拜当作一项基本的任务；非官方的（道教的）巫术治疗术，以及其他残存的泛灵论的神灵形式，亦即关于人类崇拜和英雄崇拜的功能神祇信仰等等”。①

通过对比，韦伯认为儒教与道教的理性化程度不及基督新教。然而，人们对于“理性”一词的理解并不相同，在信仰儒教的中国人来看，相信有一个创世的上帝本身就不是“理性”的，而韦伯却将相信上帝，排除对其他神灵信仰的宗教当作权衡一切宗教理性程度的尺度，其所持有的尺度本身就是基督教的一种文化偏见。中国儒教基本上是一种人文宗教、伦理型的宗教，在“神道设教”过程中使用的一种带有原始鬼神信仰的宗教仪式并不是中国儒教的本质属性。无论是中国的儒教，还是中国的道教，其根本精神在于相信大自然本身的秩序，而不是什么人格神的力量。正如18世纪德国思想家沃尔夫（Christian Wolff，1679–1754）所揭示的那样，“自然理性”与“实践理性”是中国儒教与道教的根本。而中国化的佛教——禅宗，更是一种人文宗教，其基本教义与相信一神教人格神的上帝在根本上是不同的，他更关注人在精神上、智慧上的觉解，依自不依他，走的是一条自我拯救的道路。

---

① ［德］马克斯·韦伯著，洪天富译：《儒教与道教》，南京：江苏人民出版社，1995年版，第259页。

其次，韦伯由此根本性的文化偏见出发，他进一步裁断中国人在世俗生活中的德性，认为中国人在世界上是罕见的不诚实的民族，这可以说是从 18、19 世纪以来，从康德（Immanuel Kant，1724－1804）到黑格尔，再到韦伯等人一以贯之的看法。韦伯这样说："正如人们一再断言那样，中国人在世界上罕见的不诚实（即使是对他们自己的辩护律师），跟中国商人在大宗贸易往来里的那种明显和突出的可靠性——例如与曾经有过封建阶段的国家日本相比——似乎也难以统一起来（零售交易似乎从来没有什么诚实可言；'定价'，即使对本土的中国人而言，也显然是虚假的）。中国人彼此之间的典型的不信任，为所有的观察所证实。清教教派里的教友间的信任与诚实——这种信任恰恰为教外人所分享——与此形成强烈的对比。"①

韦伯对中国人在世俗生活中不诚实的道德品性的批评，是 18 世纪以来欧洲部分思想家的一贯看法，在孟德斯鸠（Montesquieu，1689－1755）、康德、黑格尔、赫尔德（Johann Gottfried Herder，1744－1803）等人那里都有论述。此处仅引黑格尔的一段话为证："在中国，既然一切人民在皇帝面前都是平等的——换句话说，大家一样是卑微的，因此，自由民和奴隶的区别必然不大。大家既然没有荣誉心，人与人之间又没有一种个人权利，自贬自抑的意识便极其通行，这种意识又很容易变为极度的自暴自弃。正由于他们自暴自弃，便造成了中国人极大的不道德。他们以撒谎

① ［德］马克斯·韦伯著，洪天富译：《儒教与道教》，南京：江苏人民出版社，1995 年版，第 261 页。

著名，他们随时随地都能撒谎。朋友欺诈朋友，假如欺诈不能达到目的，或者为对方所发觉时，双方都不以为可怪，都不觉得可耻。他们的欺诈实在可以说诡谲巧妙到了极顶。欧洲人和他们打交道时，非得提心吊胆不可。他们道德放任的意识又可以从佛教的流行得到证明；这一个宗教把'最高的'和'绝对的'——上帝——认为是虚无，把鄙视个性、弃绝人生，当作是最完美的成就。"①

而像韦伯这一系列的批评中国人在世俗生活中的不诚实的观点，不用我们来反驳，仅引用另一系欧洲思想的观点就足以反驳他们的观点。18 世纪法国重农学派的领袖人物魁奈（Francois Quesnay, 1694－1774）针对这一观点，就有反批评，他认为，对于中国这样的一个文明国家，人与人之间贸易协定完全不诚实是不可能的。他认为，散布这些传闻的人，可能是把中国在广州口岸与欧洲人进行交易的活动与整个帝国内部的贸易活动混淆起来了。魁奈认为，由于中国政府"对外国贸易没有什么兴趣，它容忍那里的欺诈行为是因为它难以惩治那些远离本国达 3 000 里格，一旦卖掉他们的商品便消遁而去的外国商人。"②由这一推测出发，魁奈甚至认为，这是中国人在与欧洲的贸易争夺中显得"比欧洲人更加精明"，"运用竞争技巧更加沉着得多"③的表现。魁奈

---

① ［德］黑格尔著，王造时译：《历史哲学》，上海：上海书店出版社，2006 年版，第 122 页。

② ［法］魁奈著，谈敏译：《中华帝国的专制制度》，北京：商务印书馆，1992 年版，第 70 页。

③ 同上。

对于中国国内一般性贸易与商业伦理的猜测既合乎情理，也大体是正确的，他说："不能想象在一个国家内，居民之间可以靠相互弄虚作假来进行贸易。相互欺诈的双方有何利可图呢？这只会引起令人棘手和非常麻烦的纷乱，从而使日常的商业活动变得十分困难，几乎不可能进行。甚至更不能想象这种诈欺现象是发生在像中国这样的一个文明国度中，在那里贸易方面的良好信誉和诚实、正直一直是令人瞩目的；这是孔子伦理学的主要论题之一，而在这个帝国内，伦理就是法律。"[①]

魁奈的说法未必完全正确，大量的中国人之中，肯定有不诚实的人，这一点欧洲乃至于今天世界上任何一个民族国家内，都有这样的人。但要说一个民族都是不诚实的，那是一种非常荒唐的说法，而且不合常识。因此，在有关中国人整体道德上是否诚实问题上的评价，我认为沃尔夫的话更符合实际。

最后，韦伯将西方一神教文化传统下的"先知"看作是从内部培养伦理道德的人物，从而能形成完整"人格"的唯一道路，他认为，儒教则只教人适应外部社会，因而无法培养出超越的"人格"。因此，对于儒教文化培养的人物而言，"生活始终是一连串的事件，而不是有条不紊地朝向超验目标的整体。"[②]很显然，韦伯不理解儒教的君子人格理想，以及宋明儒教所发展的凡人希君子、君子希贤、贤希圣、圣希天的逐层超越的人格理想。无论是儒

---

① ［法］魁奈著，谈敏译：《中华帝国的专制制度》，北京：商务印书馆，1992 年版，第 70 页。

② ［德］马克斯・韦伯著，洪天富译：《儒教与道教》，南京：江苏人民出版社，1995 年版，第 264 页。

教徒与道教徒，他们通过对天道或道的体认，通过人性与天道的交互作用而培养出一种君子、贤人的道德人格，走了一条不同于犹太—基督教以上帝信仰为根基，以聆听先知的方式来养成人格的道路。

在《儒教与道教》一书中，韦伯在比较宗教学的视野下审视儒教与道教的性质，也提出了一些重要的"洞见"，有助于我们从"他者"的角度来认识自身文化的特点与不足。概括起来，大约有如下四个方面：

第一，他正确地看到儒教是一种"理性的伦理"的特质，而且，儒教"将与世界的紧张性——无论从宗教上贬斥此世，还是实际上拒绝它——减至绝对低弱的程度"。[①] 不过，韦伯下面的一些论断与认识，就是对错参半，如韦伯说："在儒家看来，这个世界是所有可能的世界中最好的一个；人的本性与气质，从伦理上看是善的。人与人之间以及事物与事物之间，尽管程度上有别，但原则上都具有相同的本性，都具有能达到无限完美的能力，都能充分地实行道德法则。"[②]我们知道，儒家有关人性的论述，人性善是主流思想传统，但也有人性恶的支流。而儒家并非将此世看作是所有可能世界中最好的一个，如果是这样，儒家就没有小康、大同的理想社会学说了。儒家，特别是宋明儒家，承认人与物都有来之于天道或天理的"性"，但并不认为万物都具有达至完美的能

① ［德］马克斯·韦伯著，洪天富译：《儒教与道教》，南京：江苏人民出版社，1995 年版，第 257 页。
② 同上。

力。人只有通过格物致知，涵养用敬的手段，才可以上达天道或天理，而万物则没有这种能力。

第二，韦伯正确地看到了深受儒教与道教影响的中国人，没有基督教的“原罪”观念。他说：“一个有教养的中国人会断然拒绝持久地背负‘原罪’的重担，对任何有教养的知识分子阶层而言，原罪这一概念是某种难堪的东西（Etwas Peinliches），且有损于尊严。”[①]但是，当韦伯说中国人把“罪过”仅当作“西方人在冒犯礼俗时所说的‘对不起’。”[②]这一说法过于笼统，中国人对“罪过”是分不同层次的。特别是在三纲、五常方面犯下的“罪过”，那是极其严重的，绝非西方人冒犯礼俗时所说的“对不起”三个字所能比拟的。

第三，韦伯深刻地洞察了传统中国官僚体制所具有的世俗理性与清醒的一面，因而在中国人的身上表现出一种矛盾的统一体，一方面具有“百折不挠的精神”（Ungebrochenheit），另一方面又有某种“感觉麻木”（Indolenz）的特征，这种现象“在某种程度上也许与中国的宗教里完全缺乏酒神的要素有关，这种欠缺是由于官僚阶层有意识地使祭祀保持清醒的结果。在官僚体制里，任何使心理失去平衡的东西，都不允许存在。任何超强的激情，尤其是发怒，气（Tschei），都会产生不断改进的魔力”。[③]

第四，韦伯还正确地看到，中国人“好面子”的特征，主要是与

---

① ［德］马克斯·韦伯著，洪天富译：《儒教与道教》，南京：江苏人民出版社，1995年版，第258页。

② 同上。

③ 同上书，第262页。

儒教重视礼节有关。而"儒教的礼貌理想,不总是以习俗的形式,而是以它的'精神'发生影响。这种礼节理想审美式的冷淡气质,使所有由封建时代流传下来的义务,尤其是慈善的义务,僵化成象征的礼仪"。[①] 不过,当韦伯将中国人特有的"冷淡"气质泛化为一种普遍的待人接物的模式,并由此进一步分析中国人的日常宗教文化心理时,他的结论就不那么正确了。他说:"中国人具有特有的冷淡、节制的待人接物态度,即使是家族内的关系也是如此,与此相关的是习俗礼节的循规蹈矩以及对神怀有的自私的恐惧,这些便是儒教与道教所造成的结果。"[②]也许中国人在陌生人之间的确表现一种冷淡,但在熟人之间,特别是宗族之间,并非如此。而"对神怀有自私的恐惧"这一判断,并不恰当。当中国人说"头顶三尺有神灵"这句话时,更多地是在强调做人做事要有公正心、良心,要遵守基本的公共道德与规范,并不是一种自私的恐惧。

韦伯式的比较哲学与比较文化研究,其结论是"偏见"与"洞见"并存,是比较哲学与比较文化研究过程中带有极强"判教"意味的一种比较,笔者之所以没有直接指明他说的比较研究就是一种"判教",主要是因为他的研究本身不是出于比较研究,而只是在比较哲学、宗教与文化的视野里考察现代资本主义为何在欧洲诞生的道理。比较的方式在韦伯的研究过程中

① [德] 马克斯·韦伯著,洪天富译:《儒教与道教》,南京:江苏人民出版社,1995 年版,第 263 页。
② 同上。

只居于一种手段或工具的地位。更进一步地说，比较哲学与比较文化的研究活动在韦伯那里还只是一种前哲学的方式存在着。韦伯在研究儒教与道教的问题时，动用了比较的手段，而他本人对于何谓“比较研究”本身还缺乏一个必要的理论自觉。在这一问题上，将与晚于他 20 年之后的雅斯贝尔斯作一简单比较，就可以更明确地看出这一理论出发点的差异。雅氏在《历史的起源与目标》一书中，构造出“轴心文明”这一概念，对中国、印度、古希腊三大文明的各自特点及其在公元前 5 世纪前后的思想突破，作了颇具说服力的论说，而其在《大哲学家》一书中，通过对不同哲学范式的划分，将中、印、西三大哲学传统里的思想家分属于不同“范式”里加以叙述，初步展示了比较哲学与比较文化研究的思想自觉后的一种认知、求真、较为客观地欣赏差异性的思想观念与精神传统的哲学取向。尽管在雅氏的具体叙述与论述中，也可能带有自觉不自觉的欧洲文明中心的思想倾向，但从雅氏思想的自觉层面来说，他并不是要立足于论证欧洲现代文明的特别优异之处，而是在一个更加宏阔的“世界历史”的眼光下探索人类文明的未来方向，并自觉地从不同文明类型里寻找人类奔向未来的精神资源。而正是这一点，使得雅氏成为现代西方哲学史上较少具有欧洲中心主义，较早具备世界哲学眼光的第一位大哲学家。

将韦伯与雅斯贝尔斯作一简单的对比，其立意并不在于责难韦伯式的比较，而只是在“世界历史”的语境中回顾比较哲学与比较文化研究的历史进程，试图揭示比较哲学与比较文化研究从自发到自觉的历史过程中我们思维方式的变化历程，进而为当代中国比较哲学与比较文化的研究提供思想的借鉴。西方的比较哲学与比较文化研究过程的展开，是与资本主义兴起，经济的全球化，文化的殖民、传播过程紧密地联系在一起的，其中“偏见”与“洞见”并存。作为学科形态的现当代中国哲学，从一开始就是以比较哲学姿态出现的，其中多体现为不同形式的依傍与比附。当代中国哲学的发展，恰恰就是要在“世界哲学”的视野下，逐步摆脱对西方哲学的依傍与比附，确立具有鲜明中国特色的哲学形态，对当前人类面临的共同问题给出中国哲人的回答。

二、“世界历史”与比较哲学的思想起点——雅斯贝尔斯《历史的起源与目标》的逻辑框架及其理论假设

自16世纪的地理大发现以后，东西文化就开始了真正的、实质性的接触，比较哲学与比较文化的研究工作也因之真正开始。但在国别史的时代里，东西方的比较哲学与比较文化的研究工作基本上是在“判教”意识为主导精神下展开的。比较哲学与比较文化的真正思想起点，应当是“世界历史”的观念。但“世界历史”观念的形成却是一个比较漫长的历史过程，作为精神的自觉与观念的反映，应当是在黑格尔的历史哲学中首先得到系统的表达。但真正能跳出欧洲中心论，以人类的一体化命运来思考世界历史的起源与未来发展方向的，则要以雅斯贝尔斯的《历史的起源与目标》（*The Origin and Goal of History*）一书为标志。该书在整

体的人类历史观的思想前提下，以思辨的历史哲学形式阐述了一种人类一体化图景下的“世界历史”观念，并在此全新的“世界历史”观念下，为真正的比较哲学与比较文化研究工作提供了新的思想起点。此处笔者将以读后感的形式叙述对该书基本思想的理解，希望通过对此书基本思想的介绍，为当代中国比较哲学与比较文化的研究工作提供一个思想的起点。

《历史的起源与目标》一书的逻辑结构比较简明，共有三编六章，第一编与第三编都有绪论，而第二编没有，但第二编的第一、二章与第三编的第三章均有导言，而其他各章没有导言。就学术著作的篇章形式来看，并没有教科书那样的整齐划一，而体现了学术专著内容大于形式的特点。对于中国的学者来说，大多数了解雅氏历史哲学的人，对其在该书中提出的“轴心文明”的概念都比较熟悉。换句话说，在中国的学人中，大多是通过“轴心文明”的概念而知道雅氏其人的。然而，就雅氏的历史哲学思想而言，“轴心文明”的说法固然是他的伟大发明，但他在《历史的起源与目标》一书中所表达出来的深邃的历史哲学思想，远非“轴心文明”的概念所能概括的。因此，对于《历史的起源与目标》一书的理解而言，我们既要抓住“轴心文明”、起源、目标三个关键词，还要理解其中所表达的有关人性、技术、自由等重要思想。

(一) 三个关键词：轴心文明、起源与目标

雅斯贝尔斯将人类历史分成四个时期，即史前期、古代文明

的建立期、轴心期与从 19 世纪开始的科技时代这样四个时期。与这四个历史时期相适应，他将“世界历史”的问题也分为四个主要问题：① 在史前迈出的哪些步子对人性的影响是决定性的？② 从公元前 5 000 年起，最初的文明是如何产生的？③ 轴心期的基本性质是什么？它是如何产生的？④ 我们如何理解科学技术的兴起？“技术时代”是如何产生的？[①]

对于上述四个问题，雅氏着重回答的是③和④两个问题，进而也是本书的重点所在与精彩之见迭出的部分。

雅氏对于“轴心期”有一个比喻性的称谓，说道：“我们可以把轴心期称作两大帝国时代之间的间歇、因自由而暂停和导致最清醒的意识的深呼吸”[②]；“轴心期”的概念是要超越基督教信仰所缔造的历史哲学，“以便引出一个为所有民族进行历史自我理解的共同框架”，这个概念的具体内容即是：“要在公元前 500 年左右的时期内和在公元前 800 年到 200 年的过程中，找到这个历史轴心。”[③]将这个历史轴心作为“历史的分界线”，即是“我们今天所了解的人开始出现”的分界线。这个分界线简称为“轴心期”（Axial Period）。[④] “轴心期”以前的人类文明虽然也重要，但更为重要的是奠定在“轴心期”基础之上的人类文明。雅氏说：“轴心期成了一种酵素，它将人性引进世界历史唯一的脉络中。对我

---

① ［德］雅斯贝尔斯著，魏楚雄、俞新天译：《历史的起源与目标》，北京：华夏出版社，1989 年版，第 33 页。（案：最近，李雪涛重译了此书，见华东师范大学出版社 2018 年版。）

② 同上书，第 62 页。

③ 同上书，第 8 页。

④ 同上。

们来说，轴心期成了一个尺度。在它的帮助下，我们衡量各种民族对整个人类历史的意义。”[①]这把衡量标尺可以形成三个明显的区别：一是“各轴心民族”即是“那是些完成了飞跃的民族，这种飞跃是他们自己过去的直接继续。对他们来说，这一次飞跃如同是第二次诞生。通过它，他们奠定了人类精神存在的基础，以及所谓的真正的人类历史”。[②] 二是“无突破的各民族”，“他们尽管在时间上与突破一致，但内部却依旧不受其影响。”[③]像埃及和巴比伦文化就是如此，他们在轴心期虽然很繁荣，但“它们都缺乏那种改变人类的反思的特性；他们没有在各轴心民族的影响下经历质变；它们对其生活范围外发生的突破不再作出反应”。[④] 其结果是，埃及和巴比伦的文化虽然很宏伟壮丽，但我们对他们的感觉很疏远，不像古老的中国与印度人与现代的欧洲人更接近。雅氏由“轴心期”得出一个有关人类文明史的新观念：“中国、印度与埃及、巴比伦是并列的，并且实际上只是由于它们一直幸存至今，才使它们同埃及和巴比伦区别开来，还是印度和中国由于共同参与轴心期的创造，才迈出了使它们跨越那古代文明的一大步？”[⑤]而这“一大步”就是实现了“突破”。三是在“轴心期以后的各民族”被划分为两部分：“在突破世界中有其基础的民族”和“与突破保持距离的民族”，“前者是历史的民族，后者是原

① ［德］雅斯贝尔斯著，魏楚雄、俞新天译：《历史的起源与目标》，北京：华夏出版社，1989 年版，第 62 页。
② 同上。
③ 同上书，第 63 页。
④ 同上。
⑤ 同上书，第 63—64 页。

始的民族”。[①] 在轴心期实现了“突破”的民族在精神和人性两个方面表现出了新特征，从“精神”的方面说：“在突破中成熟起来的精神一旦被思想、著作和解释传送给所有能倾听和理解的人，突破的无限可能性一旦变得可以察觉，由于掌握了突破所具有的强烈和感受到了突破所表达的深度而跟在轴心期后面的所有民族，都是历史的民族。”[②]

除了上述的两个方面特征之外，雅氏还特别看重轴心期“人性”方面的变化，他认为，从“人性”的方面说：“伟大的突破就像是人性的开始，后来同它的每一次接触就像是新的开始。在它之后，只有开始展现人性的个人和民族才是在正史的进程之内。不过这种人性的发端不是藏匿的、精心谨守的秘方，而是迈入到光天化日之下。它充满了对效用的无限渴望，将自己展示给一切人，把自己暴露在任何检验与核实面前……凡是被它改造的人都苏醒过来了。”[③]

“轴心期”文明的特征可以从社会现象与精神运动两个层面来理解。从社会现象的层面来看，主要有三个特点：其一，在中国、印度、和西方三个互不知晓的地区，众多哲学流派出现了。在中国有孔子、老子、墨子、庄子、列子和诸子百家；在印度出现了《奥义书》与佛陀；从以利亚到以赛亚第二，先知纷纷出现；

① ［德］雅斯贝尔斯著，魏楚雄、俞新天译：《历史的起源与目标》，北京：华夏出版社，1989年版，第64—65页。

② 同上书，第66页。

③ 同上书，第66—67页。

而希腊贤哲如云，有荷马、哲学家巴门尼德（Parmenides of Elea，c.515BC－?）、赫拉克利特（Heraclitus，c.535－c.475BC）和柏拉图，还有许多悲剧作者，以及修昔底德（Thucydides，c.460BC－400/396BC）和阿基米德（Archimedes，287－212BC）等。其二，这些哲学流派分别展开了精神传播运动。孔子、墨子和其他哲学家，游历中原，到处赢得信众，建立了学派，希腊诡辩家和哲学家到处漫游，而佛陀则在各地云游中度过一生。“在孔子受挫于魏国和柏拉图在锡拉丘兹的失败之间，在培养未来国士的孔子学塾和服务于同一目的的柏拉图学园之间，可以找出社会学的类似现象。”①其三，三个地区内有大量的小国和城邦，有国家对国家，城邦对城邦的斗争。中国由于周天子软弱无力，大诸侯通过征服其他小国而扩张领土。“在希腊和近东，一些小城邦，在某种程度上，甚至包括波斯所征服的城邦，都享有独立地位。在印度，有许多邦国和城市。”②

从精神运动的层面看，主要有四个特点：其一，是反思意识的产生，“三个地区的人类全都开始意识到整体的存在、自身和自身的限度。人类体验到世界的恐怖和自身的软弱，他探询根本性的问题；面对空无，他力求解放和拯救。通过在意识上认识自己的限度，他为自己树立了最高目标。他在自我的深奥和超然存在的

① ［德］雅斯贝尔斯著，魏楚雄、俞新天译：《历史的起源与目标》，北京：华夏出版社，1989年版，第12页。
② 同上书，第11页。

光辉中感受绝对。”[1]不仅如此，“这个时代产生了直至今天仍是我们思考范围的基本范畴，创立了人类仍赖以存活的世界宗教之源端。无论在何种意义上，人类都已迈出了走向普遍性的步伐。”[2]

其二，人性的全盘改变，即人性的精神化。“神话时代及其宁静和明白无误，都一去不返。”[3]古希腊、中国、印度哲学家们的重要见识并不是神话而是理性的哲学见解。“理性和理性地阐明的经验向神话发起一场斗争（理性反对神话）”，“最后发生了反对诸神不真实形象的伦理的反抗。”[4]而这一精神运动则直接产生了两种结果：一是“宗教伦理化了，神性的威严因此而增强”；二是“神话成为语言的材料，用以表达与原意极不相同的含义：它转变为寓言。在此转变过程中，神话得到改造，并在新的深度上被理解”。[5] 而旧神话则通过芸芸众生的代代相传的信仰，作为背景而被保存下来。

其三，哲学家首次出现了。“中国的隐士和云游哲人，印度的苦行者，希腊的哲学家和以色列的先知，尽管其信仰、思想内容和内在气质迥然不同，但都统统属于哲学家之列。人证明自己有能力，从精神上将自己和整个宇宙进行对比。他在自身内部发现了将他提高到自身和世界之上的本原。”[6]“人在理论思辨中把自己

---

① ［德］雅斯贝尔斯著，魏楚雄、俞新天译：《历史的起源与目标》，北京：华夏出版社，1989 年版，第 8—9 页。
② 同上书，第 9 页。
③ 同上。
④ 同上。
⑤ 同上。
⑥ 同上书，第 10 页。

一直提高到上帝本身”，而被束缚与藏匿在人的躯体之内的“特殊的人性”，“渴望解放与拯救，向着理念飞升”，体验着与涅槃和道的一致性，在超越了教义与信念的不同之后，三个地区的民族表现了一个共同的精神特点，“即人能够仅仅独自一人踩出这些途径”而不断地超越自己，“他可能放弃一切尘世财物，避居荒漠、森林或山岭，作为隐士而发现孤寂的创造力，然后也可能作为智者、贤哲和先知而重新入世。在轴心期，首次出现了后来所谓的理智与个性”。①

其四，“人们明白自己面临灾难，并感到要以改革、教育和洞察力来进行挽救。他们制定计划，努力控制事件的进程，并第一次要恢复或创建良好的环境。”②“人们殚精竭虑地寻求人类能最和睦地共同生活、实行最佳统治管理的方法。改革的观念支配了实践活动。哲学家周游列国，成为智囊和导师。”③

就整个“轴心期”来看，这一时期的历史在人类文明史中的地位可以从四个层面来理解。第一，“在所有地方，轴心期结束了几千年古代文明，它融化、吸收或淹没了古代文明，而不论成为新文化形式载体的同是一民族或别的民族”。④ 第二，“直至今日，人类一直靠轴心期所产生、思考和创造的一切而生存。每一次新的飞跃都回顾这一时期，并被它重燃火焰……轴心期潜力的苏醒和

① [德] 雅斯贝尔斯著，魏楚雄、俞新天译：《历史的起源与目标》，北京：华夏出版社，1989 年版，第 10 页。
② 同上书，第 11 页。
③ 同上书，第 11—12 页。
④ 同上书，第 13 页。

对轴心期潜力的回忆,或曰复兴,总是提供了精神动力。对这一开端的复归是中国、印度和西方不断发生的事情。”[①]第三,“任何未同轴心期获得联系的民族仍保持‘原始’,继续过着已达几万甚至几十万年的非历史生活。生活在轴心期三个地区以外的人们,要么和这三个精神辐射中心保持隔绝,要么与其中的一个开始接触;在后一种情况下,他们被拖进历史。”[②]第四,“从三个地区的人们相逢之际起,他们之间就可能存在一种深刻的互相理解。在初次相遇时,他们便认识到,他们关切同样的问题。尽管相隔遥远,但他们立即相互融合在一起。”[③]

“总而言之,轴心期的概念提供了借以探讨其前后全部发展的问题和标准。早先文明的轮廓渐渐消散,承载它们的民族在加入了轴心期运动时从视野中消失了。在并入自轴心期开始的历史运动之前,史前民族一直保持史前状态,要不就是灭亡。轴心期同期同化了存留的一切。从轴心期起,世界历史获得了唯一的结构和至少持续到我们时代的统一。”[④]

作为中国的读者,我们既关注雅氏“轴心期”这个概念本身的完整意思,也关注他使用这个概念来分析中国“轴心期”文明的特征。雅氏认为,轴心期以后中国有三个特点,其一是不如西方的新开端那样惹人注目,他说:“与中国和印度相比,西方的新开端似乎

---

① [德]雅斯贝尔斯著,魏楚雄、俞新天译:《历史的起源与目标》,北京:华夏出版社,1989年版,第14页。
② 同上。
③ 同上书,第15页。
④ 同上。

惹人注目得多……金字塔、巴台农神庙、哥特式教堂——中国和印度展现不出这些在历史连续中出现的形形色色的现象。”[1]其二是：虽然中国、印度“与欧洲的不一致不是根本性的”，但在“公元1 500年，当欧洲迈出其前所未有的步伐时，中国和印度却准确地同时进入了文化衰退。”[2]其三是：“轴心期的中国古代文明的继承人，在古老的文明中看到了他们自己的往昔。他们代代相传，连续不断；他们没有生活在新时代的感觉（除非那是一个衰微的时代）；他们按照具有神话特征的理想化形态，把过去看作是一个在创造性幻想中展开的典范。”[3]

上述雅氏对于中国进入“轴心期”文明之后所表现出的特征认识，有合乎中国文化特征之处，也有一些认识上的偏颇。中国虽然没有金字塔、巴特农神庙、哥特式教堂等文明现象，但中国的古代建筑如长城，还有大运河、四大发明，以及通过科举制度选拔官员等，亦是西方所没有的。至于1 500年以后，中国文明是否进入衰退期，亦可以商榷。至于他对春秋末到战国秦汉之际人们内在精神的分析，并不完全符合这一时期文化精英们的思想实际。因为在《庄子·天下》篇里，战国时代的道家感叹“道术将为天下裂”，战国后期的韩非子将他们所处的时代称为“竞于气力”的时代，从而与“上古竞于道德”，“中古竞于智力”的时代区别开来，并明确反对儒家“师古”的历史观与政治观。但大多数思想

---

① ［德］雅斯贝尔斯著，魏楚雄、俞新天译：《历史的起源与目标》，北京：华夏出版社，1989年版，第66页。
② 同上。
③ 同上书，第61页。

家都认为远古的时代曾经有一个理想的“黄金时代”。因此，雅氏对“轴心期”思想家们向往远古黄金时代的说法，在原则上是正确的。

与“轴心期”这一核心概念紧密联系在一起的是“起源”与“目标”这两个概念，对此两个概念，雅氏有自己独特的规定，他认为：“起源和目标不可能获得任何令人信服的感性的真实形体，我们可用下列符号表明它们：‘人类之诞生’——起源；‘不朽的精神王国’——目标。”[1]因此，在《历史的起源与目标》一书中，雅氏所说的“起源”与“目标”并不是一个可用来实证的概念，为人类提供一个可以通过科学实证方式检验的起源和目标，而只是一种象征，通过这一象征来揭示人类在“起源”与“目标”的两个方向都是开放的，并通过此开放性来思考人类的命运，人性的深奥性与人性的潜在可能性。正因为如此，当他说“上帝是起源与目标，是心灵的宁静。那里有安全。”[2]这句话时，他所说的“上帝”不再是基督教传统中的人格神上帝，而是一种超然的存在，一种象征，它在根本上“是历史性的”。

就“起源”问题在人种学上的讨论，人类究竟是“单种起源”还是“多种系起源”，这是一个无法用科学的实证方式加以解决的问题，“因此，人类的统一起源是一个思想而不是由经验拓开的现实。”[3]对于雅氏所要讨论的人类的统一问题而言，“人类起源是

---

① [德] 雅斯贝尔斯著，魏楚雄、俞新天译：《历史的起源与目标》，北京：华夏出版社，1989 年版，第 34 页。
② 同上书，第 250 页。
③ 同上书，第 53 页。

单种系还是多种系并不是决定性的论据，我们在此讨论的是对人类统一性的信仰。在历史进程中，人类的统一已发展成为人类构成的组成部分；把人类与动物分隔开的鸿沟成了它的先决条件。”①雅氏转换了讨论的视角，将对人类起源的人种学的讨论转向对人类内部精神统一性的新起点的讨论，而他构造的“轴心期”概念就是“一个关于人类内部新起点”的讨论。他认为，“轴心期同时发端的奥秘，比起古代文明诞生的问题来，所处的水平要深刻得多。首先，其同时性更加准确；其次，它与人性的整个有意识的思想方面的精神的历史发展有关。从古代文明产生起，这三个具有独特性的地区就在基督降生前的 1 000 年中，产生了人类精神的全部历史从此所依赖的创造成果。”②

就“目标”概念而言，雅氏将人类的“目标”设定为“历史的统一”，而这种历史的“统一不是事实，而是目标。”③其具体内涵有如下四点：其一，目标是人类的文明和博爱。在整体上表现为人类“存在的有序化”，而这种有序化的目标就是“合法的世界秩序”，而人类的“统一通过存在的有序化给人类心灵和精神的潜力以发挥的机会。”④其二，目标是自由和自由的意识。“法律秩序的意志没有直接造成其目标的自由，而只是造成了政治自由，它给人类存在以可能实现所有真正自由的机会。”⑤其三，“目标

① ［德］雅斯贝尔斯著，魏楚雄、俞新天译：《历史的起源与目标》，北京：华夏出版社，1989 年版，第 53 页。
② 同上书，第 22 页。
③ 同上书，第 294 页。
④ 同上书，第 295 页。
⑤ 同上。

是共同环境中的杰出人物、精神创造和文化生产，它是创造能力。”[①]其四，“目标是上帝在人类中的显现。在目标深处感知到的存在就是上帝的表现形式。”[②]

在《历史的起源与目标》一书中，雅氏并不是要探索人类在人种学上的起源问题，而是在普遍历史观的基础上探讨人类历史统一性的起点，从而摆脱基督教信仰启示的先验历史观，他说：“为了使轴心期的真相真正具体化，为了把它们真正作为我们普遍历史观的基础，就要去掌握超出一切不同信仰的全人类的共有之物……在此意义上，可以说公元前 800 至 200 年间的数世纪，就是世界历史的轴心期，这在经验上对所有都是很明显的。”[③]而“基督信仰启示的先验历史，由创世、堕落、诸启示阶段、预言、上帝之子的显身、拯救与末日审判所构成。”[④]而“将所有人结合在一起的不可能是启示，而必定是经验。启示是特殊历史信条采取的形式，而经验却是人人都可以理解的。”[⑤]“虽然轴心期局限于中国、印度和西方，虽然这三个世界开始并没有联系，然而轴心期奠定了普遍的历史，并从精神上把所有人吸引进来。”[⑥]在雅氏看来，“轴心期”文明的意义在于：“我们当今的历史意识，还有我们对自己目前状况的意识，直至我仅能暗示的结果，都是由轴心期

---

① ［德］雅斯贝尔斯著，魏楚雄、俞新天译：《历史的起源与目标》，北京：华夏出版社，1989 年版，第 295 页。
② 同上书，第 296 页。
③ 同上书，第 27 页。
④ 同上。
⑤ 同上书，第 28 页。
⑥ 同上。

概念所决定的，无论这一论点是被接受还是被否定。这是一个方法问题，凭此方法人类的一致性对我们变成一个具体的现实。”①

（二）“历史的历史性”与“统一”的历史观

1.《历史的起源与目标》的构思逻辑与“历史”的两个突出特征

从绝对字数的角度看，《历史的起源与目标》一书并不是一本大部头著作，但其所涉及的思想内容却是极其复杂的。从其构思逻辑来看可以从两个层面来认识其对“历史的历史性”的分析：一是从普通人都采用的历史、现实、未来的时间序列特征来考察历史的历史性；二是从历史与自然的不同角度来规定“历史的历史性”。就第一个层面来看，他虽然采用了大多数学者都使用的三阶段划分历史的方法，但他对于何谓历史、何谓现实、何谓未来的具体回答，不仅与普通人的看法不同，也与他之前的欧洲哲学家的看法也不一样。他所谓的历史是一个动态发展的历史，是一个朝向未来的过程，即“历史在事实上进入未来，在解释中是过去，它是各种内涵互相关联的、开放的无穷世界。总之，各种内涵关系似乎经常汇合到一个发展中的共同内涵中去。”②他所谓的“现实”也不只是当前的一种客观性，而是一种哲学化的现实，即“现实本身也变成了历史意识的根源和目的。”③他所谓的“未来”，并不是某种实体化的东西，而只是“隐藏于过去和现在之中，

① ［德］雅斯贝尔斯著，魏楚雄、俞新天译：《历史的起源与目标》，北京：华夏出版社，1989年版，第29页。
② 同上书，第302页。
③ 同上书，第161页。

我们能从其真实的可能性出发去理解和思考"[1]的一种"整体的历史"或曰"历史的统一"。

就第二个层面来说,他研判人类的历史与自然现象之间的不同。在他看来,"自然是纯粹的事件,它不认识自己,却首先被人认识。"因此,"自然是非历史的"。[2] 而人类历史则是依赖"传统""精神运动"而构成的。"遗传向我们揭示自然,传统向我们揭示历史。"[3]而"使我们成为人类的不是遗传,而往往是传统的内容。"[4]"历史中所有的本质,都是人们能够用来记忆,并因此而能保存为未来之因素的东西。对于人类来说,时间获得了唯一的历史性意义,而自然的存在却是同样事物的永久重复。"[5]

在雅氏看来,"历史"的结构似乎可以从两个方面去理解,一是"独一无二和不可替代的个体"构成了历史。他认为:"那种被重复的个别,那种被另一个个体取代的个体,那种相当于普遍原则的一个实例,诸如此类的东西都不是历史。要成为历史,个别必须是独特的,不可替代的和唯一的。"[6]而这种"个体"不是"因其在时空中的位置而被称为现实的存在"的个体,"而是被特殊的历史个性渗透、毁灭和改变的、独一无二和不可替代的个体;它不是被当作普遍的容器或普遍原则的代表的个体,而是首次使普遍

---

① [德] 雅斯贝尔斯著,魏楚雄、俞新天译:《历史的起源与目标》,北京:华夏出版社,1989年版,第161页。
② 同上书,第270页。
③ 同上书,第271页。
④ 同上书,第272页。
⑤ 同上书,第282页。
⑥ 同上书,第277页。

原则生气勃勃的现实。它是和一切存在之起源有密切关系的自我存在，它在其意识之母体中充满信心。”①而这种历史的个体“只是被爱和在爱之中生长的洞察力与直觉力所披露。只有在爱之中才存在的唯一的个体逐渐向被爱所引导的求知欲无限敞开。”②

二是变迁。雅氏说：“举世无双的唯一性越明确，同一的重复越少，历史就越可信。一切伟大之物都是变迁中的现象。”③而这种变迁“是用其意义和目的记载不朽的永恒的变迁。”④“历史的变迁”不同于自然的重复，就在于人类“从史前获得的人性的资本”，这一“人性的资本”在生物学上不能遗传，“然而是历史本质，是可以增长或浪费的资本。它是某种真正早于一切思想的东西，它不可能被伪造成有意识地创造出来的东西。”⑤“经过在历史中发生的精神运动，这个本质首先变得成熟和清晰了。”⑥在此基础上，他又将“历史”看作是“变迁这一事实本身”，变成一个不可以作固化理解的精神对象。他说：“历史的基本特征是：历史是变迁这一事实本身。本质上持久的东西并不代表历史。一切持久的事物是历史的基础、材料和手段……人类历史迟早要终结，因为它曾经有开端。这开端既是开端，也是终结。”⑦

雅氏对人类的历史既表现出一种自豪，但也时时流露出一种

---

① ［德］雅斯贝尔斯著，魏楚雄、俞新天译：《历史的起源与目标》，北京：华夏出版社，1989 年版，第 278 页。
② 同上。
③ 同上书，第 279 页。
④ 同上书，第 281 页。
⑤ 同上书，第 272 页。
⑥ 同上。
⑦ 同上书，第 283 页。

忧虑，即对人类历史的不确定性，特别是人类文明随时可能面临毁灭的危险性表现出极大的担忧，进而与中国“易哲学”传统的深沉的忧患意识有着某种思想的同构性，但在具体内容上又表现出极大的差异性。

2.“统一”的历史观

雅氏认为，人类要追求的“具有不可替代的宝贵价值”，只能属于“统一”的范围。如果“没有统一作为历史的起源、目标和依据，就没有历史。”但对于“统一”本身，我们只能假设，“永远不能真正了解这个统一。”①

雅氏认为，“领悟历史的统一，即从整体上思考世界历史，是寻找历史最终意义的历史认识的推动力。”②因此，对于历史的哲学思考就要求我们“把人类合成一体的统一”来思考。要避免将历史看作是偶然的分散、漫无目标的来来往往，以及是许多虚假途径的绝路，“那么，历史之统一的思想就是必然的。”③问题的关键是我们领悟这种“统一”的方式，雅氏从否定与肯定两个方面对历史的“统一”作出了如下的深刻思考。从否定的角度看，他认为，对“历史统一”的理解不能从如下的思路去理解：“人类的认识将理解不了历史的统一；我们不可以把历史的统一解释为人类生物学根源的统一；地球表面的统一和现实时间造成的共同封闭仅仅是外在的统一；我们不可能证实包罗万象的统一目标；关于世

---

① ［德］雅斯贝尔斯著，魏楚雄、俞新天译：《历史的起源与目标》，北京：华夏出版社，1989年版，第296页。
② 同上书，第297页。
③ 同上书，第299页。

界法律秩序的思想所引向的是人类生存的基础，而不是历史内涵本身，这一思想仍有疑问；通过与放之四海而皆准的真理的一致性相关联并不能理解统一，因为统一只与理解发生联系；统一不是通向目标的进步和不断地走向无限的进程。”①

从肯定性的角度看，雅氏认为从“历史统一”的观念思考问题是可能的，理由有如下五点：其一，即使在实际上我们对“历史统一的第一种解释都总是在认识上造成极其无知的感觉”，但是，作为一种认识方法，“在统一的思想指导下的分类方法是可行的。”②其二，统一的历史观可以“得到地球的封闭性支持”，即“地球的土地和空间是一体的能控制的”，而且，“统一还得到人类统一的起源的支持。人类是同一种类，这是一个表明共同起源的生物学事实。”③其三，“统一的主要根据是人们在普遍都能理解的同一个精神内彼此相认这一事实。”④其四，“统一的思想具体出现在关于普遍可能性的意识中。”⑤其五，对于理想性的“统一”人类能力无法作详细的描述，但在“价值层系、历史的起源和历史的关键阶段来理解历史”⑥的统一与整体性，还是可能的。

“从整个人类共同所有的轴心期中推知历史的统一”，⑦是雅氏对“世界历史”进行解释的一种理论尝试，并试图从此整体的角

---

① [德] 雅斯贝尔斯著，魏楚雄、俞新天译：《历史的起源与目标》，北京：华夏出版社，1989 年版，第 299—300 页。
② 同上书，第 300 页。
③ 同上。
④ 同上书，第 301 页。
⑤ 同上。
⑥ 同上。
⑦ 同上书，第 302 页。

度来揭示“人类本身的历史性”，他说：“我们以整体的概念来领悟历史的统一，整体以根据经验建立的结构来表明人类本身的历史性。”[①]因此，雅氏所讲的“历史的统一”并不以“完成人类的联合而达到顶点”，在他看来，历史始终“位于起源和目标之间，统一的思想在历史中活动着”，“更确切地说，人类的统一是历史的目的地，即获得圆满的统一将是历史的终结。在统一及统一的思想和观念指引下，历史保持运动。”[②]因此，统一的观念只是一种象征，是“无比遥远的参考点”，是“融为一体的起源与目标，是超然的上帝。”[③]

如果非要将“历史的统一”作具体的理解，“统一”也只是一种“崇高的人性统一”，而这种“人性的统一”是不存在于任何现成的、僵化的制度之中的。他说：“这个崇高人性的统一不存在于知识和工具的传播中，不存在于帝国权限和征服的范围之中，不存在于那种置人于死地的禁欲主义和对近卫军进行强迫训练的极端产物之中，不存在于制度和决定的稳定与持久之中，而存在于最清晰深刻的意识和显示本质的光彩四射的瞬息时刻之中。”[④]

雅氏还提醒我们，“所有统一的事实都是历史内部的简化物”，最重要的事情是领悟历史统一形式与道路的多样性，以及多样的现象在整体中发生的道理，“我们要对超出多样性的整体保

---

① ［德］雅斯贝尔斯著，魏楚雄、俞新天译：《历史的起源与目标》，北京：华夏出版社，1989年版，第302页。

② 同上书，第304页。

③ 同上。

④ 同上书，第295页。

持开放，对人类和永远是现存的人性整体保持开放。”[1]因为“这个人性包含一切。它在自身中孕育的奇迹不管有多么宏伟壮丽，永远只是其他现象中的一个现象。”[2]因此，雅氏在历史哲学的层面所说的“统一”，并非是经验意义上的人类大一统，而是一种从整体上思考人类问题的哲学方法。

（三）“人性”“自由”与人类的历史

1. 人性与历史的内在联系

《历史的起源与目标》一书一再给予关注的一个重要问题就是“人性”，这是汉语世界很多阅读该著作的人不太注意的一个重要内容。雅氏之所以高度关注“人性”，是因为“人性”中蕴含着我们人类所没有意识到的巨大潜能。雅氏认为，人性有两个基础，一是史前，一是历史。就“史前”而言：“人类在史前的进化，就是构成人性之基本因素的发展。”而且，“在史前逐渐形成的人性，今天仍然是真实的。”就“历史”而言：“人类的历史进化，就是精神性和技能性的遗传内容的展现。”相对于“史前”而言，“历史进化具有某种外貌，它以深刻开阔的人性为基础，采取了著作、观念、思想和精神形态等暂时形式。”[3]要而言之，“史前与历史相继创造了我们人性的两个基础。史前的形成过程构成了我们生命的根基，

---

① ［德］雅斯贝尔斯著，魏楚雄、俞新天译：《历史的起源与目标》，北京：华夏出版社，1989年版，第300页。

② 同上。

③ 同上书，第37页。

这一形成过程是人之基本结构的成长过程。人的基本结构具有自然的冲动和自然的特性，具有我们人的构造中所有无意识部分。历史进程是人类有意识地接受过去，并在此基础上加以改建扩展的过程。它向我们显示，什么是人所能做到的，什么是我们教育、信仰、知识、能力的根源及其内容——这第二种基础就像是覆盖在火山核心上的一层薄壳，而人就是火山。解脱这层表皮似乎是可能的，但史前时期形成的人之生命的根基却永远不可能抛弃。”①

“史前”与“历史”这两个人性的基础，其对于人性的作用是通过不同途径来实现的，“史前过程形成了在生物学上可遗传的某种结果，它达到了经过所有历史大变动仍然保证连续的程度。”但是，“历史成果必须在意识上被传递下来，它可能会丢失。一切根植在人性领域中并突然绽开的创造之花，一切在人身上留下烙印、并因成为文化传统而改变了人类外观的东西，都如此密切地与这种传统结合在一起，以至于没有传统，历史就会完全消失，因为传统在生物学上是不能遗传的：我们会带着赤条条的原始躯体而退回去。”②

雅氏以一种非常思辨的、形而上学的哲学语言说道：“人完全变成人的时刻是最深奥的谜，它直至今天仍难以探究，无法理解。”③他还进一步说道：“什么是人？我们不能圆满回答这个问题，我们实际上不懂这个问题。这一事实，恰恰是我们人性的一

---

① ［德］雅斯贝尔斯著，魏楚雄、俞新天译：《历史的起源与目标》，北京：华夏出版社，1989 年版，第 37 页。

② 同上。

③ 同上书，第 44 页。

个基本方面。将人如何在史前和历史中形成的问题具体化，同时也就是将人性的基本性质问题具体化。”[①]

雅氏认为，“人性的先决条件之一是人类的一致性，它在自然法则和人类法则的照耀下，不断被背弃，又永远重新提出它的要求。”[②]这一关于人类历史的观点，多少带有思辨哲学的循环论色彩，而与马克思的历史唯物论与辩证法的思想是相背离的。不过，在有关人性的两个基础问题上，雅氏高度肯定了“历史”基础之于“人之为人”的绝对重要性，表明他是一个尊重人类文明传统的哲学家，而不是一个历史虚无主义者。他说：“通过历史，人类变成了努力超越自身的存在。直到历史开始时，人类才着手完成这项高级任务。无人知道它将把人类引向何处，甚至灾难苦痛都能赋予它以猛烈之势，只是随着历史的开始，人才真正成为人。”[③]至于“历史”何以使“人真正成为人”，主要表现在以下三个方面：① 在历史运动中，人们得到了启发、检验和提高，而且也被失落、铭记和重新浮现，但“合理化”被当作历史的起源与目标的媒介在起作用。② 时间的短暂被意识到。在万物之中，“只有懂得自己的死亡。在对这临终情景的畏惧退缩中，人感受到时间的永恒，感受到作为一种生命现象的历史性，以及时间的流逝。人的历史意识逐渐同他对永恒的认识一致起来。”[④]③ “历史是代表杰出的个人的不

---

① ［德］雅斯贝尔斯著，魏楚雄、俞新天译：《历史的起源与目标》，北京：华夏出版社，1989年版，第44页。

② 同上书，第53—54页。

③ 同上书，第59页。

④ 同上。

断推进，各个杰出的个人号召其余的人追随他们。”但是，“历史同时依然只是事件，不断地随大流而行”，“广大民众的惊人力量及其平庸的品质，窒息了一切与他们不一致的东西。民众当中的任何东西，若未能成为他们自己的天性，未能通过这一重要意义而赢得生存的权利，未能唤起民众的信仰，那就必定灭亡。”①

2. 哲学意义上的“自由”与人性

雅氏认为，人类的“自我意识”在经验上必然发生的东西，“不可分解地与自由联系在一起，自由使我们所见到的图像获得了吸引力或排斥力。”②可见，雅氏将人的自由意志与人类在经验上的自我意识紧密地联系一起，表明他将人的“自由意志”看作是人的自我意识的一部分，是有深刻的人性基础的。换句话说，他是在深刻的人性基础上讨论人的自由意志问题的。在《历史的起源与目标》一书中，雅氏从两个层面讨论了自由问题，一是从哲学层面，一是从政治学层面。我们在此文中仅介绍他在哲学层面对“自由”所作的阐述。

他主要从四个层面对哲学意义上的“自由”作了如下的阐述：

其一，“自由是对外界的征服，并是对自我的强制。当别人对我不再是异己的，在我宁可承认自己在其余人之中，或者当外部必然性成为我自己存在的一个因素，并能这样去了解和适应它时，自由就会产生。”③

---

① ［德］雅斯贝尔斯著，魏楚雄、俞新天译：《历史的起源与目标》，北京：华夏出版社，1989年版，第59页。
② 同上书，第39页。
③ 同上书，第176页。

其二,“自由要求什么都不遗漏。一切存在之物和有意义之物都必须获得应得的利益。”[①]雅氏认为,“极端自由是自由的条件。因此自由的要旨通过两极分化和对立面的生活表现出来。”[②]“自由潜在地就是一切。它不仅准备把外部产生之物都看作对立面,而且要把它合并到自己中来。”[③]

其三,自由是脆弱的。“真正的自由在于意识到自身的局限性。”[④]从主观性方面说,“哪里存在可以肯定自身,使自由变得明晰,与此同时它们也会变成明确的超然存在。”[⑤]从人类共体的客观性方面说,“事实是自由依赖于每个他人的自由。因此政治自由从来不可能存在于最终的和安全的永久性条件中。这里自由也是在发展之中。”[⑥]

其四,“自由是人类的时间之路。”“他从对自由的要求中朝创造自由而迈进。因此自由是在运动之中和辩证法之中的。”[⑦]

要而言之,哲学意义上的自由“不是一个物体”,因此“不能具体化为一个明确的概念”,[⑧]但可以“通过思考来熟悉它,可以在思想运动中达到理性的现实性”。[⑨] “把人们引向自由意味着引导

① [德] 雅斯贝尔斯著,魏楚雄、俞新天译:《历史的起源与目标》,北京:华夏出版社,1989 年版,第 177 页。
② 同上。
③ 同上。
④ 同上书,第 178 页。
⑤ 同上。
⑥ 同上。
⑦ 同上。
⑧ 同上书,第 180 页。
⑨ 同上。

他们互相对话”，因此“没有孤立的自由”，个人需要“牺牲其空洞的严密的自由，以利用那只与存在在一起才能赢得的自由。”实际上，“与真理对抗的因而也是与自由对抗的”，[①]因此，为自由而斗争也就是为真理而斗争，而“自由地为真理而斗争是一场爱的斗争”。[②]

（四）“世界历史”观念与非欧洲中心主义的思想

雅氏对欧洲中心主义的观点有一个反省，他说：“直到19世纪末，对我们来说历史基本上仍是欧洲史。对于那时的欧洲意识来说，世界其余地方都是殖民领土，只具有次要意义，注定是欧洲掳掠的来源。列强一直在寻求为自己赢得广大的领土，现在展开的世界历史的基础，是那时列强无意奠定的。”[③]他又说：“人类整体和一切旧文化已被拖进共同的破坏或复兴之川，这一事实的重要性只是近十年来才被意识到。我们中的长者与儿童一样，仍完全生活在欧洲意识中。”[④]因此，他要超越西方学者自18世纪末以降形成的欧洲中心主义思想框架，努力从人类的整体性与未来世界的一体化的新角度，来思考整个人类的历史命运问题。

当然，雅氏所处的时代与其前贤也不一样，经过第二次世界大战之后，人类的整体性已经在各方面都展现出了一些端倪，正如雅氏自己的断言：“整个世界已成为问题和任务”，“历史已发生

① ［德］雅斯贝尔斯著，魏楚雄、俞新天译：《历史的起源与目标》，北京：华夏出版社，1989年版，第179页。
② 同上书，第180页。
③ 同上书，第144页。
④ 同上书，第158页。

了总体的质变”,“基本的事实是,再也没有任何东西可置身事外。世界是封闭的。地球的统一性已经达到。新的危险和新的机会暴露了。一切重大问题都成为世界的问题,目前状况已成为人类的状况。”①因此,作为时代的精神先驱,雅氏已经真切地看到了“人类的真实统一”的征兆,他说:“今天,第一次有了人类的真实统一,它表现于这一事实,没有一处发生的大事不会引起全体的关切。在此情况下,欧洲人通过科学和发现造成的技术革命,仅仅是精神灾难的物质基础和加速原因。”②雅氏的这一说法,在我们今天的世界显得格外亲切、真实。

对于“人类真实统一”之后的结局,也即是“世界历史”的真实达成后的人类面貌,雅氏有这样的一种预言:“一旦这一过程完成,中国将不再是中国,中国人将不再是中国人,可能也适用于全人类。在这意义上,欧洲人感到他们处于德·格鲁(de Groot,1583－1645,荷兰人文主义者,政治家,引者注。)的时代,欧洲也将不再是欧洲,欧洲人不再是欧洲人。然而,那将是我们无法预见其形象的新中国人和新欧洲人。”③这即是说,在真实的“世界历史”之中,人的形象将超越以往在国别史时代深深打上地域与民族文化烙印的形象,而以一种融合后的新面貌出现。这一说法与康德所设想的“世界公民”概念有某种相似之处。

以上四点,是笔者对《历史的起源与目标》一书的基本内容及

① [德]雅斯贝尔斯著,魏楚雄、俞新天译:《历史的起源与目标》,北京:华夏出版社,1989年版,第145页。
② 同上书,第159页。
③ 同上。

其核心思想的个人化的解读。说实在的，该书在很多方面都是很难理解的，并且有很多抽象的玄思，也不乏晦涩之处。有些地方的叙述与思考还带有文学的浪漫，如雅氏对人性的飞跃与人类的结局的思考与描写，就体现了哲学玄思与文学浪漫的结合："我们可以把导致历史的人性所造成的飞跃，想象成人类遭遇的灾难。人的堕落和外来力量的入侵那种不可理解的事情发生了。历史可以是一场壮观而短暂的烟火轮的熄灭过程。在初始发生的，还会颠倒过来再发生。人类最终回复其史前存在的极乐状态。"① 类似这样的表述，在全书中还有很多处，无需更多的引证。

《历史的起源与目标》一书表面上是以"历史哲学"的面貌出现的，但在其中讨论的许多问题远非狭义历史哲学所能涵盖，其中对"技术"的哲学思考，对信仰的哲学阐述，对自由的真正意蕴与自由在经验生活的多重表现的思考，都让该书超越了一般的历史哲学的内容。我们不妨说，雅氏是在极其宏阔、开放的人类历史视野里，以哲学的"起源"与"目标"的观念来思考人类的命运问题。他紧紧抓住现代文明所发展的"自由"精神与现代科学文明发展出的"技术文明"两个最为重要的现象，要求人类在面对未来的危险与不确定性的难题的时候，通过回顾"轴心期"文明的精神遗产，为未来提供某种方向性的指引；而对从人类文明基础之上发育出来的"技术"现象，强调要用思想或精神的指导，以使它造福于人类而不把人类引向万劫不复的深渊。

---

① ［德］雅斯贝尔斯著，魏楚雄、俞新天译：《历史的起源与目标》，北京：华夏出版社，1989 年版，第 58 页。

最后，笔者希望有人能直接从德文重新译出《历史的起源与目标》一书，以便广大中国读者能更为准确地理解该书的思想。[①]在世界历史的新阶段，中国的学人与政治家想要有深广的世界眼光与人类眼光，建议认真研读雅氏的这本著作，并通过此著作回溯西方学术界如何从“欧洲中心论”跳出来的思想历程，而“比较哲学”的思想起点亦当从雅斯贝尔斯提出的“世界历史”开始。

第四节　求“通”——比较哲学研究的目标

一、从俞宣孟论中西哲学的“会通”看比较哲学的任务

上海社会科学院俞宣孟研究员曾就中西比较哲学研究的任务及其目的，发表过一系列论著。他认为，哲学的求“通”，“当指中西哲学的会通。站在西方传统哲学内部是不存在会通问题的。”[②]因此，中西比较哲学的任务就在于求得中西哲学之间的会通。这一说法虽然有值得进一步商榷、并予以细致化之处，但从中可以看出，求“通”在中西比较哲学研究中的重要性。

他在谈到中国哲学在今后的发展问题时，将比较哲学研究看作是必经之途。而在谈比较哲学的自身任务问题时，他则认为，要在中西哲学之间建立一种有关哲学观念的“一致性”，否

① 本书已有新译本，李雪涛教授翻译的《论历史的起源与目标》，上海：华东师范大学出版社，2018 年版。

② 俞宣孟、何锡蓉主编：《探根寻源——新一轮中西哲学比较研究论集》，上海：上海译文出版社，2005 年版，第 168 页。（俞宣孟，上海社会科学院研究员，曾经在中西比较哲学方面做了很长时间的研究，发表了一系列论著。）

则比较根本是不可能的。他说:"新的哲学观念不仅应当能适应当今社会生活的需要,而且还应当能对中国哲学和西方传统哲学提供一种一致的说明。如果根本不存在这种一致的说明,那么就说明两种哲学是完全异质的,其中必有一种的哲学资质会受到怀疑。"①

如何获得对于"哲学一致性"的认识呢?俞氏从两条路径展开了对这一问题的思考。其一是他从马克思主义哲学观念出发,将人类生活与生存方式看作是一切哲学的源头,从源头处而不是从某种既有的原理出发,来寻求对"哲学的一致性"的说明。

就中西哲学之间如何"会通"的问题,俞氏认为,按照西方哲学追求普遍性的思路是行不通的②,而应当重视马克思主义的哲学观在中西会通过程中的作用与意义。要将"人自身的生存活动"看作是"中西哲学会通的原点"。③ 一方面要从各种哲学思想中探索出"人的基本的生存结构";另一方面"还要根据人的基本生存结构及其多种可能的生存方式,对中西两种不同的哲学形态作出解说。"④如此反复与循环的过程,恰恰可以使我们更清楚地看到:"哲学无非是人对自身生存方式的反思,这种反思可以是概念式的,也可以是体悟式的。"⑤正因为哲学的反思可以有不同的形态,所以,相对于西方哲学家来说,"现在被称为哲学家的人,在

---

① 俞宣孟、何锡蓉主编:《探根寻源——新一轮中西哲学比较研究论集》,上海:上海译文出版社,2005 年版,第 167 页。
② 同上书,第 169 页。
③ 同上书,第 171 页。
④ 同上。
⑤ 同上书,第 172 页。

中国古代称为圣贤或得道之士，他们的高明之处在于修养高，所谓修养高，表现为以恰当的方式待人处事，这需要明白事理，更需要自觉调整自身的状态以便以恰当的方式介入世界、并努力获得与世界和谐相处的境界，它是体悟式的。西方哲学则关注有关世界的普遍知识，是概念式的。”①

在关于“原理和源头”的问题思考中，俞氏指出，中西哲学的“会通”是不能“在某种原理中得到会通的”。② 恰好相反，我们要在追溯原理的形成及其特征的过程中，“消除对原理的神圣感”③，通过原理的创新，而实现有关哲学观念的解放。他认为：“人类的生活是各种原理所从出的源泉。原理的更新是生活的结果，也是生活的需要……真正的创新在于认清一切原理的局限性，从追求普遍原理的格式中解脱出来，关注于生活本身，灵敏适当地应对我们生活中提出的各种问题。这就是从原理回到源头，回到源头是真正的思想解放。”④

其二是他从自己的哲学观出发，提出了会通中西哲学的理论出发点。他认为，中西哲学都可以从形而上学出发来思考两者之间的异同。不过，中西形而上学又有所不同。“大体说来，西方形而上学指的是超出经验的知识。从这个基本的规定出发，形而上学曾经包括四个分支，它们是：本体论(ontology)、宇宙论、灵魂

① 俞宣孟、何锡蓉主编：《探根寻源——新一轮中西哲学比较研究论集》，上海：上海译文出版社，2005 年版，第 172 页。
② 同上书，第 186 页。
③ 同上。
④ 同上书，第 192 页。

学和神学，至少在康德的《纯粹理性批判》（*Kritik der reinen Vernunft*）中，这四个方面还都属于形而上学的领域。”①

相对于西方的形而上学而言，中国的形而上学“有超越的意思却并没有要人进入超经验的概念领域的意思，它是要引导人进入到得道的境界，这种境界恰恰是在人们可以经验到的真切感受中的”，而“让人自己从对形器的拘执中超越到与道契合的状态。这就是中国的‘形而上’的精神”。②

更进一步，俞氏还分析道：“中国的形而上学精神与西方形而上学都涉及超越问题，但是，它们的性质是不同的。在西方哲学中，超越是指对于经验的超越，因而在文字表达中，超越与超验是同一个词。形而上学研究的对象是超越于经验的，因而也说成是超验的。西方形而上学是脱离了经验世界靠纯粹概念的思辨来经营的，因而又可以说，这是一门超验的学问。”③相比较而言，“中国哲学形而上学的超越就不是超验的，它只是指人自己在与器物打交道中进入与道相契的状态，这一‘进入’的过程就是超越。”④

简而言之，“中西两种形而上学显然有很大的差异。中国哲学的形而上学着眼于人自身的超越活动，但是，并非没有‘说’，其说围绕着得道，而道只对于人自身形而上的超越活动才显示

① 俞宣孟、何锡蓉主编：《探根寻源——新一轮中西哲学比较研究论集》，上海：上海译文出版社，2005年版，第174页。

② 同上书，第176页。

③ 同上书，第176—177页。

④ 同上书，第177页。

出来。西方在形而上学的说中亮出了一个超验的世界，这个以概念表达的超越的世界曾被长期认为是独立于自在的客观世界的本质”[①]，只是到了康德，才初步打破了这种思想的迷梦。

俞氏认为，形而上学并不神秘，它只不过是“人对自身采用的不同生存方式或超越方式的反思。”[②]他相信，“生存状态的基本结构，是中西哲学的会通点，中西形而上学的差异可以从这一基本结构中产生出来的不同生存方式方面得到说明。”[③]

上述俞氏有关中西比较哲学的“会通”的系列论述，特别是反对以西方哲学的某些原理作为普遍的哲学原理的观点，对于我们思考比较哲学研究的目的及其方法，具有很强的启发意义。但其中所暴露出的问题也是不容忽视的：一方面，他要求在中西哲学会通的过程中寻找到比较一致的哲学观念；另一方面，他又认为不能在原理中找到会通的可能，而是将会通的希望寄托在对人的生存与生活之中，但最后他又希望通过对形而上学的比较来通达中西哲学的对话。这三者之间的关系究竟当如何处理，还是需要进一步思考的。如果将比较一致的哲学观念看作是对哲学的定义，仅从西方哲学发展的历史来看，我们至今也难以找到比较一致的哲学观念，在中西哲学之间要找到比较一致的哲学观念恐怕更难。哲学当然要从人的生存与生活出发，但并不能因此而找到哲学的会通之路，在中西的哲学史上，同一时代具有不同形态的

① 俞宣孟、何锡蓉主编：《探根寻源——新一轮中西哲学比较研究论集》，上海：上海译文出版社，2005 年版，第 179 页。
② 同上。
③ 同上。

哲学就表明，我们不可能对相同时代的生活给出一个统一的哲学。最后，也没有统一的形而上学。因为每个哲学家的理论出发点是不一样的，如果只有一种形而上学，则极可能只有一种哲学。因此，哲学的会通很难会通出一种统一的哲学，而只能是在对话中丰富不同形态的哲学。

二、求“通”：比较哲学的历史任务

笔者曾经撰文指出，狭隘的“判教”心态是比较哲学与比较文化要努力避免的消极心态，而认定求“通”是比较哲学与比较文化要追求的积极目标之一。[①] 在“世界历史”的开端之处，比较哲学与比较文化的实际活动早已经展开了，甚至在人类有交流的时候就有了极其简单的比较文化意识了，但真正上升到理性层面，将比较哲学与比较文化作为一思想的对象加以思考与研究，则是晚近的事情。

众所周知，19 世纪末 20 世纪初，中国学术的谱系里有了“哲学”这个新成员，但中国哲学一开始就是以“比较哲学”的姿态出现的。毋庸讳言，早期的中国哲学史与中国哲学本身，都是以西方哲学为范本的，绝大多数中国哲学史都是不同形式的“在中国的西方哲学观念”的表演。对于“哲学”这门新的知识体系，中国人只能是先采用“拿来主义”的方法，然后再来铸造真正的中国哲学，写出中国哲学史。要实现哲学的中国化，或者说要有真正汉

---

① 参阅吴根友：《判教与比较》，载于《哲学动态》，2011 年第 5 期和《从比较哲学到世界哲学》，2008 年第 12 期。

语的中国哲学与中国哲学史，其中必不可少的途径之一，就是通过比较哲学与比较文化的研究，在求“通”的过程中实现哲学的汉语化与中国化。

“世界历史”的现实进程就是一个不断求“通”的真实过程。各民族、各地方的封闭、孤立的现象正是通过文化传播、商品交换而逐步走向联系，由孤立、封闭走向联系、开放。“哲学”作为各民族的核心精神也将通过“比较”的研究活动，由陌生走向了解，进而走向熟悉、批评与吸收。现代西方解释学强调文本与解读者之间的“视域融合”，比较哲学与比较文化的研究，也将通过比较的研究活动而由“隔阂”走向“通达”。在比较哲学与比较文化的研究活动中，当然会出现不同民族哲学与文化的“视域融合”现象，但很难出现彻底的“同化”，从而最终走向“一元化”。比较哲学与比较文化的研究，其理想的结局应该是在“会通”的基础上实现新的哲学创造，即各民族精神主体之间有一种相互联系的道路，相互独立而不孤立、封闭，相互理解而不相互取代，相互对话而不相互对立。每一民族的核心观念与表达这一民族的核心观念的特殊概念，在语言翻译的层面都会出现“译不准”，甚至不可翻译的现象，但原则上并不妨碍其他民族的精英们通过了解该民族的语言与文化体系，达到一种真切的理解与领悟，从而用一种描述性的语言在自己的民族语言中清楚明白地解释出来。虽然，并非一切的思想观念、文化现象都可以翻译，但是，人类的精神现象与文化现象都可以通过比较研究达到一种了解与理解，否则人类世界就不会走到今天的“世界历史”的时代。

“通”在中国哲学中是一种古老的观念。易哲学中对“通”有丰富的论述，道家哲人庄子反复强调“道通为一”，《易传》强调“天下同归而殊途，一致而百虑”的“会通”与“感而遂通”的“感通”。司马迁追求“究天人之际，通古今之变”的整体性领悟。宋儒追求“仁者体天地万物为一体”的“通感”。明清之际，在中西文化第一次正式交流的时期，先进的中国士人提出了“欲求超胜，必先会通”的文化“融通”观。直到晚清之际，谭嗣同提出了“仁者以通为第一义”的光辉思想，将传统儒家的“仁学”思想与“通”的观念结合起来，使一种道德性的观念变成了一种族际、国际、人际相互沟通的理想状态，变成了“世界历史”时代所需要的一种基本的生存状态的观念。

尽管“世界历史”的现实过程在19世纪与20世纪前半段是一种充满血腥的殖民的历史过程。对于这一血腥的历史过程的成因，哲学家、历史学家都有自己的不同解释，而且可能都各得一理。然而，人类在国别史、地域史的时代里，因相互隔阂而不通达，进而造成相互误解则是其中的原因之一。工业文明先进的民族与国家，把所有非工业文明的其他文明形态斥之为落后与野蛮，以一种文明人的傲慢心态面对其他非工业文明的民族，并理直气壮地从事血腥而残酷的殖民活动。随之而来的工业文明则对传统的文明采取了一种全面的否定、批判的态度。在先进的工业化国家，自由主义者重视自己民族国家中公民的自由、人权，却忽视了其他民族国家中人民的自由与人权。即使在今天的国际社会，这种“不通”的文化隔阂仍然存在。

“不通”既是文化上的，也是利益上的。不通则塞，塞则壅，壅则不平，不平则争。诚然，比较哲学与比较文化的研究并没有改变现实塞壅不平、争斗不已的种种现象，而且也难以胜任这一现实的重任，但比较哲学与比较文化的研究追求一种“通达”的精神境界与相互理解的状态，则有助于缓和人世间不必要的误会与误解，从而避免人们因为相互的陌生而导致不必要的冲突与无谓的争斗。

“通”永远是相对的，“通”也总是处在过程之中。但是，寻求“通”与拒绝“通”，则将会产生两种截然相反的结果。流水不腐，是因为“通”而具有活力；夜郎自大、穷乡僻壤，是因为不通而导致见识的固陋与生活的贫困。当今中国农村里流行的口号“要想富，靠修路”就非常生动、有力地说明了“道通”的魅力。

虽然，求“通”并非比较哲学与比较文化研究的唯一目的，然而，“求通”是比较哲学与比较文化研究的重要使命。我想，这一说法并不为过。

三、“通”的相对性与过程性特征

无论是作为一种异质文化之间的“通”，还是个人认识层面的“通”，甚至是实际生活中的道路之“通”，都是一种相对性的“通”，而半通不通总是表现为一种常态。因此，作为理论认识的一种形态之一，比较哲学所追求的通的目标始终是处在通的动态过程之中，从而也表现为一种过程性。

从今天的中国哲学界来看，19 世纪末 20 世纪初的中国学人对于西方哲学与文化的交通与理解，显然是半通不通的。但是，从通的相对性与过程性特征来看，这是一种非常自然的现象，不必大惊小怪。再往后看，今天中国人对于西方哲学的了解与把握也仍然存在着半通不通之处。然而，没有这种不断深入的半通不通的通达过程，中西哲学之间将永远是分隔的两端，分别将对方作为一个陌生的、异己的他者来对待。

中西哲学之间的“通”具有“相对性”，既有认识主体方面的原因，也有两种哲学形态之间根本无法通的客观性一面。就认识主体方面说，很难找到一个既充分了解西方哲学，又充分了解中国哲学的人。从事比较哲学的研究者，从理论上说永远在从事着一种盲人摸象的工作。问题的关键在于：我们要对自己工作的局限性有清醒的认识，不要把自己得到的认识结论当作是完整的大象就可以了。

从认识的对象来说，中西哲学产生于中西不同的文化背景之中，他们的理论出发点、体系、语言表达方式都十分不同。要用一方的哲学框架为标准来裁剪另一方的哲学思想内容，一定会出现很多方枘圆凿的现象。当比较哲学面临这一尴尬时，最恰当的做法不是以西裁中，或反过来以中裁西，而是要做到视域的融合，分别从对方的所异之处来寻找人类心灵、精神的新视野，从而扩大并丰富我们人类的思维与心灵的空间。

比较哲学研究所取得的认识具有相对性的特征，并不能因此而否定这种思想认识的意义，也并不因此而断言所有的认识都具有同等的价值或都没有价值。所谓相对性，意思是说研究者的认识对于比较研究的对象的真相具有不断的逼真性而言。这种逼真性不是一次完成的，也不是一人完成的，更不是某一时代的所有学者共同完成的，而是在世世代代的认识过程中，不断接近真相的过程。由于经验世界人的有限性，这种认识的逼真性还不同于抽象逻辑思维中的无限趋近性。从原则上说，人对于对象世界真相认识的逼真性永远是无止境的，因而永远是一个过程。这种过程还不应该理解成一种单维度的、线性的、积累性的进化，而应当理解成一种立体的、多维的，而且是动态的趋向认识对象的过程。

这种认识趋向于认识对象的过程还不能将整个人类想象成一个具有统一人格的神灵或其他的认知主体，而应当从人的经验生存出发，即人类是由千千万万个独立的认知个体组成的，他们所取得的正确的认知结果不可能由一个人来整合成一个完全正确的体系，进而从整体上趋向于任何一个具体的认识对象或整个的认识对象。正因为人类经验存在的这一形态，从而在根本上决定了人类无法把握人类已经取得的相对正确的认识，即使是对某一具体的事物的正确认识内容，我们人类的具体个人也无法完全把握。

比较哲学所求得的“通”的相对性与过程性，其实也是我们人类认识的相对性与过程性的具体表现。既然如此，我们就不应当对比较哲学认识过程出现的各种偏差抱有不应有的轻蔑，或者过于严厉的指责，而应当以乐观其成的态度鼓励所有从事比较哲学研究的人们继续向前。《易经》的六十四卦卦序，在一定意义上也显示了“通”与“不通”的辩证思维。比如说，第六十三卦为“既济”卦，“既济”即是小亨通；而第六十四卦是“未济”，“未济”即是不通。这种“不通”是指人在天地之间，永远处在一个“既济”的过程之中，是一个开放的，但又是有阻碍的过程。

四、《易》哲学中“通”的观念对于比较哲学研究的启示

在中国哲学中，“通”字的意思与“通”的观念内涵均非常丰富。[①] 此处仅以《周易》一书中“通”的观念为例，对当今中西哲学比较的求“通”要求提供一些有观念的启迪。

《周易》一书中经与传两部分涉及“通”的观念，其根本意思是行得通，无所滞碍。析而言之，大体上可以分成四层意思，第一层意思是“变通”。这一层意思应当说是最基本的意思。《易》哲学的主要精神就是要求人们知变、然后能正确地应变，从而让人能在宇宙、人类社会生活中正确地处理各种事情，实现人类“正德、利用、厚生”的大目的。如《易传·系辞上》说：“夫易，圣人之所以极深而研几也。唯深也，故通天下之志。”又说：“子曰：‘圣人立象以尽意，设卦以尽情伪，系辞焉以尽其言，变而通之以尽利，鼓之舞之以尽神。’”而《易》哲学所讲的“通”，其最抽象的意思是“往来不穷谓之通”。从自然的变化角度看：“是故法象莫大乎天地，变通莫大乎四时。”《系辞传下》说：“刚柔者，立本者也。变通者，趣时者也。”

---

① 对于“通”在中国古代哲学与文化中的丰富意义，并以“通”为核心观念而阐发“通”的哲学，笔者将另有专文(“通”之道)加以阐述。

从人事作为的角度看，“化而裁之谓之变，推而行之谓之通。”而从时间变化的角度看“变通”，也涉及空间的变化。一个普遍性的原理落实到具体情境之中，一国、一地之风俗传到另一国或一地，也因变通而生存，佛教的中国化即是“变通”。而“变通”即是因时间、地点的变化而通达、通行，这即所谓“推而行之”。故“变通”，是易哲学“通”的基本含义。

第二层意思是“会通”。《易传·系辞上》又说：“圣人有以见天下之赜而拟诸形容，象其物宜，是故谓之象。圣人有以见天下之动，而观其会通。”“会通”也即是今天人们所说的“贯通”。《文言》中说：“夫大人者，与天地合其德，与日月合其明，与四时合其序，与鬼神合其吉凶。先天而天弗违，后天而奉天时，天且弗违，而况于人乎，况于鬼神乎？”此处所说的“大人”，正是一个与天地日月四时鬼神相通的人，是“会通”精神的人格化表现。

《易传·系辞上》还说：“夫易广大矣，以言乎远则不御，以言乎迩则静而正，以言乎天地之间则备矣。……广大配天地，变通配四时。”这里所讲的“备”也即是“通”，可以称为“通备”，具有遍覆包含的意义，“通备”也即是“会通”的意思。而《系辞传下》所说的“天下同归而殊途，一致而百虑”，这乃是对天下“大通”的一种预言，也是“会通”在社会政治生活中的一种具体表现。

要而言之，“会通”有融会、贯通，而无所不能通达的意思。类似的说法还有：“易与天地准，故能弥纶天地之道，……范围天地之化而不过，曲成万物而不遗，通乎昼夜之道而知。”（《易传·系辞上》）这里讲的“弥纶天地之道”即是“贯通”。

“贯通”一层意思还可以表现在个人的德业一致方面。如《文言》又说：“君子黄中通理，正位居体，美在其中，而畅于四支，发于事业，美之至也。”这是讲君子的美德畅于四肢而体现在自己的事业之中，也是“通”的表现。这是“德业”之通，后来儒家大讲“内圣外王”（语出《庄子·天下》篇）之道，主要讲的是君子“德业之通”。

第三层意思即是日常生活中所讲的沟通与通达，让本来是隔离的两物、两事联系在一起。《系辞传下》说：“神农氏没，黄帝尧舜氏作，通其变，使民不倦，神而化之，使民宜之。易，穷则变，变则通，通则久。……刳木为舟，剡木为楫，舟楫之利以济不通。”

从语言的发展史角度看，这一层意思上的“通”最具体，应当是最早出现的。其引申意当为人与神的沟通，如《系辞传下》在解释乾坤两卦的卦德时说：“乾坤，其易之门邪？乾，阳物也；坤，阴物也。阴阳合德而刚柔有体，以体天地之撰，以通神明之德。”这一层次上的“通”是最为基本的意思，是人类不断突破生存的局限，向着更加遥远的疆域迈进的一种结果。

“通”的第四层意思涉及“通”的方式与方法。下文所说的“感通”与“气通”当作如此理解。《易传·系辞上》说：“易有圣人之道四焉，以言者尚其辞，以动者尚其变，以制器者尚其象，以卜筮者尚其占……参伍以变，错综其数，通其变，遂成天地之文。极其数，遂定天下之象。……易无思也，无为也，寂然不动，感而遂通天下之故。”这里既讲到“会通”，又讲到“感通”的问题。“感通”只此出现一次，然结合《易经》下经咸卦（第三十一），则可以理解“感通”。“彖曰：咸，感也。柔上而刚下，二气感应以相与，止而说。男下女，是以亨、利、贞。娶女，吉也。天地感而万物化生，圣人感人心而天下和平。观其所感，而天地万物之情可见矣。”

可见，天地万物之间的“感通”是通过“气”来实现的。圣人效法天地而感动人心，实现天下和平。圣人凭借什么来感动天下人之心的，当然是通过“正德、利用、厚生”的系统方法来实现的。

从自然界来说，“感通”其实即是“气通”，是阴阳两气交相感应而实现沟通与理解的。如《说卦》传说：“天地定位，山泽通气。”又说：“山泽通气，然后能变化，既成万物也。”大自然界的万物通过“气”作为媒介，实现相互之间的交通。

除上述四个层次的意思之外，《易经》“乾卦”卦辞“元亨利贞”之“亨”字，也即是“通”的意思。《文言》中还有“六爻发挥、旁通情也”的说法。在解释具体卦德时，《系辞下传》又说：“困，穷而通。”《杂卦》传也说：“井通，而困相遇也。”[①]这意思是说：困穷之际，恰恰预示着通达机遇的到来。这是《易》哲学告诉人们，在最困难的时候不要泄气，而要看到问题解决的时机也就包含在困穷之中，所以《序卦》传讲：“泰者，通也。物不可以终通，故受之以否”。“通”与“不通”，因为时间、地点、条件、环境的变化，相互之间是可

① 中国哲学中与“通”相反的词是“穷”，“穷”即是不通，儒家多讲“君子固穷”，这是对人格的坚持，对不合理社会秩序的反抗与批判。

以转化的。《易》哲学在追求通变的过程中，包含着丰富的辩证思维。

《易》哲学中"通"的观念对于比较哲学的求通目标而言，究竟有何启发意义呢？笔者尝试论之如下：

依据第一层意思，中国思想界不能固执传统文化中没有"哲学"观念或知识的固有观念，而应该在天已变、道已变的新时代里讲哲学、讲中国哲学，并讲好中国哲学。要在传统的六艺、六经或四部知识分类中提炼出既是哲学的，更是中国哲学的新知识内容与思维方式。

依据第二层意思，要在中西哲学的异质形态中寻求超越中西哲学的特性，同时又是哲学的新哲学观念，这一点与俞宣孟研究员所讲的"会通"有相似之处。

依据第三层意思，做中国哲学研究的学人，要努力全面理解西方哲学，从而实现当代中国哲学的创新与超越。这一层次意思上的"通"与解释、文化交流、沟通有密切关系。

依据第四层意思，要寻求哲学中的精微之物，让中西哲学在具体的问题上达到相互交流、相互理解的可能性。俞氏从形而上学入手，有些人从上帝观念入手，有些人从具体哲学家及其具体哲学问题，如人生哲学问题入手从事比较研究工作。甚至从"通"的观念本身入手，寻找中西哲学对此问题的理解与解释，这也可以看作是《易》哲学中"气通"观念的活化与现代化的解释。

"通"在中国古代与现代汉语中有非常丰富的内涵，然而，要对“通”作出一哲学的规定性显然不是此节所能胜任的一项工作。此处仅是从比较哲学的角度对此问题作一初步的阐发，并为比较哲学的任务与目标提供一个参考的选择目标。

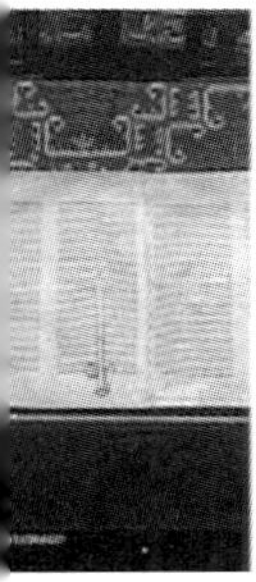

第二章

哲学问题与诸哲学家之间的比较

第五节　17至19世纪欧洲思想家对中国传统道德的两极评价

17至19世纪的欧洲思想家对于中国传统道德现象与道德观念的认识，是基于耶稣会传教士发回的报告而给出的判断，而耶稣会传教士的报告又是基于他们对当时所看到的中国现实秩序，以及经典文本所呈现出的道德秩序与道德观念而加以描述的。但事实上，对于当时中国社会在明清之际的政权更迭过程中产生的新思想，他们并不了解、也无法了解。这些新思想作为隐性的、被遮蔽的状态存在于部分中国人的头脑之中，并以秘密的、未公开出版的形式存在着，在日后很久的岁月里才发生效用。欧洲思想家们看到的中国道德文化现象，类似于镜子照物式的直观反映，无法透过这些直观呈现的现象来了解中国文化自身的深层次变化。当我们在今天再来回顾这些镜像式的认识时，就不能简单地将其作为定论的东西毫无批判地全盘接受，而要以反思与重省的方式来思考他们的赞美与批评，进而作为他山之石，为我们今天从传统的道德文化中吸取有益的精神资源提供一个来自异域的参照系。

有关外部世界、西方世界如何评论中国传统的研究著作，20世纪90年代出版的忻剑飞的《世界的中国观》[①]是一本比较早的研究论著。该书是通论性的著作，并未集中对17至19世纪的欧

① 忻剑飞：《世界的中国观——近二千年来世界对中国的认识史纲》，上海：学林出版社，1991年版。

洲思想家有关传统中国道德文化的批评作细致的梳理，仅涉及一般性的批评。近几年出版的张成权与詹向红合著的《儒学在欧洲》[①]一书，则较为深入地讨论了欧洲思想对于儒家思想的全面评价。就公开发表的论文来看，从整体上研究这一时期欧洲与中国文化关系的成果主要有：陈超《对明清之交"东学西渐"的思考——兼论中国文化对法国启蒙思想的影响》[②]，朱希祥和李小玲《"东学西渐"现象及相关问题的简析》[③]，王若颖《文化的他者之镜：读〈中国之欧洲〉的思考》[④]，潘娜娜《十七、十八世纪西方人的中国观》[⑤]，阎国栋《18世纪俄国汉学家的中国历史文化观》[⑥]，唐海江和向瑶《想象中国的方式：关于西方建构古代中国形象的研究路径与现实意义》[⑦]等。

在与中国文化相关的欧洲思想家的个案研究方面，成果则更加丰富。如讨论莱布尼兹与中国文化关系的，有刘钢的《莱布尼兹的思想与中国》[⑧]，张汝伦的《莱布尼兹和中国》[⑨]，陈乐民的《莱布

---

① 张成权、詹向红：《儒学在欧洲：1500—1840》，安徽大学出版社，2010年版。

② 陈超：《对明清之交"东学西渐"的思考——兼论中国文化对法国启蒙思想的影响》，载于《东南学术》，2011年第4期。

③ 朱希祥、李小玲：《"东学西渐"现象及相关问题的简析》，载于《杭州师范大学学报》(社会科学版)，2013年第3期。

④ 王若颖：《文化的他者之镜：读〈中国之欧洲〉的思考》，载于《齐齐哈尔大学学报》(哲学社会科学版)，2013年第6期。

⑤ 潘娜娜：《十七、十八世纪西方人的中国观》，载于《井冈山大学学报》(社会科学版)，2009年第5期。

⑥ 阎国栋：《18世纪俄国汉学家的中国历史文化观》，载于《暨南学报》(哲学社会科学版)，2014年第7期。

⑦ 唐海江、向瑶：《想象中国的方式：关于西方建构古代中国形象的研究路径与现实意义》，载于《中南民族大学学报》(人文社会科学版)，2014年第5期。

⑧ 刘钢：《莱布尼兹的思想与中国》，载于《学习时报》，2007年5月7日。

⑨ 张汝伦：《莱布尼兹和中国》，载于《中国文化》第八期。

尼兹与中国：兼及“儒学”与欧洲启蒙时代》[①]，王馨、王立新的《莱布尼兹和沃尔夫眼中的中国哲学》[②]等。研究沃尔夫与中国伦理道德关系的，有薛华的《伏尔夫与中国伦理——〈关于中国人的实践哲学的讲演〉简介》[③]，佐勒的《古中之今：沃尔夫的〈中国实践哲学〉及其欧洲语境》[④]等。探讨伏尔泰与中国文化关联的，有梁守锵的《伏尔泰笔下的中国》[⑤]，钱林森的《伏尔泰与中国文化》[⑥]，黄怀军的《〈赵氏孤儿〉与〈中国孤儿〉之比较——兼析伏尔泰对儒学的误读》[⑦]，林硕的《伏尔泰对明清时期中国文化的误读》[⑧]，许苏民的《中国哲学自然神论之普世性的发现——论伏尔泰的中西哲学比较研究》[⑨]等。再如何辉的《黑格尔观念中的中国：剖析与考辨》(上、下)[⑩]，陈怀宇的《赫尔德与中国近代美学》[⑪]等论文分别对德国思想家黑格尔和赫尔德有关中国的批评作了反思。

---

① 陈乐民：《莱布尼兹与中国：兼及“儒学”与欧洲启蒙时代》，载于《开放时代》，2000年第5期。

② 王馨、王立新：《莱布尼兹和沃尔夫眼中的中国哲学》，载于《求是学刊》，2011年第4期。

③ 薛华：《伏尔夫与中国伦理——〈关于中国人的实践哲学的讲演〉简介》，载于《孔子研究》，1986年第2期。

④ [德] 佐勒著，张书友译：《古中之今：沃尔夫的〈中国实践哲学〉及其欧洲语境》，载于《世界哲学》，2010年第5期。

⑤ 梁守锵：《伏尔泰笔下的中国》，载于《中山大学学报》，1984年第3期。

⑥ 钱林森：《伏尔泰与中国文化》，载于《社会科学战线》，1997年第4期。

⑦ 黄怀军：《〈赵氏孤儿〉与〈中国孤儿〉之比较——兼析伏尔泰对儒学的误读》，载于《中国文学研究》，2002年第1期。

⑧ 林硕：《伏尔泰对明清时期中国文化的误读》，载于《法国研究》，2013年第1期。

⑨ 许苏民：《中国哲学自然神论之普世性的发现——论伏尔泰的中西哲学比较研究》，载于《人文杂志》，2013年第6期。

⑩ 何辉：《黑格尔观念中的中国：剖析与考辨》(上、下)，载于《国际公关》，2013年第3、4期。

⑪ 陈怀宇：《赫尔德与中国近代美学》，载于《现代哲学》，2008年第4期。

上述成果分别从原因、表现形式、典型特征等方面检视了 17 至 19 世纪中国文化对欧洲思想界的影响，并解析了欧洲对中国政治、文化、道德的评价前后迥异的根本原因。但他们的研究多是泛论欧洲的中国文化观，并未集中地研究他们对中国传统道德观念的认知与批评意见。此处集中讨论 17 至 19 世纪的欧洲思想家对于中国传统道德文化的批评问题，透过这些批评来反思中国传统道德文化在现代化的中国究竟如何去继承、发扬光大？他山之石，可以攻玉。

一、17、18 世纪欧洲思想家对中国传统道德的赞美

从 17 世纪后期开始，欧洲逐渐出现了“中国热”，越来越多的欧洲思想家开始将视线转向中国。就外在原因而言，一批到过中国的西方传教士和商人将各种各样的关于大清帝国的政治、经济、文化、道德、习俗的资料传回欧洲。由于这些传播者自身的利益诉求，他们倾向于对有关材料作一番美化的加工处理，使得呈现在欧洲人面前的中国成了文明的典范、理想的国度。而从内部原因看，当时的欧洲正处在启蒙的前夜，需要借助一些外来的资源以实现对基督教和专制王权的反思与批判。因此，17、18 世纪的不少欧洲思想家顺理成章地将他们间接了解到的中国文化和道德，作为一面理想的镜子，以此为他们提倡的新道德、新哲学提供一个远方的参照系。正如有学者说：“中国文化对于欧洲文化极具镜像作用：它使得欧洲得以重新认识自己，了解自己，反思自己。”①

① 王若颖：《文化的他者之镜：读〈中国之欧洲〉思考》，载于《齐齐哈尔大学学报》（哲学社会科学版），2013 年第 6 期。

所以，这一时期的欧洲思想家关于中国的想象以正面赞美为主，代表人物有德国思想家莱布尼兹、沃尔夫和法国思想家伏尔泰（Voltaire，1694－1778）。

（一）莱布尼兹论中国道德

在《中国近事》一书中，莱布尼兹对当时欧洲的中国研究成果做过多方面的考察与对比，认为中国人比自以为有教养的欧洲人过着更加有道德的生活，他说："然而，昔日有谁会相信，地球上还有这样一个民族存在着，它比我们这个自以为在各方面都有教养的民族过着更有道德的公民生活呢？"①

他还进一步地补充道："如果说我们在手工技能上与他们不分上下、在理论科学方面超过他们的话，那么，在实践哲学方面，即在人类生活及日常风俗的伦理道德和政治学说方面，我不得不汗颜地承认他们远胜于我们。的确，我们很难用语言来形容，中国人是如何完美地致力于谋求社会的和平与建立人与人相处的秩序，以便人们能够尽可能地减少给对方造成的不适。人类最大的痛苦是由个人以及人与人之间造成的，这是一个不争的事实，'人与人相互为狼'这句话亦是再现实不过了。"②

在莱布尼兹看来，中国人在解决"人与人相互为狼"的问题上，比其他民族取得了更好的成绩，超过了欧洲"一些宗教修会的

① [德] 莱布尼兹著，[德] 李文潮、张西平主编，[法] 梅谦立、杨保筠译：《中国近事——为了照亮我们这个时代的历史》，郑州：大象出版社，2005年版，第2页。
② 同上。

创立人在很小的范围内取得的成绩”。① 但是，下面莱布尼兹所要歌颂的道德内容，恰恰是黑格尔，尤其中国五四新文化运动者所要批评的具有“权威主义”的内容：“他们如此服从上级，尊敬长者，以至于孩子对父母的关系就像具有某种宗教性一样。对孩子来说，任何图谋反对父母的行为，即使是语言都鲜有所闻。任何触犯者都会为他的行为付出代价，就像我们的杀亲之罪一样受到惩罚。此外，在同辈人之间甚或路人之间也都彼此尊重，彼此恪守一定的礼制。”②

除了上述一般性的肯定中国人的道德与文明的水准之外，下面，莱布尼兹从三个具体的侧面进一步地肯定了礼教中国普遍的“文明”程度，这一点颇类似今日的中国人在欧洲看到的普通的欧洲人的文明程度：

其一，普通农民与仆人的道德与文明程度高于欧洲人：“我们的同胞吃惊地发现，无论是农民还是仆人，当他们必须向朋友们告别或者他们久别重逢时，都表现得如此彬彬有礼，以至于他们的行为甚至完全可以和欧洲贵族的社交举止相媲美。”③

其二，上层贵族中国人道德文明程度高于欧洲的同阶层人：“至于达官文士、显贵阁老之间又是如何呢？他们彼此交谈时，几乎没有人出言不逊，故意伤人，也很少有人把仇恨、愤怒或激动之情表露于外。可是在我们欧洲，人们之间客气而诚恳的交谈很少

---

① ［德］莱布尼兹著，［德］李文潮、张西平主编，［法］梅谦立、杨保筠译：《中国近事——为了照亮我们这个时代的历史》，郑州：大象出版社，2005年版，第2—3页。
② 同上书，第3页。
③ 同上。

会长久。”[①]

其三，熟人与家庭成员之间的道德文明程度同样优于欧洲人：“随着人们的相互熟识，遵规守礼的言行和谨慎的客气就会被搁置一旁而变得随意起来，随之很快就会引起轻蔑、诽谤、愤慨以致敌视。在中国恰恰相反，在邻里甚至家庭成员之间，人们都恪守一定的外在规范习俗，所以他们能一直保持一种长久的谦恭礼貌。”[②]

当然，莱布尼兹没有对中国毫无保留地赞美，但已经在欧洲文化所能允许的高度上赞美了中国人的道德：“尽管中国人也不乏贪婪，也有各种不检点之处和虚荣心……尽管中国人还没有完全达到真正的合乎道德的生活——这种生活人们也许只能通过来自上帝的恩宠和基督教的崇高教义才能获得——然而，他们却减轻了人类罪恶所带来的苦果。尽管他们不能把罪恶的根源从人性中彻底消灭，他们还是显示了，从罪恶特性中生长出的萌芽至少在相当程度上被控制。”[③]

莱布尼兹甚至主张道：“鉴于我们目前面对的空前的道德没落状况，似乎有必要请中国的传教士到欧洲给我们传授如何应用与实践自然神学，就像我们的传教士向他们教授启示神学一样。因此我相信，若不是我们借一个超人的伟大圣德，亦即基督宗教

---

① [德] 莱布尼兹著，[德] 李文潮、张西平主编，[法] 梅谦立、杨保筠译：《中国近事——为了照亮我们这个时代的历史》，郑州：大象出版社，2005 年版，第 3 页。
② 同上。
③ 同上。

给我们的神圣馈赠而胜过他们，如果推举一位智者来评判哪个民族最杰出，而不是评判哪个女神最美貌，那么他将会把金苹果判给中国人。”[①]

很显然，当年的莱布尼兹对于中国传统道德的肯定有很多的想象成分。这种出于对自然神学的肯定而肯定中国传统道德的观点并没有为后来的康德、黑格尔等人所接受，甚至也没有被同时代的孟德斯鸠所接受。

（二）沃尔夫对于中国道德的肯定

沃尔夫的哲学基础是自然理性论，并以此为根基来从事欧洲的哲学启蒙工作。他将全部哲学看作是“一门幸福的科学”，并认为“只有在制度完善的国家中致力于良好社会风尚的人才有权力从事这门科学”。[②] 他认为：“哲学的真正基础就是与人类理性的自然性相一致的东西，违背人类理性的自然的东西不能被看作是真正的基础，它是伪。”[③]如果从这一哲学的前提出发，“中国哲学的基础有其大真”。[④]

从上述这一自然理性的哲学基础出发，沃尔夫肯定了中国传统道德合乎人的理性的一面，他说：“中国人并不强迫人有所为。他们认为：对于培养道德风尚，至关重要的因素是与人的理性相

---

① [德] 莱布尼兹著，[德] 李文潮、张西平主编，[法] 梅谦立、杨保筠译：《中国近事——为了照亮我们这个时代的历史》，郑州：大象出版社，2005 年版，第 6 页。

② [德] 夏瑞春编，陈爱政等译：《德国思想家论中国》，南京：江苏人民出版社，1995 年版，第 32 页。

③ 同上。

④ 同上书，第 33 页。

吻合，他们所做的每件事情，其根据都在人的自然性中。因此我们就不必感到惊奇，为什么他们做点什么总是一帆风顺。”①

沃尔夫正确地注意到，中国人的道德不以敬神为基础，对于此点他没有从基督教的立场出发批评中国人，反而有所辩护。他说：“古代中国人在促进道德风尚的时候仅仅只运用自然性力量，这种力量不以敬神为基础，因为他们对万物的造物主，对自然而然的敬神以及神灵的启示一无所知。”②有些人针对中国人不信神的现象而指责中国人，说中国人“没有认真考虑人的不完善的一面，没有过问如何克服人的邪恶弊端”。③ 针对这一普遍性的指责，沃尔夫从两个方面给出了辩护：其一，他认为，人的理性的完善与不完善两个方面都是从同一泉眼里流出的，但中国人的目光从来不盯着“流出恶习、耻辱和罪恶”的这一面，而“总是注意理性的完善的一面，这样他们就可以认识自身自然的力量，从而达到自然力量所能让他们达到的高度”。④ 这即是说，人们在道德上追求善的方法或途径可以有去恶与为善的不同途径，至于从什么途径出发是次要的问题，只要结果能达到善就行了；其二，“人的性情同人的身体有着完全不同的特性，我们不能因人体有病就武断地推导出人的性情很虚弱。学习道德的人可以通过学习道德来克服恶习，因为恶习是不道德的东西，两者不可能同生共存。

---

① ［德］夏瑞春编，陈爱政等译：《德国思想家论中国》，南京：江苏人民出版社，1995年版，第33页。
② 同上。
③ 同上书，第34页。
④ 同上。

道德昌盛，其对立面恶习必亡；知晓道德益处无量，否则害处无穷。反之亦然，对恶习一无所知则害处无穷”。[①] 这即是说，通过扩展人性的道德力量，来克服人性的恶习，也是可以的，在实践上不一定要特别注意人性中恶的一面。

最后沃尔夫的结论是：“因此中国人没有什么令人不安的大恶，因为他们很少过问卑俗的恶习，他们努力提倡培养道德风尚，隐恶习于众人所不知。他们效法以理智为本的大智大悟的前师，前师们很少过问如何避免偏见，而是崇尚理性的力量，研究如何将这种力量运用到对真理的探求上。他们确信，如能做到去伪存真，偏见便没有市场，如果没有力量去认识真，那么即使命令人们避免偏见也只会徒劳无益。我认为，人的心灵既有能力扬善，也有能力去恶，这个道理是不会有人否认的。”[②]

沃尔夫从自然理性的哲学立场出发，将中国人的道德基础也看作是遵循自然性原则的，因此，他的结论是：“我看不出为什么会有人否认，自然的力量足以培养道德，消除恶习。中国人善于正确运用自然的力量，因此，在道德才智方面享有崇高的名誉，他们以自身的例子表明，运用这种力量不会徒劳无功。”[③]

值得注意的是，沃尔夫虽然肯定了中国人的自然理性，也肯定了中国人的道德培养方式，但他没有对中国文化、中国人所取得的道德成就加以神话化。他很清醒而且十分正确地指出：“有

① ［德］夏瑞春编，陈爱政等译：《德国思想家论中国》，南京：江苏人民出版社，1995年版，第 34 页。
② 同上。
③ 同上书，第 35 页。

一点可以肯定：中国人也没有达到至高无上的完善。正因为如此，才绝对不会有人认为，我们往下走的路不应超过中国人已经走过的路。我们现在面临的是当今的事业，我们不应去过问我们应当走多远，而要看看能走多远。这同古代中国人的习惯是完全一致的，中国人不论面临什么样的情况都以前师为榜样，他们教导后世，只有在达到至高无上的完善时，人才能停下脚步，这就是说，人绝不会停留在任何水平上。尊敬的听众，这就是源泉，正是从这个源泉中汩汩流淌出了中国人的哲学、中国人的聪明才智！”①

沃尔夫的这段话，一方面提醒我们今天在学习西方文化、西方的道德精神的时候，不要把我们的学习对象当作是一个完善的对象，而是通过学习西方文化，重新省视我们自己在现代化的道路上究竟能走多远？另一方面是对自己民族的文化、道德资源的精华究竟何在，要有一个重新的反省，“止于至善”的道德理想正是我们不竭的内在道德动力。

相对于后来的康德、黑格尔而言，沃尔夫对中国人的认识可能更为全面些。他也是德国的启蒙哲学家之一，也十分重视人的自由意志，但他并没有以此现代性价值来全盘否定传统中国的道德文化，而是有分析地、有区别地讨论了中国的教育制度，将传统中国的小学教育与大学教育区别开来。在这一点上，他比康德、黑格尔、赫尔德、谢林（Friedrich Schelling，1775－1854）等人对于中国道德文化的认识更为准确、更为辩证，也更没有欧洲文化

① ［德］夏瑞春编，陈爱政等译：《德国思想家论中国》，南京：江苏人民出版社，1995年版，第36页。

中心主义的偏见。沃尔夫也承认自由意志的重要性，但并没有傲慢地认为传统中国人不懂得这一点，或者说传统中国人因为有自由意志，因而在道德上就很糟糕。他说："如果一个人试图对事物有一个明确的认识，如果他在哲学家所说的理智的欲望的驱使下做好事，那么他的自由意志就会引导他作出善的行动。他之所以保持善良，并不是因为害怕主子，而是因为他知道善与恶的区别，如果必要的话，他还能详尽地阐明这些区别。说句真话，据我所知，在培养人的品质风尚方面，还没有人像中国人那样如此细致地观察到了这一点。"①

沃尔夫认为，当时的中国有两种学校（这种认识并不准确），一种是小学，另一种是大学。"小学教育孩子们养成良好的道德风尚，但是在小学形成的做好事的习惯是出于对大人的畏惧才养成的。"②"大学教授学生如何进行自我管理，因此，大学教育出来的人有两种：一种人高居众人之上统治众人（不臣服于任何人）；另一种人承认上面还有一个更高的君主管辖，他们自觉地遵守君主制定的法律。"③而"中国人所有的活动都以施政贤良为目的，只有这样，每一个生活在这个井井有条的国度中的人才能幸福快乐"。④ 上述沃尔夫对于中国教育及其培养出来的官员的评价，虽然并非十分准确，但相对于黑格尔的观点来说更接近中国的实

① ［德］夏瑞春编，陈爱政等译：《德国思想家论中国》，南京：江苏人民出版社，1995年版，第36页。
② 同上书，第37页。
③ 同上。
④ 同上。

际。沃尔夫在限定性的条件状态下肯定中国的两种学校的教育："在中国人道德之花盛开的黄金时代，在君主和父母的行为举止尽职尽义的时代，学校的性质就是这样的。"[①]"他们不仅只制定道德规范，他们还培养学生养成道德的习惯，使他们的品德合乎规范。"[②]这一说法，基本上合乎传统中国社会治理得比较好的时期的生活情况。

沃尔夫十分重视对"中国哲学的真正基础"的发掘，认定中国人强调对理智的训练是中国人哲学的真正基础，"认为只有这样才能不畏上、不图利地献身于道德。"[③]虽然"中国人对事物没有明确的认识，今天仍然很缺乏这种认识。"但他们从年轻时就细致地观察作为榜样的先辈，从而使他们获益匪浅，自身的道德品质的培养也使他们悟出不少道理，正是通过向榜样的学习和自身的道德修养，使中国人在日积月累的过程中获得了大量的经验，而这些经验就是中国人从事善恶判断的根据之所在。[④] 中国人既不自然地敬神，也没有神灵的启示而敬神，他们从不注重外在的根据，而只是根据在他们身上起作用的内在道德经验来做事。在沃尔夫看来，"如果一个人在自然力量的驱使下，不是出于习惯，出于对主子的畏惧，而是出于他个人的自由意志，乐意致力于道德，那么他首先必须从改善自己的理性入手"。[⑤] 沃尔夫将这称

---

① ［德］夏瑞春编，陈爱政等译：《德国思想家论中国》，南京：江苏人民出版社，1995年版，第38页。

② 同上。

③ 同上书，第39页。

④ 同上书，第38页。

⑤ 同上书，第40页。

为“道德的试金石”。他认为，中国人在道德方面所具有的“理智的敏锐使人的意志变善了，这符合理性的自然性，也与中国人的基础相一致”。①

除此之外，沃尔夫还肯定了中国人道德培养的次第、道德表率的意义与“止于至善”的道德目标的追求。

对于第一点，沃尔夫说道：“中国人认为，要想当家长，首先必须行为端正，生活检点；要想入朝参政，首先必须善于治理家政。我认为，他们这种看法不是没有道理的，失于检点的人怎么能治理家政呢？一个人连家政都不会治理，这就是说，与他亲密无间的那么几个人他都统治不了，又怎么谈得上统治天下众人呢？”②

就第二点来说，沃尔夫说道：“中国哲学还有一个重要的基础是，当他们在善中感受到这种幸福，他们总是努力把已经获得的敏锐的思想传授给别人，让别人也具有识别善与恶的能力，他们的快乐，别人应当享受，他们喜欢的东西，别人应当喜欢，他们不喜欢的东西，别人也应当恨。高贵的道德品质给中国人带来了崇高的荣誉，他们还不遗余力地让别人也能享受这种荣誉。因此，帝王对百姓，家长对家庭，父母对儿女总是为人师表、以身作则。这种做法对于那些不能用理性进行统治的人来讲是大有益处的。”③

第三点，我认为也是最重要的一点，就是沃尔夫对于传统中国“止于至善”的道德目标，或曰道德境界的理解与辩护，非常有

---

① ［德］夏瑞春编，陈爱政等译：《德国思想家论中国》，南京：江苏人民出版社，1995年版，第 41 页。

② 同上。

③ 同上书，第 42 页。

意思，这一方面体现了沃尔夫本人开明通达、善解人意的哲学态度；另一方面也的确有助于西方人理解中国人“止于至善”的道德精神。沃尔夫说道：“中国人时刻铭记着，在改造自身和他人的过程中，不达到至高的完美决不停步，可是最高的完善却又是一个永远不可抵达的目标。因此，人永远不应当停下脚步，要坚持不懈地努力奋进，只有这样，我们还有他人才能达到较高程度的完善。中国人所有的行为都以自身的和他人的最高的完善为最终目的。”①

对于何为“至善”，中国人没有明确的概念，这正如中国人对其他事物也没有一个明确的概念是一样的，“但是，如果有人从不明确中得出了这些概念，那么他就应当设想，那些不明确的概念同明确的概念实际上是一回事。”②这即是说，“人类最崇高的善，在于坚持不懈地向着更高一级的完善奋进。中国人清楚地认识到，在道德的大路上，人应当不断奋进，不达到最高的完善决不停步，可是最高的完善又是一个永远不可抵达的境地，因此，我认为，中国哲学家的看法也是如此，如果不坚持不懈地、天天向上地追求更高的完善，人就没有幸福可言。”③

沃尔夫对于中国以无限的“至善”境界为目标的思想理解是十分准确的。他清楚地意识到，中国人对于何为“至善”没有明确的规定，而这种没有清晰规定的至善与有明确概念规定的要求，

① ［德］夏瑞春编，陈爱政等译：《德国思想家论中国》，南京：江苏人民出版社，1995年版，第42页。
② 同上。
③ 同上书，第42—43页。

在实际上是一致的。这一点表现了沃尔夫没有站在欧洲中心主义立场，而是以一种理智的明晰、同情的理解来对待中国人“止于至善”的道德目标的真实意义。这比当代一些新儒家用“内在超越”的概念来对治基督教的“外在超越”概念，还更为明白、准确地解释了中国传统道德“至善”概念所包含的无限性的哲学意义。他还对中国人的道德行为的根据作了仔细的分析，并努力朝着有利于中国人的方向解释中国人的道德行为的根据，使之与基督教文化里人们对道德行为合理性的理解不至于构成矛盾与冲突。他说：

> 中国人之所以致力于善良的行为，就是因为他们认识到了行为内在的善。对于中国人我们无可指责，因为……他们唯一的动机是通过行为改变人的心态。上帝对于各种行为有禁有奖，说明他也着眼于此，对此，有谁会不相信呢？大智大慈的上帝允许人们做一些事，也禁止人们做一些事，有些人以此为根据，做了允许之事，放弃了禁止之事，认识到了这一事实，又有谁敢说这些人应当受到指责呢？①

沃尔夫还肯定了中国传统的一些习俗对于中国人道德养成的好处，他认为，在中国繁荣昌盛的时候，孕妇不准许看丑陋的东西，不许听下流的话语，这样做的目的就是最终使孕妇生出一个

---

① ［德］夏瑞春编，陈爱政等译：《德国思想家论中国》，南京：江苏人民出版社，1995年版，第44页。

理智健全的孩子，这样的习俗对于培养一个有理智基础的孩子是有帮助的。①

沃尔夫对于中国哲学、中国道德的基础有一个总的结论：中国人的哲学基础与他个人的哲学基础是完全一致的，而他的哲学基础就是自然理性主义。这样，他就借助中国哲学为他自己哲学基础的合理性——自然理性——提供了一个来自异域且有影响力的旁证。

（三）伏尔泰对中国传统道德的肯定与辩护

伏尔泰与当时其他的欧洲思想家一样，都看到了中国科学技术，特别是物理学、天文学方面的落后，而且伏尔泰还看到了中国人对祖先的崇拜如何阻碍了中国的物理学、天文学的发展，但他对中国道德成就的肯定与辩护的策略是有意思的，即他将这两者分开来处理，他说："我们相当了解中国人现在还跟我们大约三百年前那时候一样，都是一些推理的外行，最有学问的中国人也就好像我们这里15世纪的一位熟读亚里士多德的学者，但是人们可以是一位很糟糕的物理学家而同时却是一位杰出的道德学家。所以，中国人在道德和政治经济学、农业、生活必需的技艺方面已臻完美境地，其余方面的知识，倒是我们传授给了他们的。但是在道德、政治经济、农业、技艺这方面，我们却应该做他们的学生了。"②

伏尔泰肯定了中国的儒教，他说："中国的儒教是令人钦佩

---

① ［德］夏瑞春编，陈爱政等译：《德国思想家论中国》，南京：江苏人民出版社，1995年版，第44—45页。

② ［法］伏尔泰著，王燕生译：《哲学辞典》（上册），北京：商务印书馆，1991年版，第323页。

的。毫无迷信，毫无荒诞不经的传说，更没有那种蔑视理性和自然的教条。对于这类教条，和尚们赋予千百种不同的意义，因为这类教条根本没有任何意义。自从四十多个世纪以来，他们一直觉得最简单的宗教也就是最好的宗教。”①

伏尔泰批评当时的欧洲人道：“人们屡次谈论我们西方讲授神学的司铎们在世界的另一端指责中国政府为无神论者；这确实也是我们的疯狂行为和卖弄学问矛盾百出的议论发展到了极端的表现。”②他警告欧洲人道：“我们还是不要去打扰中国人和印度人，让他们安安静静地享受他们的锦绣河山和古老文化吧。特别是不要反对中国皇帝和德干的苏巴王称作偶像的崇拜者。也不要过于迷信中国的好处。”③因为，中国其实与欧洲一样，都有各种不尽如人意之处：“那些在精神上被和尚们统治着的小民，也跟我们的小民一样的调皮；在中国也像我们这里一样，对于外国人便把东西卖得很贵……他们跟我们一样，有很多可笑的成见；就像我们曾经长期迷信过符咒星相一样，他们也迷信这些东西。……他们的医生也并不比我们的医生更能起死回生，而在中国就像在我们这里一样，自然本身治愈一切小病。”④

作为18世纪法国启蒙运动的精神领袖之一的伏尔泰，他对于中国道德的肯定还是有分寸的，而他对于欧洲基督教的神学家

---

① ［法］伏尔泰著，王燕生译：《哲学辞典》（上册），北京：商务印书馆，1991年版，第331页。
② 同上书，第326页。
③ 同上书，第330页。
④ 同上书，第330—331页。

及受基督教影响的民众的劝告，也是非常理智的。在伏尔泰身上还没有表现出进步的欧洲人所具有的欧洲文化中心主义的傲慢，还是对中国文化保持一份应有的尊重，但同时也保持着一种警惕。

二、18、19世纪欧洲思想家对中国传统道德的批评

18世纪晚期，尤其以法国大革命为标志，欧洲渐渐完成了思想的启蒙。欧洲人也重新找回了自信，并义无反顾地将这种自信发展为一种自大。因此，18世纪晚期至19世纪的欧洲思想家或多或少都持有欧洲文化中心论的观点；相应的，他们对于中国文化与道德的态度也与前一阶段迥异，转而以批判、否定为主，黑格尔、赫尔德就是其中的典型代表。

（一）黑格尔对中国道德的批评

要理解黑格尔对于东方哲学、伦理学、道德哲学以及对于中国道德、伦理精神的批评，首先要了解他对哲学与哲学史的规定。

黑格尔对"哲学"是这样界定的："哲学以思想、普遍者为内容，而内容就是整个的存在。"[①]因此，当"什么地方普遍者被认作无所不包的存在，或什么地方存在者在普遍的方式下被把握或思想之思想出现时，则哲学便从那里开始。"[②]

更进一步，黑格尔对哲学思想自身的特性又有进一步的规

① ［德］黑格尔著，贺麟、王太庆译：《哲学史讲演录》第一册，北京：商务印书馆，1995年版，第92页。

② 同上。

定，那就是“思想必须是自由的”，才有哲学。他说：“思想必须独立，必须达到自由的存在，必须从自然事物里摆脱出来，并且必须从感性直观里超拔出来。思想既是自由的，则它必须深入自身，因而达到自由的意识。哲学真正的起始是从这里出发：即绝对已不复是表象，自由思想不仅思维那么绝对，而是把握住绝对的理念了：这就是说，思想认识思想这样的存在是事物的本质，是绝对的全体，是一切事物的内在本质。”[①]基于这样的“哲学”观，黑格尔认为犹太人所当作思维对象的上帝不是哲学的对象，但如果将事物的本质看作是水或者火，或者是思想，这些命题却是哲学命题。[②]

众所周知，黑格尔是唯心主义大家，他不仅将哲学的开端规定在有思想自由的逻辑起点之上，而且认为实践中的政治自由也必然与人的意识自由相联系，他说：“从实践方面看来，则现实的自由和政治的自由之发苞开花，必与自由的意识相联系着。现实的自由仅开始于当个人自知其作为一个独立的人，是一个有普遍性的、有本质性的，也是有无限价值的时候，或者当主体达到了人格的意识，因而要求本身得到单纯的尊重的时候。”[③]因此，从纯粹的思想形式看，“哲学”的思想实际上是以下两个方面的结合：“第一，就哲学思想之为思维能力言，它有一普遍的对象在它前面，它以那普遍者为它的对象，或者它把对象规定为一有普遍性的概念。”[④]

---

① ［德］黑格尔著，贺麟、王太庆译：《哲学史讲演录》第一册，北京：商务印书馆，1995年版，第92页。

② 同上。

③ 同上书，第94页。

④ 同上。

“第二，在哲学思想里，我认识、规定、知道这个普遍者。只有当我保持或保存我自己的自为性或独立性时，我才会与普遍者有能知的认识的关系。”①

在人类实际的经验历史进程中，黑格尔又将表现为具体形态的哲学思想之发生看作是自由政治制度的产物，他说：“在历史上哲学的发生，只有当自由的政治制度已经形成了的时候。精神必须与它的自然意欲，与它沉陷于外在材料的情况分离开。”②“世界精神”在开始阶段表现为精神与自然的合一形态，是哲学出现之前的一般状态，而东方人的精神与自然是合一的，而且，“这种直接合一的境界就是东方人一般的存在方式”。③ 因此，哲学不可能从东方开始，而只能“自希腊开始”④。

从上述有关“哲学”的“判教”出发，黑格尔开始了他贬低东方人思想、文明，当然也开始了他贬低中国人思想、文明、道德水准的一系列论述了。

首先，他认为，“意志的有限性是东方人的性格，因为他们的意志活动是被认作有限的，尚没有认识到意志的普遍性。在东方只有主人与奴隶的关系，这是专制的阶段。在这阶段里，恐惧一般地是主要的范畴。”⑤

其次，东方人的“主体还不是人格，而只是作为消极的毁灭的

---

① [德] 黑格尔著，贺麟、王太庆译：《哲学史讲演录》第一册，北京：商务印书馆，1995年版，第 94 页。
② 同上书，第 95 页。
③ 同上。
④ 同上。
⑤ 同上。

东西，沉陷在客观的实体里，这实体一部分被表象为超感官的，一部分，甚至大部分，被表象为物质的”。[①] 当客观的实体是普遍的时候，个人就是个别的，而当个人处于天人一体的境界之外时，“他就没有价值，他就只是一个偶然的、无权利的、有限的存在”。[②] “他的意志并不是实体的意志，而只是任性任意，受制于外在的和内在的偶然性，——只有实体才是肯定的。”[③]而黑格尔认为，哲学思想是自由的，是对普遍的绝对把握，因而不是偶然的、有限的。

最后，他认定，东方人由于“意志的有限性”，“主体不是人格”，因而在现实的社会政治生活中，“没有伦理和法律的客观规定：为全体所尊重，通行有效于全体，并且为全体所承认。”[④]东方人虽然在形式上也有西方人的法律与伦理，但他们“采取实体的、自然的、家长政治的形式，而不是建筑在主观的自由上。既没有良心，也没有内心道德，只是一种（僵化了的）自然秩序，让最高尚的东西与最恶劣的东西并存着。”[⑤]

通过上述三个层次的论述，黑格尔的结论已经包含在他的前提里，即东方人没有“哲学知识”，“真正的哲学是自西方开始。唯有在西方这种自我意识的自由才首先得到发展，因而自然的意识，以及潜在的精神就被贬斥于低级的地位。在东方的黎明里，个体性消失了，光明在西方才首先达到灿烂的思想，思想在自身

① ［德］黑格尔著，贺麟、王太庆译：《哲学史讲演录》第一册，北京：商务印书馆，1995年版，第97页。

② 同上。

③ 同上。

④ 同上。

⑤ 同上。

内发光，从思想出发开创它自己的世界”。①

黑格尔从现代性的思想立场出发，将自由精神或意识看作是一个民族存在的标志：“一个民族之所以存在即在于它自己知道自己是自由的，是有普遍性的；自由和普遍就是一个民族整个伦理生活和其余生活的原则。”②既然东方人意识不自由，也没有哲学知识，当然也不可能有什么值得一说的伦理生活了。“东方只是一个人自由（专制君主），在希腊只有少数人自由，在日耳曼人的生活里，我们可以说，所有的人皆自由，这就是人作为人是自由的。但在东方那唯一专制的人也不能自由，因为自由包含别人也是自由的。而在东方只看见私欲、任性、形式的自由，自我意识之抽象的相等，我就是我。”③

黑格尔也知道中国哲学，特别是孔子的哲学在莱布尼兹时代曾经在欧洲轰动一时，但他并不认为孔子的哲学有什么高深的东西，他认为，《论语》里面所讲的“是一种常识道德，这种常识道德我们在哪里都找得到，在哪一个民族里都找得到，可能还要好些，这是毫无出色之点的东西。孔子只是一个实际的世间智者，在他那里思辨的哲学是一点也没有的——只有一些善良的、老练的、道德的教训，从里面我们不能获得什么特殊的东西”。④ 他甚至认为，古罗马的西塞罗的道德教训的著作，比孔子所有著作的内

① ［德］黑格尔著，贺麟、王太庆译：《哲学史讲演录》第一册，北京：商务印书馆，1995年版，第98页。
② 同上。
③ 同上书，第99页。
④ 同上书，第119页。

容更丰富、更好。

黑格尔通过对中国宗教的分析，认为中国人有一个国家宗教，士大夫的宗教，而且是以敬天为最高力量的。① 他对比中国人的道德与日耳曼人的道德时说道："道德在中国人看来，是一种很高的修养。但在我们这里，法律的制定以及公民法律的体系即包含有道德的本质的规定，所以道德即表现并发挥在法律的领域里，道德义务的本身就是法律、规律、命令的规定。所以中国人既没有我们所谓的法律，也没有我们所谓的道德。那乃是一个国家的道德。"②

黑格尔认为，所谓的中国哲学，孔子的哲学，也无非就是指"这种道德"，"这种道德包含有臣对君的义务，子对父、父对子的义务以及兄弟姊妹间的义务。这里有很多优良的东西，但当中国人如此重视的义务得到实践时，这种义务的实践只是形式的，不是自由的内心的情感，不是主观的自由。所以学者们也受皇帝的命令支配。凡是要想当士大夫、做国家官吏的人，必须研究孔子的哲学而且须经过各样的考试。这样，孔子的哲学就是国家哲学，构成中国人教育、文化和实践活动的基础。"③

上述黑格尔对中国文化的全盘否定，包括对中国传统道德的全盘否定的言论，是从他的"哲学判教"立场出发而给出的带有主观性、片面性，而且还有深刻的欧洲现代性文化傲慢与偏见的判断。这种判断有十分明显的武断之处，但却也有其极为深刻之

---

① [德] 黑格尔著，贺麟、王太庆译：《哲学史讲演录》第一册，北京：商务印书馆，1995年版，第125页。

② 同上。

③ 同上。

处。其武断之处在于缺乏真正的哲学历史的观念，即将“思想自由、思想独立”当作哲学的起点，而不知思想自由、思想独立的前提本身就是在历史的过程中逐渐成长起来的，而且每个民族都有思想自由、思想独立的特殊形式，而不只是一种模式。

但是，黑格尔对中国传统道德文化的否定性论述亦有其深刻之处，这种深刻性就在于黑格尔坚持了现代性的道德原则，将个人的自由意志作为道德的逻辑起点。这一逻辑起点虽然是现代性的逻辑起点，但黑格尔以此现代性的道德起点作为普遍的道德起点，恰恰是现代文化要求改造传统文化的现实诉求。因此，黑格尔对于中国传统道德的批评，就不是西方社会对东方社会道德的任意性的批评，甚至也不再是基于基督教立场的批评，更不是狭隘的日耳曼民族的道德对于中华帝国的道德批评，而是站在现代道德要求的基础上，以一个现代人的立场对旧的传统专制社会的道德的批评与清算。所以，黑格尔对于中国传统道德文化的批评，是以日耳曼民族哲学家的偶然身份表达了现代性的一般要求而对所有专制社会旧道德的批评，因而不能简单地看作是欧洲对亚洲，日耳曼对于中华帝国的傲慢，而只能看作是现代性对于传统的傲慢的突出表现。

（二）赫尔德对中国道德的批评

相对于黑格尔而言，赫尔德从传教士传回欧洲的部分文献中大体上知道有关传统中国道德风俗美好的赞美文字，但他并不相信。他甚至还说，当时的欧洲人无法找到“一条既不美化又不丑化中国的中间途径，无法找到一条真正真实的大道。”[①]可他这句貌似求真的话音未落，就开始了对传统中国道德与中国人的长相、德性的肆无忌惮的批评，甚至是攻击。

赫尔德对于中国传统道德文化的批评基本上分作四个方面。其一是从人种来源的角度，批评中国人的劣根性，他说："中国人是蒙古人的后裔，这从他们的教养、他们的陋俗或者说古怪的趣味、他们圆熟的虚伪以及他们文化最初的发源地上可以看出来。他们最早的帝王起初统治着中国的地区：半鞑靼人的专制主义在这里奠定了基础，经缀上辉煌的道德箴言，几经变革，这种政体的统治一直扩展到了南部沿海地区。”[②]赫尔德还以当时欧洲人的傲慢口气说道："在这个地区这个民族部落里也不可能产生出希腊人和罗马人。中国人终究是中国人，这个民族天生眼睛小、鼻梁矮、额头低、胡须稀、耳朵大、肚子大。这是与他们生理构造吻合的形体，不可能要求他们是其他别的什么模样。”[③]

其二，他不懂汉语，却对汉语毫无顾忌地批评，而且从文化到习俗对中国进行了全面的丑化。他认为中国人"在大事上缺乏想象力，而却精于雕虫小技的表现。这个蒙古人种群体，在想象方面，有龙和怪兽作为图腾；在绘画方面，他们注重各种人物形态的微妙差异；在视觉上，他们靠园林的奇形怪状刺激感官；所建的房屋，要么空旷高大，要么精致细巧；在穿戴打扮、游戏娱乐方面，他

① ［德］夏瑞春编，陈爱政等译：《德国思想家论中国》，南京：江苏人民出版社，1995年版，第84页。
② 同上书，第85页。
③ 同上。

们追求雍容华贵、张灯结彩、烟花爆竹；他们留长指甲、缠足裹脚、时兴侍从前呼后拥、鞠躬作揖；身份有高有低，大家客套寒暄。这里，一切都缺乏对真正自然关系的追求，很少给人以一种内在宁静、美与尊严的感觉，它只能使人失去真正的感受，而就范于政治文化，从而无法摆脱政治文化的模式。”[①]固然其中有些批评不乏道理，但是中国人文化、习俗的主体绝非如赫尔德所说的那样不堪。可以说，每个民族都有自己的缺点。

其三，对于中国在科学、道德、生活方式上的缺陷进行批评。他说，中国人“喜爱金箔、清漆、词藻华丽的名言警句，喜欢用整洁的外表掩饰自己内心的杂乱……科学上的那种自由而伟大的发现才能在他们身上，如同这个地区的许许多多民族那样，仿佛已颓败于自然。相反，大自然却毫不吝惜地赋予他们小眼睛、圆滑世故、狡猾的钻营和精明以及对于凡是于他们的贪婪有利的便进行仿造的艺术才能。为了获利和忠于职守，他们终日不停地忙忙碌碌，永不停息地奔波，因此，尽管他们有高度发展的政治生活，但人们还是可以从中看出蒙古人游弋不定的特征。虽然他们进行了无数的分工，但是他们尚未掌握分工，他们不懂得劳逸结合，使每一个人各尽其职。”[②]赫尔德对中国文化、中国人可以说是全面的攻击、丑化而不再是什么理性的批评，他认为中国的医术就像是做买卖一样，“是些精明的、骗人的把戏”，充分暴露出“精明

① ［德］夏瑞春编，陈爱政等译：《德国思想家论中国》，南京：江苏人民出版社，1995年版，第86页。

② 同上。

透顶却愚昧无知的秉性”。[1] 中国人虽然依靠自己高度发展的政治文化摆脱了蒙古种族的统治,但中国人除了“像犹太人那样未受其他民族同化而感到自负骄傲之外,没有任何其他值得骄傲的东西”。[2]

其四,批评中国人的道德与专制政治。他认为,中国的教育与国民性还是与蒙古游牧民族的传统一样,“孩童般的服从无论在家里还是国家事务中,都被当作所有德行的基础,于是,表面上的谦虚文雅、虚伪的彬彬有礼也就自然逐渐产生了”。[3] 但赫尔德认为,将这种孩童的义务强加到成年人身上,其结果是非常可怕的:“这种不顾人的本性而一味要求制造出一种人类新的心灵,这种做法除了使人心真实变为虚假之外,还能够产生些什么呢?”[4]那就会“不得不放弃大自然在他那个年龄赋予他的那种自我的力量。无聊的虚情假意取代了内心的真实”。[5] “官吏的奴性顺从同样如此:他们不是自然的产物,而是命令的产物。他们是工具,只要他们违背自然,那么这些工具便是软弱、虚伪的。”[6]

由上述的自然主义立场出发,赫尔德对中国传统道德给予了全面的批判:“中华帝国的道德学说与其现实的历史是矛盾的。

---

① [德]夏瑞春编,陈爱政等译:《德国思想家论中国》,南京:江苏人民出版社,1995年版,第87页。
② 同上。
③ 同上。
④ 同上。
⑤ 同上。
⑥ 同上书,第88页。

在这个帝国中儿子们多少次地罢黜了父亲的王位！父亲又多少次地对儿子大发雷霆！那些贪官污吏使得千万人饥寒交迫，可他们的劣迹一旦被父亲般的上司觉察，便要受到棍杖的毒打，像个无力反抗的孩子。所以说，现实生活中，没有什么男子汉的气概与尊严可言，它们仅存于对英雄豪杰的描绘之中。尊严成了孩子的义务，气概变成躲避笞刑的才干。因此，根本不存在气宇轩昂的骏马，而只有温顺听话的蠢驴，它在履行公职时从早至晚扮演着狐狸的角色。”①

赫尔德对传统中国文化、道德，以至于民族习性的全面攻击与批判，最后对当时的大清帝国得出了一个大体上有一定真理性内容的结论：“这个帝国是一具木乃伊，它周身涂有防腐香料、描画有象形文字，并且以丝绸包裹起来；它体内血液循环已经停止，犹如冬眠的动物一般。它对外部世界既不了解，更不喜爱，终日沉浸在自我比较的自负之中。这是地球上一个很闭塞的民族……而中国人自己建造的那部国家机器上的一钉一铆又是那样奴性十足的服从，好像他们降临人世就是为了当奴才。”②

上述赫尔德对中国人、中国传统道德、中国文化全方位的批评、攻击与丑化，实际上在一定的程度上为后来的殖民者侵略中国提供了道义上的合法性的支持。直到今天为止，欧洲的有些保守的势力仍然在坚持着种种敌视中国与中国文化的态度。从这

---

① ［德］夏瑞春编，陈爱政等译：《德国思想家论中国》，南京：江苏人民出版社，1995年版，第88页。
② 同上书，第89页。

些极端的文化态度当中，我们当然要反省传统中国与专制政治相一致的那些过时的道德、文化的东西，同时又要将传统文化与专制社会没有必然联系的东西剥离出来，使之成为当代中国道德、文化建设的有机组成部分。

三、对中国传统道德之真相的当代重省

生于1646年，又在18世纪最初20年里活动的莱布尼兹，他虽然也坚持欧洲文明的立场，重视“精神实体”的独立性，但从整体上看，他对中国文化、中国道德表示了相当的尊重与力求全面了解的意图。在《论中国人的自然神学——致德雷蒙的信》(生前)未刊稿中，莱氏的一段札记片断可以比较清晰地表达这种态度与意图，他说：“中国的版图很大，不比文明的欧洲小，在人口与治国方面，还远超欧洲。中国具有(在某些方面令人钦佩的)公共道德，并与哲学理论尤其自然神学相贯通，又因历史悠久而令人羡慕。它很早成立，大约已有三千年之久，比希腊罗马的哲学都早，虽然希腊哲学是我们所拥有的在《圣经》外的最早著述，但与他们相比，我们只是后来者，方才脱离野蛮状态。若是因为如此古老的学说给我们的最初印象与普通的经院哲学的理念有所不合，所以我们要谴责它的话，那真是愚蠢、狂妄的事。再者，除非有一场大革命，要摧毁这套学说也不容易。因此，尽力给它正当的解释是合理的事。”①

---

① 秦家懿编译：《德国哲学家论中国》，北京：生活·读书·新知三联书店，1993年版，第72页。

上述莱布尼兹所说的有关中国的话，比起黑格尔所说的来看，要谦逊得多。尽管莱氏从骨子里也想改变中国文化，但在当时感到力不从心。而到了黑格尔时代，欧洲的现代性在实践与精神方面均获得了长足的进步，足以傲视东方世界了，因而在精神上也就肆无忌惮地批评东方文化、东方道德以及东方哲学了。欧洲中心主义在黑格尔那里可以说表现得最为淋漓尽致了。黑格尔对中国传统道德的批评是严厉的，但又是有原则的，而且他从追求自由的现代文明精神起点出发，对中国传统专制社会所提供的道德及道德所依托的基础"家长专制"的分析与批判，也是深刻的、正确的。他认为，传统中国是建立在家庭关系基础之上的道德结合体，"国家的特性便是客观的'家庭孝敬'。中国人把自己看作是属于他们家庭的，而同时又是国家的儿女。在家庭之内，他们没有独立人格，因为他们在里面生活的那个团结的单位，乃是血统关系和天然义务。在国家之内，他们一样缺乏独立的人格，因为国家内大家长的关系最为显著，皇帝犹如严父，为政府的基础，治理国家的一切部门"。[①] 在皇帝严父般的关心下，臣民的精神"像孩童一般不敢越出家族的伦理原则，也不能够自行取得独立的和公民的自由"，由于"一切合法的关系都由各种律例确实地加以规定，自由的情调——就是一般道德的立足点因此便完全被抹杀了"。[②] 因此，整个帝国的"行政管理和社会约法，是道德的，同时又是完全

① ［德］黑格尔著，王造时译：《历史哲学》，上海：上海书店出版社，2006 年版，第 114 页。
② 同上书，第 119 页。

不含诗意的——就是理智的、没有自由的'理性'和'想象'"。[①]

按照现代国家的观念来看，黑格尔认为传统中国没有宪法，而只有行政管理，因为宪法要考虑到各个人和各个团体的权利，既要考虑个人、团体的特殊利益，又要考虑国家的整体利益。而中国在皇权专制下，是不考虑个人与团体利益的，因此，中国在皇权专制下实际上"是一律平等"，没有自由的。但在当时的西方，"大家只有在法律之前和在对于私产的相互尊重上，才是平等的，但是我们同时又有许多利益和特殊权限，因为我们具有我们所谓的自由，所以这些权益都得到保障"。[②]

如果说黑格尔上述对中国传统社会的所论有相当大的真理性内容的话，下面他对传统中国人普通道德的描述就是以偏概全，甚至带有对整个中华民族的侮辱了："在中国，既然一切人民在皇帝面前都是平等的——换句话说，大家一样是卑微的，因此，自由民和奴隶的区别必然不大。大家既然没有荣誉心，人与人之间又没有一种个人权利，自贬自抑的意识便极其通行，这种意识又很容易变为极度的自暴自弃。正由于他们自暴自弃，便造成了中国人极大的不道德。他们以撒谎著名，他们随时随地都能撒谎。朋友欺诈朋友，假如欺诈不能达到目的，或者为对方所发觉时，双方都不以为可怪，都不觉得可耻。他们的欺诈实在可以说诡谲巧妙到了极顶。欧洲人和他们打交道时，非得提心吊胆不

---

① [德] 黑格尔著，王造时译：《历史哲学》，上海：上海书店出版社，2006 年版，第 116 页。

② 同上书，第 117 页。

可。他们道德放任的意识又可以从佛教的流行得到证明；这一个宗教把‘最高的’和‘绝对的’——上帝——认为是虚无，把鄙视个性、弃绝人生，当作是最完美的成就。”①

黑格尔这段污蔑传统中国人的道德普遍低下的文字，在相当大的程度上与康德对中国人审美标准的猥琐、道德低下、善于欺骗的描述是一致的。康德首先说中国人的审美标准有问题：“中国人眼中的美人应当是：高而胖，眼睛小、额头宽、鼻子小、耳朵大，倘若是男性，还应当嗓音粗犷、胡须浓密。”②其次又说中国人不以欺骗为耻：“中国人生性含蓄。他们总是不露声色地揣摩别人的性情，甚至于连愤怒也从不现于辞色，至多只是表露一种鄙视。他们说谎时显得极不自然，但却可以把碎块的绸布料缝结成一整块，其手艺之精巧，就连那些最为小心谨慎的商人也难以看出破绽，他们还用铜丝修补联结破碎了的瓷器，使其乍一看上去简直天衣无缝。类似这些骗局一旦败露，他们也并不感到羞愧，而只是从中看到自己手段的不高明。”③最后，他批评中国人德性道：“中国人报复心强，但他们总可以忍耐到适当的时机才发作，他们那里没有决斗的习惯。他们非常贪玩，可胆小怕事；他们勤勉、恭顺，奉承起人简直是天花乱坠。他们抱着传统习俗死死不放，对未来生活却漠视不关心。”④

---

① ［德］黑格尔著，王造时译：《历史哲学》，上海：上海书店出版社，2006年版，第122页。

② ［德］夏瑞春编，陈爱政等译：《德国思想家论中国》，南京：江苏人民出版社，1995年版，第62页。

③ 同上。

④ 同上书，第62—63页。

第六节　欧洲三位哲学家论孔子的思想及其方法论的反思

在比较哲学的视野里重新考察先秦儒家思想，这是一个极有潜力的学术论域，尽管自晚明以降的中国社会，先秦儒家思想就已经进入了欧洲人的思想视野，但对于先秦儒家思想的准确认识，对于欧洲的思想家而言到今天为止仍然是一个艰难的问题。作为欧美文化“他者”的先秦儒家思想，总是在各种各样的现实诉求中被研究、被解读，直到今天仍然如此。当代一些美国的学者注意到要向先秦的儒家思想学习一些什么东西，[①]也有人要积极地阐释儒家思想的世界性意义，[②]但在近四百余年的历史过程中，先秦儒家思想的价值其实是一个不断被发现，又不断遭遇贬低、误解的过程。而在比较文化视野里的先秦儒家思想研究，特别是在当今的英语世界里有着多种研究视角，先秦儒家的智慧观，儒家的“仁爱”思想与基督教的上帝之爱的比较等专题性研究，已有多种成果。[③]而当代英语世界里关于孔子的专门研究成果，要数芬格莱特(Herbert Fingarette，1921－2018)的《孔子：即凡而圣》[④]一书了。

---

① 参见［美］考普曼：《自然性重探：西方哲学家为什么应该学习孔子》，载于《英语世界中的中国哲学》，姜新艳主编，北京：中国人民大学出版社，2009 年版。

② 参见［美］南乐山：《作为世界性哲学的儒家》，载于《英语世界中的中国哲学》，姜新艳主编，北京：中国人民大学出版社，2009 年版。

③ 参见姚新中著，陈默译：《早期儒家与古以色列智慧传统比较》，北京：中国社会科学出版社，2013 年版。

④ 参见［美］赫伯特・芬格莱特著，彭国翔、张华译：《孔子：即凡而圣》，南京：江苏人民出版社，2002 年版。

该书批评了西方学界对孔子思想的忽视，他说："西方思想家大都对于孔子视域中如此重要的人性的维度视而不见。"① 当然，对先秦儒家、孔子进行系统研究的，还有郝大维（David L. Hall）、安乐哲（Roger T. Ames，1947－ ）两人，而美籍华人学者，特别是当代新儒家成中英、杜维明等人的研究成果更为丰富。此处择要回顾、述评18世纪以降欧洲三位思想家对于孔子思想价值的认识与评价，进而对于当代世界性的比较哲学思想研究的方法进行一点理论的反思。

一、魁奈与黑格尔论孔子

自17世纪以降，欧洲部分思想家通过耶稣会传教士翻译的《论语》及其他儒家思想文献，初步了解到孔子的思想。其中有不少思想家将孔子比作西方的苏格拉底，当然也有人不同意这种类比。简要地说，从维科（Giambattista Vico，1668－1744）、拉莫特·勒瓦耶（La Monthe Le Vayer，1588－1672）、费内隆（Fénelon，1651－1715）、李明（Louis Le Comte，1655－1728），到伏尔泰、狄德罗（Denis Diderot，1713－1784），欧洲的启蒙思想家对于孔子的思想都有不同程度的涉及与论述。② 在17、18两个世纪内，欧洲启蒙思想家对于孔子及其思想的论述，大多是从正面的角度展开的。只有孟德斯鸠、康德对于儒家以及由儒家而涉及的孔子的一些思想，是持批评态度的，而这种批评多半是因为儒家与专制

① 参见[美] 赫伯特·芬格莱特著，彭国翔、张华译：《孔子：即凡而圣》，南京：江苏人民出版社，2002年版，第2页。

② 许苏民：《中西哲学比较研究史》（上卷），南京：南京大学出版社，2015版，第104—127、194—200、214—225、262—265页。

政治有内在的联系。19 世纪以后，以黑格尔为代表的德国思想家对于孔子及儒家思想，持激烈的批评态度，其中主要是因为欧洲已经从思想上完成对中世纪异化了的基督教的批判任务，而致力于建设一个新的资产阶级现代文明。孔子及其所代表的儒家哲学中的自然理性精神已经成为过时的东西。而现代中国，自五四新文化运动以来展开的对孔子与儒家的批判，也是与中国的现代文化追求的历史任务密切相关的。

（一）弗朗斯瓦·魁奈论孔子

作为法国重农学派的经济学家，魁奈对孔子是保持高度尊敬之情的，他认可中国人对孔子的看法，将孔子看作是“所有学者中最伟大的人物，是他们国家从其光辉的古代所留传下来的各种法律、道德和宗教的最伟大的革新者。”①而魁奈本人则尊敬地称赞孔子道：“这位著名哲学家坚贞不渝，忍受着各种非难和压制，而这些非难和压制有时在哲人们的著述似乎旨在重新建立他们自己国家的秩序时，也会遇到。”②

魁奈对于孔子的称赞与其人生努力的肯定，与后来黑格尔对于孔子的蔑视与批评，是截然相反的。他称赞孔子道：

> 这位贤明大师具有崇高声望，曾被推出任鲁国大夫。他

① [法] 魁奈著，谈敏译：《中华帝国的专制制度》，北京：商务印书馆，1992 年版，第 37—38 页。
② 同上书，第 38 页。

以明智的立法，使全国面貌为之一新。他革除积弊，重新确立商业信誉。他教育青年人尊重老年人，敬奉父母，即使在父母死后，仍旧敬奉如常；他劝导女子要端庄淑贤，保持贞操；他要求在人民中间树立起公正、坦诚和一切文明的风尚。①

上述魁奈对于孔子的赞扬虽然并不是十分准确，但大体上较准确地刻画了孔子的精神形象。尤其是肯定了孔子对于女性道德行为的规范性要求，这一点与后来将孔子看成是蔑视女性的思想者的观点不同。

对于当时欧洲比较流行的一种歪曲的观念，即中国人在商业活动中不讲诚信，喜欢欺骗这一看法，魁奈提出了反对意见。他认为，对于中国这样的一个文明国家，这是不可能的。他认为，散布这些传闻的人，可能是把中国在广州口岸与欧洲人进行交易的活动与整个帝国内部的贸易活动混淆起来了。他认为，由于中国政府"对国外贸易没有什么兴趣，它容忍那里的欺诈行为是因为它难以惩治那些远离本国达 3 000 里格，一旦卖掉他们的商品便消遁而去的外国商人。"②由这一推测出发，魁奈甚至认为，这是中国人在与欧洲的贸易争夺中显得"比欧洲人更加精明"，是"运用竞争技巧更加沉着得多"③的表现。不过，这种猜测是没有根据的，也并不正确。

---

① ［法］魁奈著，谈敏译：《中华帝国的专制制度》，北京：商务印书馆，1992 年版，第 38 页。
② 同上书，第 70 页。
③ 同上。

但是，上述魁奈对于中国国内一般性贸易与商业伦理的猜测既合乎情理，大体上也是正确的，他说："不能想象在一个国家内，居民之间可以靠相互弄虚作假来进行贸易。相互欺诈的双方有何利可图呢？这只会引起令人棘手和非常麻烦的纷乱，从而使日常的商业活动变得十分困难，几乎不可能进行。甚至更不能想象这种诈欺现象是发生在像中国这样的一个文明国度中，在那里贸易方面的良好信誉和诚实、正直一直是令人瞩目的；这是孔子伦理学的主要论题之一，而且在这个帝国内，伦理就是法律。"①

魁奈对于当时中国社会商业伦理的诚信行为的基本肯定，并将其与对孔子的肯定与赞扬联系在一起，表明他对孔子的思想及其教化的成效是持肯定与赞赏态度的。这种肯定与赞赏当然有夸张之处，但比起同时代的一些欧洲思想家，如孟德斯鸠对于中国社会普遍道德状况的激烈批评来说，可能更接近中国社会的真实，但这并不是说孟德斯鸠不应该批评当时中国社会的专制政治制度。

（二）黑格尔论孔子

欧洲的近现代历史进入到黑格尔的时代，在生产技术、制度革新方面已经远远地超出了中国。欧洲开始了以自己为中心的新的历史时期。黑格尔对待中国哲学的蔑视与批评，对待孔子的肆意诋毁，与欧洲的自我中心主义的时代精神，特别是与日耳曼

① ［法］魁奈著，谈敏译：《中华帝国的专制制度》，北京：商务印书馆，1992年版，第70页。

民族的觉醒密切相关。黑格尔知道中国哲学，特别是孔子的哲学在莱布尼兹时代曾经在欧洲轰动一时的历史事件，但他自以为发现人类“绝对精神”的真理之后，以十分傲慢的态度与口吻说道，孔子的哲学里没有什么高深的东西，《论语》里面所讲的“是一种常识道德，这种常识道德我们在哪里都找得到，在哪一个民族里都找得到，可能还要好些，这是毫无出色之点的东西。孔子只是一个实际的世间智者，在他那里思辨的哲学是一点也没有的——只有一些善良的、老练的、道德的教训，从里面我们不能获得什么特殊的东西”。[①] 他甚至认为，古罗马西塞罗（Marcus Tullius Cicero，106－43BC）的道德教训的著作，比孔子所有著作的内容更丰富、更好。这些有关《论语》与孔子思想的评价，在今天看来是极其浅薄的、傲慢的，但他之所以敢于公开地蔑视古老的中国圣人，是因为他认为自己已经找到了人类的“绝对精神”这种哲学真理。

不仅如此，黑格尔还以他自己所信奉的“自由”精神来贬低孔子思想的价值与中国道德的精神价值。他认为，所谓的中国哲学、孔子的哲学，也无非就是指“这种道德”，“这种道德包含有臣对君的义务，子对父、父对子的义务以及兄弟姊妹间的义务。这里有很多优良的东西，但当中国人如此重视的义务得到实践时，这种义务的实践只是形式的，不是自由的内心的情感，不是主观的自由，所以学者们也受皇帝的命令支配。凡是要想当士大夫、作国家官吏的人，必须研究孔子的哲学而且须经过各样的考试。

① ［德］黑格尔著，贺麟、王太庆译：《哲学史讲演录》第一册，北京：商务印书馆，1995年版，第119页。

这样，孔子的哲学就是国家哲学，构成中国人教育、文化和实践活动的基础。"[①]

上述黑格尔对孔子哲学思想的评价，与魁奈的评价完全相反。孔子思想的本身性质没变，变化的是欧洲的社会与思想家要求一种新的秩序与关于秩序的基础，因而，作为文化"他者"的孔子，就沦为黑格尔等人思想与需求的反面材料，因而受到了以黑格尔为代表的19世纪其他欧洲思想家的批评。这种批评，有一些合理的因素，但主要方面是错误的。因此，当代中国学者不能简单地用黑格尔的观点与结论来对待孔子的思想。

二、雅斯贝尔斯论孔子

经过两次世界大战的欧洲，使得欧洲的思想家们不得不重新反省现代性以及鼓吹现代性的思想所带来的负面影响，他们又开始把眼光再一次投向了东方，投向了中国。与雅斯贝尔斯同时的另一位德国大哲学家海德格尔，主要把眼光投向了老子与庄子，而雅斯贝尔斯则以更加广阔的"世界哲学"的眼光投向了全人类，在中国，他同时关注了孔子与老子两位哲人。

雅氏对于孔子思想的评价，虽然也带有欧洲思想家自身文化背景的一面，但在整体倾向上表现出对孔子思想自身意思的理解，而且努力深入孔子的思想深处去理解孔子思想的动机与时代问题意识，进而试图为我们今天的人类提供一些有价值的思想观

---

① ［德］黑格尔著，贺麟、王太庆译：《哲学史讲演录》第一册，北京：商务印书馆，1995年版，第125页。

念。因此，雅氏对于孔子思想的研究与评价，主要表现为一种学术与思想的对话与理解。这一点与黑格尔的傲慢与批判的态度截然不同。雅氏对孔子与柏拉图、耶稣、佛陀等思想范式的创造者相同之处的揭示，以及就孔子与犹太先知之间不同特点的分析，孔子作为思想改革形象的论证，已有学者在著作中作了基本的总结[①]，此处依照雅氏自己的思路，简述他对孔子思想的整体看法，并在此基础上给予扼要的评价。

在雅氏的"世界哲学"的视野里，孔子与苏格拉底、佛陀、耶稣一道，成为"思想范式的创造者"，他认为，孔子的根本思想是"借对古代的复兴以实现对人类的救济"。这即是说，孔子是一个托古改革式的思想人物。简而言之，雅氏是从如下五个方面来概述孔子思想体系的：其一是对于古代的认知；其二是其道德、伦理规范；其三是孔子所关注的根本知识；其四是孔子的极限意识；最后，雅氏对孔子的人格形象及其特征作了简明的勾画，并对孔子思想在后来时代里的影响及相关评价，也作了择要性的概述。相对于黑格尔而言，雅氏对于孔子思想的认识及评价，更加深入，也更加富有启发性。下面我们就着重从五个方面介绍雅氏对于孔子的论述与评价。

(一) 孔子的根本思想

在比较哲学的视野里，雅氏考察了孔子对于古代思想借用

① 参见许苏民：《中西哲学比较研究史》(下)，南京：南京大学出版社，2015 年版，第 473—477 页。

的方式。他说："通过将流传下来的文献转变成有意识的根本思想，实际上是产生了一种与古老的文化融而为一的新哲学。自己的思想并不通过其自身而展现：犹太先知们宣告了上帝的启示，孔子则宣告了古代之声。对于古代的自我尊崇，阻止了傲慢自大，可以从渺小的自我之中提出很高的要求。古代传统使得那些依然生活在本源之中的所有的人，获得更多的机会、信仰以及信众。那种源自纯粹理性的空无的独自思考，乃是徒劳无益的。"①

在雅氏看来，孔子与犹太教先知虽然有不同之处，但也有类似之处，即希望通过将自己融入历史之中，来表达一种真理，比如孔子本人对于学习的态度、对于孝的态度的诸种说法，其实表达的是这样一种思想倾向："我们存在的本质乃处于历史之中。孔子勾画出了一幅应当能够使得这唯一的真理发挥更好效果的历史画卷。但他并不重视诸如车、犁、船的伟大发明者伏羲、神农、黄帝。对于他来讲，真正的历史始于社会和政府、礼仪和秩序的奠基者。"②因此，孔子只重视尧、舜、禹这些人物，因为这些人"从内心感知着上天那永恒的原始典范"。③

尽管孔子非常重视历史，但绝对不是简单地照搬古代。雅氏认为孔子对于古代社会的态度有两点：一是批判性。这表现在能区分"在古代何时为善何时为恶"，能够"选择值得纪念的

---

① ［德］雅斯贝尔斯著，李雪涛主译，李雪涛校：《大哲学家》（修订版上），北京：社会科学文献出版社，2010年版，第128页。

② 同上书，第129页。

③ 同上。

典范或作为警戒的例子”。[1] 二是他并不追求与古代的外表的同一。因此，孔子“倡导的是对永恒真理的温习，而不是对过去的模仿。”[2]进而希望这“永恒的思想”能够在他所处的黑暗时代里重放光彩。正因为如此，孔子对于“权威”的处理方式就值得我们学习：“他认为权威并非仅仅是通过行使暴力的垄断而获得的权力。真正的新生事物在同传统相重合时是如何从永恒存在的本质中产生的，在历史上这是首次借助于一个伟大的哲学而使人们意识到一种保守的生存方式，这一生存方式是通过开放的自由思想而运动着的。”[3]应当说，雅氏对于孔子如何向历史学习的思想作出了精彩的阐发，修正了人们一贯认为孔子是文化保守者的观念。

（二）孔子的道德、伦理思想

雅氏从六个方面阐述了孔子的道德、伦理思想。第一，对于孔子的礼论，雅氏有不同于20世纪以来中国学者的看法，他认为，在孔子的思想中，“礼并没有绝对的特性。”[4]因为，作为一种单纯形式的礼，如果缺乏展示仁的价值，其本身是没有价值的，而且，在孔子的思想中，并没有区分“礼、伦理，以及法”，因此，“他更能清晰地看到他们的共同根源”，而且，孔子也没有区分美与善，

---

① [德] 雅斯贝尔斯著，李雪涛主译，李雪涛校：《大哲学家》（修订版上），北京：社会科学文献出版社，2010年版，第129页。
② 同上。
③ 同上书，第129—130页。
④ 同上书，第133页。

这样，反而使人更清楚地了解到："美中没有善便不再是美了，而善中没有美，也不再是什么善了。"[1]第二，对于孔子的乐论，雅氏没有多少特别的论述，不过他从"个人生命秩序"的角度来考察孔子"放郑声"的主张，还是颇有启发意义。第三，雅氏特别提出了孔子重视"自然与陶冶"的问题，尽管他并没有提出足够的文献证据。他说："孔子对一切自然而然的东西都要表示赞同。他给万物以应有的秩序、程度、地位，而不是否定他们。"[2]孔子虽然主张克制自己，但不主张做苦行僧，希望通过陶冶本性让人变善，认定强施暴力只能带来灾祸。第四，雅氏考察了孔子的"与人交往"的思想，并将"与人交往"看作是"孔子生活的要素"[3]。在此细节部分，雅氏对于孔子的妇女观提出了含蓄的批评，他说："孔子对于妇女的冷漠态度，着实令人惊讶。在夫妇关系方面，他沉默了，提到女人，他用轻蔑的口气予以评价。在他听说一对相恋的人双双自尽的消息后，则表现出了轻蔑的态度。他还爱讲，没有什么比女人更难办的了。孔子所处的氛围，显然是以男性为中心的。"[4]

第五个方面，雅氏也考察了孔子的政治观，并认为孔子的政治观与柏拉图的哲学王观念很相似。雅氏将孔子的政治观概括为两个基本原则：一是"有能力的必须在他相应的位置上"；二是"公共的政治环境必须使得革新行为成为可能"。[5] 应当说，雅氏

① ［德］雅斯贝尔斯著，李雪涛主译，李雪涛校：《大哲学家》（修订版上），北京：社会科学文献出版社，2010 年版，第 134 页。
② 同上。
③ 同上书，第 135 页。
④ 同上书，第 136 页。
⑤ 同上书，第 138 页。

所说的第一个原则应该是正确的，第二个原则在孔子的思想中能否找到证据，还有可以进一步讨论的空间。

第六个方面，雅氏引用了大量的文献，仔细地考察了孔子的君子人格，并对孔子的“君子人格”的精神内涵作了非常有意思的阐述。应该说，这是雅氏对孔子道德、伦理思想阐述得比较精彩的地方。雅氏说：“在孔子看来一切的善、真、美都蕴涵在君子这一理想人格之中了。在这一理想之中融进了高贵的人格思想，以及他们所处的高高在上的社会阶层，融进了高贵的出身与天性，并且也融进了绅士的举止以及贤者的心境。”[①]不过，雅氏如此肯定孔子的君子人格理想，如何来处理孔子对仁者、圣人的人格理想评价，可能会引发出很多学术的讨论。

（三）孔子的根本知识

在雅氏的思想框架里，孔子对根本知识的认识包括在四个方面：“首先是人的本性；其次是社会秩序的必要性；再其次是我们思维的基本方式，真理的根源与分支问题，根源的无制约性以及表象的相对性问题；最后是统摄万物并且同万物都有关联的一以贯之的大‘一’。”[②]

第一，就人性的问题，雅氏正确地看到，孔子对人的本性认识是建立在“仁”的观念基础之上，“人的本性乃是仁。仁包括人性

① ［德］雅斯贝尔斯著，李雪涛主译，李雪涛校：《大哲学家》（修订版上），北京：社会科学文献出版社，2010 年版，第 139 页。
② 同上书，第 141 页。

以及伦理道德。”[①]这一人性问题主要是从两个方面展开的，首先，人应当成为人，让人与禽兽区别开来。而使人与禽兽区别开来的根本特征，就是让人具有“仁的品德的人”。雅氏正确地看到，在孔子的“根本知识”中，“仁乃是统摄一切的，它不是诸道德中之一员，而是一切道德之灵魂。”[②]正是由“仁”出发，“所有的有用性、规则性、正当性才能成为真理。”[③]但是，“仁”又不是一个僵硬的规则，恰恰相反，正是从“仁”出发而“产生了没有任何目的约束的无制约者：‘有道德者把困难作为前提，之后便可以获得酬劳。’”[④]

雅氏在此将“仁”理解为一种极其根本而又没有任何具体的功利性的“无制约者”，是一个极富启发性的认识，但他所引用的“仁者先难而后获，可谓仁矣”这个具体的例证，并不是十分恰当，只能看作是比较哲学视域下的一种特定的理解。

雅氏特别看中“中庸”的概念对于理解“仁”的帮助，这是不可定义的“仁”通过语言而表达出来的一种相对明确的意思。他说：“依照仁而行事并非遵循某一明确法则，而是赋予所有特定法则以价值，同时剥夺它们的绝对性，以此行事而已。尽管仁是不可定义的，但它的特征还是在孔子的言语中描述了出来：孔子在被他称作适度和中庸的概念之中看到了仁。”[⑤]第一，对于“人是什么”的问题，孔子恰恰给出了多元性的回答，人在本质属性方面，

---

① ［德］雅斯贝尔斯著，李雪涛主译，李雪涛校：《大哲学家》（修订版上），北京：社会科学文献出版社，2010 年版，第 141 页。
② 同上书，第 142 页。
③ 同上。
④ 同上。
⑤ 同上。

如“仁”这一点是相近的，但在“习惯”上，是因人而异的。而就人的类型来看，有不同的层次，最高的是圣人，其次是通过学习而获得知识的君子，再次是在学习方面感到有困难但不气馁的人，最差的一类是既在学习方面有困难，又不去学习的人。

第二，就秩序而言，孔子的根本知识中有三种基本秩序，第一重要的秩序与原则是“恕道”原则：“己所不欲，勿施于人”；第二个重要原则是，通过典范的权威来建立秩序，成为表率与典范；第三个重要原则是，不要使用暴力的方式直接地干预事物，而是要在事物的开端处施加影响，以使之朝向正确的方向发展。[①] 不过，对于第三条原则，雅氏并未引证出相应的原文，而是一种引申性的解释。

第三，就思维方式与“根源的无制约性”问题，雅氏作了如下的阐述：“根源的无制约性进入现象的相对性之中。因此这一切取决于根源性之中的诚实的真面目，并涉及现象之自由度。”[②]这就使得孔子的思想具有极强的灵活性，这种灵活性不是一种基于利益的计算与方便性，而是表现为恰当性，因为“真理与现实不可能存在于一种或一种最终确定下来的独断的陈述之中。因此，固定化是被拒绝了的”。[③] 雅氏对孔子思维方式的理解与解释，与我们今天所理解的中国化的马克思主义的活的灵魂——“具体问题具体分析”的态度与工作方法，有高度的相似性。灵活性——

---

① [德] 雅斯贝尔斯著，李雪涛主译，李雪涛校：《大哲学家》(修订版上)，北京：社会科学文献出版社，2010 年版，第 146 页。

② 同上书，第 144 页。

③ 同上。

具体问题具体对待的处事方法，可能真是中国人的真精神。

第四，贯穿万物的“一”。雅氏认为，要清楚地理解孔子所说的“一”是很困难的，这个“一”既可以是“恕道”，也可以说是“天命”，也可以是“礼”，甚至还可以是“类似于老子无为的观念”。[①]的确，我们很难说清楚孔子思想中的“一”。孔子不是我们今天意义上的哲学家，一定要建立一个统一的思想体系。他的一生处在变化发展之中，其思想的前后期可能有所侧重。因此，对于孔子思想中的“一”，我们似乎要注意到他的思想在前后期的不同，而不能把他看作是一个固化的人物。这是我们理解其思想一贯性时所要注意的问题，对这一点雅氏似无知觉。

（四）孔子的“极限意识”

雅氏从西方哲学的立场出发，探讨了孔子对于终极实在的态度。通过认真的研究，他发现，孔子在这方面没有作过多的思考。雅氏认为，孔子对于“临界”这一话题总是小心翼翼的，孔子对于不可知事物虽然“并没怀有冷淡的无所谓的态度”，但却是“一种非常令人震惊的态度”，即“他不愿将令自己内心触动的经验转化为虚伪的知识，不愿真实的意义丧失于所说之中。我们不得不承认，在孔子那里从来没有过对无限的事物以及不可知事物的冲动，可以感觉得到，这两个问题足以让伟大的形而上学家耗尽毕生的精力”。[②]

---

① ［德］雅斯贝尔斯著，李雪涛主译，李雪涛校：《大哲学家》（修订版上），北京：社会科学文献出版社，2010 年版，第 144 页。

② 同上书，第 149 页。

但通过“孔子对礼俗虔诚的执行之中，以及在窘迫情景下所回答的问题之中”，还是为人生指明了方向，还是“可以感觉到他对人生终极状况的关怀的”。[①]

雅氏对于孔子“极限意识”的分析，有助于我们理解孔子思想的边界及其在形上问题思考方面的边界之所在，从而有助于深受经学影响的中国人从孔子思想内在的角度去思考其思想的局限性，这与从政治、阶级的立场去分析、批判孔子思想局限性的外在批评的做法是极不相同的。

（五）孔子的人格形象

在相对占有充分的思想资料的前提下，雅氏对于孔子的认识要比他的前贤黑格尔等人的认识深刻得多、全面得多，也客观得多。其中对有些材料的解释虽然与汉语世界里长期居于主流地位的解释有很大的不同，但也颇有启发性。下面几段话是雅氏对孔子的整体评价，也可以说是对孔子人格形象的刻画，有助于我们从文化的“他者”角度来理解孔子，原文稍长，但颇有启发意义，分段摘录下来，以供学人们参考。

其一，“孔子没有只为他自己考虑，他个人是否应当逃避这世间。他也没有设计任何形式的经济技术制度、立法以及形式上的国家制度，孔子所热烈努力以达成的目标并非是可以直接渴望得到的，而只能间接来促成，这是一切其他之物都依附于它的根本：

① ［德］雅斯贝尔斯著，李雪涛主译，李雪涛校：《大哲学家》（修订版上），北京：社会科学文献出版社，2010 年版，第 149 页。

亦即伦理政治善中的整体精神，以及作为整体一部分的每一个个体人的内在的状态。”①

其二，“孔子没有宗教的原始体验，不知道启示，他不相信生命的转世，他也不是一位神秘主义者。不过他也不是一位理性主义者，在他的思想中，引导他的是人间社会的统摄理念，只有在这样的社会中，人才能成为人。孔子热爱世间的美、秩序、真诚以及幸福，而这一切并不会因为失败或死亡而变得没有意义。”②

其三，“孔子把他的思想限制在现世的可能性之中，是因为他客观冷静的性格所致。他慎重保守，并不是因为恐惧，而是出于他对责任的意识。他尽可能地避开可疑与危险的事情。他渴望获得经验，故而到处倾听，对于古代知识的学习是从不知足的……他保持节度，并时刻修身以待，真正能打动他的并不是对权力的冲动，而是真正自主的意志。”③

其四，“孔子的性格乐天知命、开放、自然。他拒绝对他个人的任何神化。他生活在市井之中，作为一个人也有他的弱点。”④

其五，从孔子与老子的比较中，亦能显示出他的某些突出特点：“与老子不同，他参与世俗的事务，并受一种天命的思想所驱动，即认为应当去改善人类的状况。他创立了一所学校，以培养未来的政治家，并编辑发行古代的典籍。”⑤与这些实际的行为相

① ［德］雅斯贝尔斯著，李雪涛主译，李雪涛校：《大哲学家》（修订版上），北京：社会科学文献出版社，2010 年版，第 154 页。

② 同上。

③ 同上书，第 154—155 页。

④ 同上书，第 155 页。

⑤ 同上。

比，雅氏认为，更重要的是，“在中国，孔子使理性在其全范围与可能性之中首次闪烁出看得见的耀眼光芒，并且这些表现在一位来自百姓的男子汉身上。”[①]通过老子与孔子的异同比较，雅氏还进一步得出了一个极富有启发性的结论，即孔子、老子的思想“实际上立足于同一基础之上。两者间的统一性在中国的伟大人物身上则一再得到体现，这并不是通过系统地统摄这两种思想于一体的哲学而予以反映，而是存在于中国人那乐于思考而又富于自我启发的生命智慧之中。”[②]

在《历史的起源与目标》一书中，雅氏对于“轴心期”里的中国诸子百家思想有另一种评价的视角，与其在《大哲学家》一书着重从“世界哲学”历史的学术角度评价孔子及其他诸子思想的视野有所不同，他认为，“轴心期”的特征可以从社会现象与精神运动两个层面来理解。从社会现象的层面来看，主要有三个特点：其一，在中国、印度和西方三个互不知晓的地区，众多哲学流派出现了。在中国有孔子、老子、墨子、庄子、列子和诸子百家；在印度出现了《奥义书》（*Upanishads*）与佛陀；从伊朗到以利亚，先知纷纷出现。而希腊贤哲如云，有荷马、哲学家巴门尼德、赫拉克利特和柏拉图，还有许多悲剧作者，以及修昔底斯和阿基米德等；其二，这些哲学流派分别展开了精神传播运动。孔子、墨子和其他哲学家，游历中原，到处赢得信众，建立了学派，希腊诡辩家和哲学家到处漫游，而佛

① ［德］雅斯贝尔斯著，李雪涛主译，李雪涛校：《大哲学家》（修订版上），北京：社会科学文献出版社，2010 年版，第 155 页。
② 同上书，第 158 页。

陀则在各地云游中度过一生。“在孔子受挫于魏国和柏拉图在锡拉丘兹的失败之间，在培养未来国士的孔子学塾和服务于同一目的柏拉图学园之间，可以找出社会学的类似现象”；①其三，三个地区内有大量的小国和城邦，有国家对国家，城邦对城邦的斗争。中国由于周天子软弱无力，大诸侯通过征服其他小国而扩张领土。“在希腊和近东，一些小城邦，在某种程度上，甚至包括波斯所征服的城邦，都享有独立地位。在印度，有许多邦国和城市。”②

在这段文字里，雅氏将孔子的教育活动与古希腊哲人柏拉图的学术与政治活动相提并论，这一横向比较研究所得出的结论是耐人寻味的。孔子与古希腊哲人的相似性问题再一次被提示出来。

三、三人论孔子的方法论反思

上述三位欧洲思想家对于孔子的论述，对于我们如何思考传统在当代的价值，具有方法论的启示意义。就魁奈而言，他在占有极少资料的情况下，对于孔子与中国传统的道德与商业伦理的认识与评价，虽然很难说是十分准确而全面的，但没有过分地从自己的哲学立场出发来对中国文化作出“判教”式的评判，而是给予了相当的尊重。特别是他能够从商业伦理的一般原则出发，推论中国社会的整体道德状况不可能是像有些传教士发回的材料中所说的那样，具有普遍的欺诈、不诚实等，这一点颇能体现一个

① ［德］雅斯贝尔斯著，魏楚雄、俞新天译：《历史的起源与目标》，北京：华夏出版社，1989年版，第12页。
② 同上书，第11页。

经济学家的基本学术良知。

作为现代西方哲学史上的代表人物黑格尔，其哲学思想的深刻性与巨大的启发力是无可怀疑的。但他的哲学中所具有的现代性的傲慢，与强烈的欧洲中心主义的倾向，也是十分鲜明与突出的。从现代性对于传统专制政治批评的角度看，他对于孔子及其所代表的儒家道德思想的批评有合理之处，即看到了基于个人自由基础之上的现代道德与专制政治所需要的奴性的道德的尖锐矛盾之处，但他由此而对孔子的哲学思想、道德观念，乃至于对中国传统社会道德思想进行全盘的否定，则是十分错误的，而且是非常粗暴的。

相比较而言，雅斯贝尔斯对于孔子及中国传统思想的认识更为全面、态度更为亲和、评价更为合理，且颇有启发意义。首先，雅氏最大限度地超越了欧洲中心主义的观念，从更具有哲学普遍性的高度，将孔子看作是一种思想范式的创立者。其次，他能较为深入地理解孔子思想的内容，并从欧洲哲学家的视角对孔子思想的内容进行分类梳理，其分类未必都很恰当，其具体结论也未必都很允当，但作为一种不同的分类、解读本身，对于我们重新理解孔子及其道德观念提供了新的视角，因而具有思想上的启发意义。最后，他能在更加广阔的世界哲学的视野里考察孔子的思想局限及其价值，这对于我们今天在全球化的时代如何重新思考中国传统道德与文化的当代价值及其世界性的意义，提供了有益的思想启迪。

实际上，如何在跨文化的视域里恰当地理解先秦儒家，理解孔子,发掘其思想的当代意义,这是一个开放的问题。在世界文化相互交融的时代里,我们似乎只能在理解与解释的历史过程中来尝试给出新的理解与解释。当代中国哲学家张祥龙运用“生存—现象学”的方法来解读《论语》与孔子思想的做法,或许对我们有一种启示意义。他要求学人“让思想透入生存脉络和时机化视域,在诗与思的某种交织中开出哲理新境”,同时“又能穷本究源”,这样,就“不会以现成框架切割之,以形而上概念塑造之,以科学、逻辑硬化之,而是容吾夫子回到深刻意义上的原文,也就是回到原本的人生起伏、时潮语境、诗书礼乐、家国之忧、好学之乐中;让《论语》回到上下文,其根得土,其叶得舒,其微言大义得以滋生攀缘,开花结果,从容展现于当今的哲学话语世界。”①张氏的这一要求,用中国传统的学术语言来概述之,即是要以“知人论世”的态度与方法来理解孔子,而不是仅仅按照作者自己的时代要求来任意支解古代经典文本,研究古代哲人的思想,尤其是在跨文化的语境里研究思想领域里的“他者”,更应该持有这种“知人论世”的精神。这种精神若用乾嘉学者的语言来说,即是“实事求是”。若用现代中国人的语言来说,即要以追求思想史的真相为基本要求,将“求真”的学术价值精神放在首位。比较哲学的研究并不是一种“判教”,而首先应当是一种思想异同真相的分析。因此,芬格莱特的观点是值得我们重视的,他说:“将孔子翻译成西方的语言,典型地反映了通过将孔子西方化从而使之可以理解

① 张祥龙:《孔子的现象学阐释九讲》,上海:华东师范大学出版社,2009年版,第3页。

这样一种努力。通过使用那些对于西方耳熟能详的概念，那些翻译试图帮助西方的读者。但如此一来，孔子思想中最为独特的东西却就此丢掉了。”[1]通过对西方学界理解孔子历史经验的反省与批判，芬氏则采取了另一种方式，即以努力贴近孔子原意的方式来解读孔子，他说：“我希望重新检视孔子的《论语》，以其自己的用语来探讨它。我希望发现孔子本人认为是重要的东西，而不是我认为重要的东西。我希望发现孔子所要提出的问题以及他认为是合适的那种答案，而不是我所要提出的问题以及我认为的合适的答案。”[2]芬氏的这一意图在实际的研究中是否能实现，是另一回事，[3]但他能以尊重文本，尊重孔子的态度来对异域文化中的“他者”进行研究，这种态度与思路是值得肯定的，而且与张祥龙教授的想法在原则上是相通的。因此，当代中国的人文学研究，应当在更加广阔的比较哲学与比较文化的视野里研究自己民族的传统文化与道德思想，一方面要吸取近现代以来西方学者合理的学术与思想成果，另一方面也要批评黑格尔式的文化“判教”方法。这样，我们既可以避免对传统文化的盲目推崇，也可以避免对传统文化进行简单粗暴的批评，而能够以更加全面、辩证的态度来审视中国传统文化的内在价值与现代意义，既能够通过对传统文化的研究来增强民族文化的自信心，也可以利用传统文化

① [美] 赫伯特·芬格莱特著，彭国翔、张华译：《孔子：即凡而圣》，南京：江苏人民出版社，2002 年版，第 2 页。

② 同上。

③ 尽管芬氏在主观上努力接近孔子，但安乐哲对于芬氏有关孔子思想的解读是不认同的，参见[美] 安乐哲著，彭国翔编译《自我的圆成：中西互镜下的古典儒学与道家》，石家庄：河北人民出版社，2006 年版，第 11—18 页。

中的优秀精神来滋养现代人的心灵。

第七节　孟德斯鸠对中国传统政治、道德评价及其重省

自从耶稣会传教士不断地向欧洲大陆发回关于中国社会的各种报告，以及少数旅行者、商人也带回一些中国商品，发表一些游记、见闻及故事，再加上欧洲社会本身正在酝酿着一场巨大的社会改革，17、18世纪以来，欧洲众多的一流思想家对于中国社会及其文化保持着长期的关注热情，写出很多有关传统中国的道德、风俗、政治的研究成果与评论，孟德斯鸠在《论法的精神》中涉及的对传统中国社会道德、政治的评价，就是这众多研究成果中的一个有机组成部分。由于他的有关中国社会道德、政治的评价不是建立在自己实际的考察基础之上的，是以他者的记录与评述为基础的，因此，他有关传统中国社会道德、政治的评价基本上是一种镜像的认识。再加上他自己的头脑中虚构的民主政治及其道德、文化的理想化的思想之镜，所以，孟氏对于中国传统道德、政治文化的批评与肯定，实际上是在双重镜像的思维中展开的。在他同时期的其他欧洲思想家对于中国传统文化的认知，大体上也是如此。因此，我们今天对于他们提出的有关中国传统社会的思想认识的重省，就需要对其双重镜像思维的特点有所知觉。只有这样，我们才能更好地扬弃他们的思想成果，为我们自己重省中国传统道德文化在当代的创造性转化与创新性发展，提供有益

的学术启迪。

一、孟德斯鸠论专制政治之恶与民主制度之善

孟德斯鸠基本上是以一般性的理论想象为基础，对专制政治的政体与国家的特征作了比较全面、详细的描述。这些特征的描述，有的与中国传统专制政治的某些特征相吻合，有些则是不吻合的，甚至是相反的。因此，如何正确地看待他对专制政治之恶的批评，就需要有一个实事求是的态度。

第一，从国家制度的整体框架来看，孟德斯鸠认为："专制的国家没有任何基本法律，也没有法律的保卫机构。因此，在这些国家里，宗教通常是很有力量的，它形成了一种保卫机构，并且是永久性的。要是没有宗教的话，专制国中被尊重的便是习惯，而不是法律。"①

从想象出发，他认为，在专制的国家里，君主的意志是绝对的，他说：

> 在专制的国家里，政体的性质要求绝对服从；君主的意志一旦发出，便应确实发生效力，正像球戏中一个球向另一个球发出时就应该发生它的效力一样。
>
> 在专制的国家里，绝无所谓调节、限制、和解、条件、等值、商谈、谏诤这些东西；完全没有相等的或更好的东西可以向人

① [法] 孟德斯鸠著，张雁深译：《论法的精神》(上)，北京：商务印书馆，1963 年版，第 20 页。

建议；人就是一个生物服从另一个发出意志的生物罢了。

在那里，人们不得把坏的遭遇归咎于命运之无常，也不得表示对将来厄运的畏惧。在那里，人的命运和牲畜一样，就是本能、服从与惩罚。

人们不必去为自然的感情——对父亲的孝敬，对儿女和妻子的爱怜——以及对荣誉的规律或健康的情况等辩说，这是没有用处的。接受命令就够了。①

上述孟氏的说法，与他所判定的古代专制制度的中国历史上的实际政治生活与社会生活情形，就有很大的差异。而下面他讨论政治与法律的关系，也基本上是出于理论的推理，而非是从政治生活的实际情形或历史研究出发而得出的理论认识。

第二，在孟德斯鸠看来，因为没有成文的法律，所以，在专制政治的国家里，一切都是非理性的，是任意的，政治权力是不受法律约束的。由此导致专制政治的第二特征，即政治权力是全部委托给宰相的，而宰相下面的众多官员就是一个个小宰相，宰相与小宰相就是专制权力的化身。他说：

在专制政体国家，权力是全部授予了受权力委任的人的，宰相就是专制君主本身；每一个个别的官吏就是宰相本身。②

---

① ［法］孟德斯鸠著，张雁深译：《论法的精神》（上），北京：商务印书馆，1963 年版，第 32 页。

② 同上书，第 78 页。

他在此基础上，又进一步推论道：在“专制政体之下，君主把大权全部交给他所委任的人们。那些有强烈自尊心的人们，就有可能在那里进行革命，所以就要用恐怖去压制人们的一切勇气，去窒息一切野心”。[①] 因此，他反复阐明道：“专制政体的原则是恐怖。但是胆怯、愚昧、沮丧的人民是不需要许多法律的。”[②]“专制政体的原则是恐怖，恐怖的目的是平静，但是这种平静不是太平，它只是敌人就要占领的城市的缄默而已。”[③]

他甚至认为，“在专制的国家里，宗教的影响比什么都大。它是恐怖之上再加恐怖。”[④]这种对待宗教的态度，可以说是18世纪启蒙思想家以哲学的理性反对宗教的蒙昧的一般表现，既揭示了欧洲传统宗教作为专制政治帮凶的一面，也有对宗教的正面功能及其价值严重忽视的一面。而且，他的论述与传统中国社会的实际情况严重的不相符。

第三，孟德斯鸠认为，由于专制国家的政治原则不是荣誉，所以在这样的制度里，人们普遍地没有道德的耻感。人们的生活是极其贫困的，而且经常生活在恐怖之中。他说：“专制国家的原则绝不是荣誉。在那里，人人都是平等的，没有人能够认为自己比别人优越；在那里，人人都是奴隶，已经没有谁可以和自己比较一下优越了。”[⑤]

---

① ［法］孟德斯鸠著，张雁深译：《论法的精神》（上），北京：商务印书馆，1963年版，第31页。
② 同上书，第70页。
③ 同上书，第72页。
④ 同上。
⑤ 同上书，第30页。

通过与君主国的对比，他进一步说道："在专制的国家里，人们不知道什么是荣誉。甚至常常没有文字可以表达它。然而荣誉却统治着君主国家；在那里，它给整个政治机体、给法律甚至品德本身以生命。"①

上述孟氏所谓的"人们不知道什么是荣誉"，翻译成现代的道德哲学语言，即是说人们普遍没有道德的耻感。因此，他希望以自然法为基础，建立一个尊重人的羞耻心的良好政治社会，他说："让我们顺从自然吧！它给人类以羞耻之心，使从羞耻受到鞭责。让我们把不名誉作为刑罚最重的部分吧！如果一个国家，刑罚并不能使人产生羞耻之心的话，那就是由于暴政的结果，暴政对恶棍和正直的人使用相同的刑罚。"②

孟氏这一说法与孔子所讲的"道之以政，齐以之刑，民免而无耻"的政治观点，有惊人的相似之处，专制政治的共同特征是使人丧失道德的尊严。孟氏还说："如果有一个国家，那里的人所以不敢犯法纯粹是因为惧怕残酷的刑罚的话，我们也可以肯定，这主要是由于政府的暴戾，对轻微的过错使用了残酷的刑罚。"③

由专制政治摧毁人们的道德耻感的论证出发，孟德斯鸠进一步论证专制国家在政治上腐败的必然性。他认为，在专制政治统治的国家里，全社会上下都弥漫着一种送礼的贿赂现象："专制的国家有一个习惯，就是无论对哪一位上级都不能不送礼物，就是

① [法] 孟德斯鸠著，张雁深译：《论法的精神》(上)，北京：商务印书馆，1963 年版，第 30 页。
② 同上书，第 101 页。
③ 同上书，第 102 页。

对君王也不能例外。”[①]对于普通人而言，人们也只能追求君主的恩赐：“在专制的国家，人们所以有所作为，只是因为希望获得生活上的好处，君主的恩赏，除了金钱而外，没有别的东西可以赏赐。”[②]

不仅如此，在专制政治的国家里，人民的生活是极其悲惨的，孟氏说：“在专制国家里，人民是很悲惨的，所以人们畏惧死亡甚于爱惜其生活。因此，刑罚便要严酷些。在政治宽和的国家里，人民害怕丧失其生活，甚于畏惧死亡，所以刑罚只要剥夺他们的生活就够了。”[③]这种悲惨，连王族的成员也难以逃脱，如在伊斯兰教的国家里，“在专制国家，国王的兄弟是国王的奴隶，又是国王的劲敌，所以为着谨慎起见，就把国王的兄弟幽禁起来，伊斯兰教国家尤其如此。”[④]更糟糕的是，专制国家里实行连坐法：“父亲获罪要连坐儿女妻室。这是出自专制狂暴的一项法条。这些儿女妻室不当罪人就已经够不幸了。然而君主还要在他们与被告人之间放进一些哀求者来平息他的愤怒，来光耀他的裁判。”[⑤]

第四，通过与君主国家的比较，孟德斯鸠猛烈地批判了专制国家的奴化教育方针，他说：“君主国家的教育所努力的是提高人们的心志，而专制国家的教育所寻求的是降低人们的心志。专制国家的教育必须是奴隶性的了。甚至对于处在指挥地位的人们，

---

① ［法］孟德斯鸠著，张雁深译：《论法的精神》（上），北京：商务印书馆，1963年版，第79页。
② 同上书，第81页。
③ 同上书，第99页。
④ 同上书，第74页。
⑤ 同上书，第251页。

奴隶性的教育也是有好处的，因为在那里没有当暴君而同时不当奴隶的。”①

“在专制的国家里，每一个家庭就是一个个别的帝国。在那里的教育主要是教人怎样相处，所以范围是很狭窄的；它只是把恐怖置于人们的心里，把一些极简单的宗教原则的知识置于人们的精神里而已。在那里，知识招致危险，竞争足以惹祸；至于品德，亚里士多德不相信有什么品德是属于奴隶的。这就使这种政体的教育范围极为狭窄。因此，在这种国家里，教育从某些方面来说，是等于零的。它不能不先剥夺人们的一切，然后再给人们一点点的东西；不能不先由培养坏的臣民开始，以便培养好的奴隶。啊！专制国家的教育怎有可能致力于培养一个同公众共疾苦的好公民呢？”②

上述孟德斯鸠对于专制政治的四点批判，是经过归纳后得出的。从基本的原则上看，孟氏对专制政治原则的本质属性的分析与揭示是十分深刻的，也是十分耐人寻味的。他说：

> 专制政体的原则是不断在腐化的，因为这个原则在性质上就是腐化的东西。别的政体之所以灭亡是因为某些特殊的偶然变故，破坏了它们的原则。专制政体的灭亡则是由于自己内在的缺点。某些偶然的原因是不能够防止它的原则

① ［法］孟德斯鸠著，张雁深译：《论法的精神》（上），北京：商务印书馆，1963 年版，第 39 页。

② 同上书，第 40 页。

腐化的。所以专制政体，只有气候、宗教、形势或是人民的才智等等所形成的环境强迫它遵守一定的秩序，承认一定规则的时候，才能够维持。这些东西可能对专制政体的性质发生强有力的影响，但是不能改变专制政体的性质。专制政体的凶残性格仍然存在；这种性格只能暂时地被制服。①

无论从现代民主政治的角度看，还是从中国传统儒家仁政的理念来看，孟氏对于“连坐法”的批评都是正确的，他对专制政治所导致的两性伦理关系、家庭伦理关系的破坏，亦是正确的，他说：“专制国家的君主们时常败坏婚姻制度。他们通常娶了许多妻子，尤其是在世界上专制主义可说已经生了根的那块地方——亚洲。他们子女太多，所以几乎不可能爱护他们，儿子之间也没有兄弟之爱。”②

孟氏也注意到了专制政治的一些具体的差异，他说：“虽然专制政府，从本质来说，到处都是一样，但是环境、宗教的意见、成见、被采用的范例、思想的倾向、习惯、风俗等等的不同都可以使它们之间产生极大的差异。在专制政府之下，建立某一些观念是好的。因此，中国人把君主看作是人民的父亲；当阿拉伯帝国初期，君主是帝国的宣教师。”③

不过，孟氏对专制政治产生的原因的分析是不能成立的，他

① ［法］孟德斯鸠著，张雁深译：《论法的精神》（上），北京：商务印书馆，1963年版，第142页。
② 同上书，第75页。
③ 同上书，第250页。

完全是从自然环境来讨论政治体制的产生问题，说道："气候炎热的地方，通常为专制主义所笼罩。在这种地方，情欲早动而早衰，智力成熟得早，浪费财产的危险较少，使自己成名的便利较少；年轻人就关在家里，彼此之间来往较少。"①

与对专制政治政体的批判相反，孟氏对共和国与民主国家持有一种赞扬的态度，把他所能想到的好处都用来歌颂这两种政治体制。他首先歌颂共和制道："品德，在共和国里，是很简单的东西。就是爱共和国。它是一种感情；而不是知识的产物。这种感情，即使国内最卑微的人也和最高等的人一样，都能感觉到。人民一旦接受了好的准则，将比较所谓正人君子的人们，更能持久地遵守。腐败往往不是由人民开始。人民正因为自己学识平庸所以对已经确立的东西便更加强烈地依恋。"②

对于民主政治体制，他歌颂道："在民主政治之下，爱共和国就是爱民主政治；爱民主政治就是爱平等。"③"在民主政治下，爱平等把人们的野心局限于一种愿望和一种快乐上。这种愿望和快乐就是使自己对国家的服务超过其他公民……所以在民主国家里，一切名望也都是由平等的原则产生的，虽然有时候显赫的功绩或优越的才能看来似乎泯灭了平等的原则似的。"④

他还天真地认为，民主政体在道德上也是热爱俭朴的，说

① [法] 孟德斯鸠著，张雁深译：《论法的精神》(上)，北京：商务印书馆，1963 年版，第 76 页。

② 同上书，第 49 页。

③ 同上书，第 50 页。

④ 同上。

道："爱民主政体也就是爱俭朴。在这里，每一个个人既然都应该有同样的幸福和同样的利益，那么也就应该享受同样的快乐，抱有同样的希望。这种情况，如果有普遍性的俭朴，是不可能达到的。"①

他又说，由于热爱俭朴，这种美德也限制了人们的贪婪欲望："爱俭朴限制了占有欲，人人只求家庭之所必需，如有所余，则归给国家。财富产生权力，但是一个国民不能用它为自己服务，如果用它为自己服务，便不能平等了。财富也给人欢乐，但是一个国民不应享受这些欢乐，因为这些欢乐也同样完全排斥平等的。"②他以古罗马与雅典政治为例，说道："好的民主国，是由树立家庭的俭朴去供应公共开支的。罗马和雅典就是这样……这正像宗教要求人们要有洁净的手，好去贡献祭物给神明。"③

很显然，孟德斯鸠对于民主政治好处的歌颂，特别是对罗马与雅典的歌颂，有很多想象的成分在其中，既不能完全与后来的民主政治实际相一致，也不完全合乎历史上的罗马与雅典政治的实际状况。

对于如何限制权力，孟氏给出了一个非常形象生动的比喻，他说："要形成一个宽和的政体，就必须联合各种权力，加以规范与调节，并使他们行动起来，就像是给一种权力添加重量，使它能

---

① ［法］孟德斯鸠著，张雁深译：《论法的精神》（上），北京：商务印书馆，1963 年版，第 50 页。
② 同上书，第 51 页。
③ 同上。

够和另一种权力相抗衡。这是立法上的一个杰作，很少是偶然产生的，也很少是仅凭谨慎思考所能成就的。”①

这一点，现代资产阶级民主政治采用的三权分立方法，应该是从孟德斯鸠的权力制衡思想中吸取营养的，当然也与他之前的英国政治思想家洛克的民主政治思想有关。对于政治治理，孟氏提出了一套基于自然法则而又不完全依赖自然法则的原则，他说：“治理人类不要用极端的方法，我们对于自然所给予我们领导人类的手段，应该谨慎地使用。如果我们研究人类所以腐败的一切原因的话，我们便会看到，这是因为对犯罪不加处罚，而不是因为刑罚的宽和。”②

孟德斯鸠对腐败的论述，颇有发人深省之处，他认为，“有两种腐化，一种是由于人民不遵守法律，另一种是人民被法律腐化了。被法律腐化是一种无可救药的弊端，因为这个弊端就存在于矫正方法本身中。”③今日欧美社会中，特别是美国的社会中，动辄诉诸法律，大量的律师吃了原告、吃被告的现象，是否就是孟德斯鸠所言的“被法律腐化”的类型？

二、孟德斯鸠对传统中国专制政治的批评

孟德斯鸠对于传统中国道德与政治统治的评价，是在他设定的专制政治与民主政治对立的思想原则下展开的。他将专制政

① ［法］孟德斯鸠著，张雁深译：《论法的精神》（上），北京：商务印书馆，1963年版，第76页。
② 同上书，第101页。
③ 同上书，第102页。

治看作是万恶之源，将民主政治看作是百善之基。而他又将传统中国看作是专制政治的典型国家，故他对传统中国道德与政治的评价是基于理想型的政治观念，而非基于历史的经验事实。就此点而言，他与19世纪的黑格尔等人在思维方式上是一致的。他曾经笼统地引用中国学者的话说道："中国的著述家们老是说，在他们的帝国里，刑罚越增加，他们就临近革命。这是因为风俗越浇薄，刑罚便越增多的缘故。"①在此段话的自注里，孟氏说道，"中国在这点上的情况是等于共和国或君主国。"②可见，他将中国传统社会看作是专制政治的类型来处理的。因此，他对传统中国政治与道德批评的得与失，真知与谬误，都与他的这一思想原则的运用有关。

实际上，孟德斯鸠并非通过论证，而是以一种举例加说明的方式来证明自己观点的正确性，认为"中国是一个专制的国家，它的原则是恐怖。"③他从五个方面证明传统中国是专制国家，其统治必然是腐败的，只是腐败没有达到它应有的程度。

其一，气候的原因对道德发生了有力的影响，并作出了奇迹，如中国的气候"异样地适宜于人口繁殖，那里的妇女生育力之强是世界上任何地方所没有的，最野蛮的暴政也不能使繁殖的进程停止。"④因此，"中国虽然有暴政，但是由于气候的原因，中国的

---

① [法] 孟德斯鸠著，张雁深译：《论法的精神》(上)，北京：商务印书馆，1963年版，第98页。
② 同上。
③ 同上书，第152页。
④ 同上。

人口将永远地繁殖下去，并战胜暴政。”[①]

其二，中国像其他产米的国家一样，容易导致饥荒。当人民将要饿死的时候，就会产生逃荒现象，由逃荒进而产生盗贼，盗贼结伙，在初期被消灭，但在边远的地方不容易控制，然后壮大成功，最终形成军事团体，向首都进军，最后胜利，“首领便登上宝座”。[②]

其三，“在中国，腐败的统治很快便受到惩罚。这是事物的性质自然的结果。人口这样众多，如果生计困乏便会突然发生纷乱。在别的国家，改革弊政所以那么困难，是因为弊政的影响不那么明显，不像在中国那样，君主受到急遽的显著的警告。”[③]

其四，“中国的皇帝所感悟到的和我们的君主不同。我们的君主感到，如果他统治得不好的话，则来世的幸福少，今生的权力和财富也要少。但是中国的皇帝知道，如果他统治得不好的话，就要丧失他的帝国和生命。”[④]

其五，“中国虽然有弃婴的事情，但是它的人口却天天在增加，所以需要有辛勤的劳动，使土地的生产足以维持人民的生活。这需要有政府的极大的注意。政府要时时刻刻关心，使每一个人都能劳动而不必害怕别人夺取他的劳苦所得，所以这个政府与其说是管理民政，毋宁说是管理家政。”[⑤]

---

① [法] 孟德斯鸠著，张雁深译：《论法的精神》(上)，北京：商务印书馆，1963 年版，第 152 页。
② 同上书，第 152—153 页。
③ 同上书，第 153 页。
④ 同上。
⑤ 同上。

通过以上五个方面举例性的论证，孟氏得出结论道："这就是人们时常谈论的中国的那些典章制度之所由来。"他深信，让法制与专制联系起来，是行不通的，"任何东西和专制主义联系起来，便失掉了自己的力量。中国的专制主义，在祸患无穷的压力之下，虽然曾经愿意给自己戴上锁链，但都徒劳无益；它用自己的锁链武装了自己，而变得更凶暴。因此，中国是一个专制的国家，它的原则是恐怖。在最初的那些朝代，疆域没有这么辽阔，政府的专制的精神也许稍微差些，但是今天的情况却正相反。"①

孟德斯鸠虽然将传统中国政治放在了专制政治的类型里面，但在《论法的精神》第八章"三种政体原则的腐化"第二十七节里，面对中华帝国的实际政治情况时，颇让孟德斯鸠感到很为难，他说："我们的传教士们告诉我们，那个幅员广阔的中华帝国的政体是可称赞的，它的政体的原则是畏惧、荣誉和品德兼而有之。那么，我所建立的三种政体的原则的区别便毫无意义了。"②因此，孟德斯鸠关于中华帝国的批评，在一定程度上是出于对"专制政治"的观念的想象，而将此政治体制观念强加到传统中国社会政治生活之上，然后对号入座。他将中华帝国看作是一个只使用棍棒来让人民做事的专制国家，因而说道："一个国家只有使用棍棒才能让人民做些事情，还能有什么荣誉可说呢。"③问题是传统中国的统治从来都不是如此简单的，虽然有使用棍棒的时候，但大

① [法] 孟德斯鸠著，张雁深译：《论法的精神》（上），北京：商务印书馆，1963年版，第153页。

② 同上书，第151页。

③ 同上。

多数情况下并不是如此。而所有类型的政治活动，几乎都有使用棍棒的时候。

当然，在材料的使用方面，孟德斯鸠不太相信传教士的观点，认为商人的一些说法是传教士所没有提供的。他说："我们的商人从没有告诉我们教士们所谈的这种品德；我们可以参考一下商人们所说的关于那里的官吏们的掠夺行为。"[①]不过，孟氏从帝王和统治阶层的政治品德的角度，倒是比较真实地揭示了传统中国王朝政治兴衰的道理。他说："品德、谨慎、警惕，在中国是必要的，这些东西在朝代之初还能保持，到朝代之末便没有了。实际上，开国的皇帝是在战争的艰苦中成长起来的，他们推翻了耽于逸乐的皇帝，当然是尊崇品德、害怕淫逸，因为他们曾体会到品德的有益，也看到了淫逸的有害。但是在开国初的三四个君主之后，后继的君主便成为腐化、奢侈、懒惰、逸乐的俘虏。他们把自己关在深宫里，他们的精神衰弱了，寿命短促了，皇室衰微下去；权贵兴起，宦官获得宠信，登上宝座的都是一些小孩子；皇宫成为国家的仇敌；住在宫里的懒汉使劳动的人们遭到破产，篡位的人杀死或驱逐了皇帝，又另外建立一个皇室，这皇室到了第三四代的君主又再把自己关闭在同样的深宫里了。"[②]

他还通过阅读传教士们翻译的中国历史著作，对中国历代皇帝之所以最终失败的原因给予了统一性的解释。"一个中国的著

---

① [法] 孟德斯鸠著，张雁深译：《论法的精神》(上)，北京：商务印书馆，1963 年版，第 151 页。

② 同上书，第 123 页。

者说：‘秦朝和隋朝灭亡的原因是，君主们不愿像古人一样，仅仅行使一般性的监督——这是一个元首所应当做的唯一事务——而是事事都要自己直接管理。’在这里，这位中国的著者几乎把所有的君主国所以腐败的原因都告诉了我们。”①

上述引文中孟氏所总结的原因，其实即是说，权力的高度集中是专制中国政治失败的主要原因。而对于东方专制政治，包括传统中国的专制政治的形成原因，孟德斯鸠又从其自然法的法哲学观念出发，给出了他自己的，也是该时代自然法学派的解释，他认为，亚洲的专制与亚洲帝国的疆域广大是紧密地联系在一起的：“在亚洲，权力就不能不老是专制的了。因为如果奴役的统治不是极端严酷的话，便要迅速形成一种割据的局面，这和地理的性质是不能相容的。”②而在欧洲，“天然的区域划分形成了许多不大不小的国家。在这些国家里，法治和保国不是格格不入的；不，法治是很有利于保国的，所以没有法治，国家便将腐化堕落，而和一切邻邦都不能相比。”③因此，欧洲人爱好自由的特性就因此而形成了。正因为欧洲人有这种特性，“所以除了通过商业的规律与利益而外，每一个地方都极不易征服，极不易向外力屈服。”④

孟氏还认为，在亚洲“一种奴隶的思想统治着亚洲；而且从来没有离开过亚洲。在那个地方的一切历史里，是连一段表现自由

① ［法］孟德斯鸠著，张雁深译：《论法的精神》（上），北京：商务印书馆，1963 年版，第 139 页。
② 同上书，第 3132 页。
③ 同上书，第 332 页。
④ 同上。

精神的记录都不可能找到的。那里，除了极端的奴役而外，我们将永远不见任何其他东西。”①

上述孟氏非常绝对地否认亚洲及传统中国有自由的精神的说法，与后来黑格尔在《哲学史讲演录》中所说的惊人地相似。②应该说，是后来的黑格尔延续了孟氏的这一说法而不是相反。不过，孟氏又说，“虽然由于中国的气候，人们自然地倾向于奴隶性的服从，虽然由于帝国幅员辽阔而会发生各种恐怖，但是中国最初的立法者们不能不制定极良好的法律，而政府往往不能不遵守这些法律。”③这就表明，传统中国的专制政治并不是一开始就是这样的，而是由于具体的社会管理情境导致的。这种观点实际暗含着另一种可能性，即它也将随着环境的变化而会改变其专制政治的统治形式。

三、孟德斯鸠对传统中国道德伦理的分析与批评

孟德斯鸠认为，专制政治导致人民普遍缺乏道德的尊严，没有耻感，这一观点实际上与两千多年前孔子的思想颇为一致。孔

① [法]孟德斯鸠著，张雁深译：《论法的精神》(上)，北京：商务印书馆，1963年版，第333页。

② 黑格尔认为，东方人由于“意志的有限性”，“主体不是人格”，因而在现实的社会政治生活中，“没有伦理和法律的客观规定：为全体所尊重，通行有效于全体，并且为全体所承认。”东方人虽然在形式上也有西方人的法律与伦理，但他们“采取实体的、自然的、家长政治的形式，而不是建筑在主观的自由上。既没有良心，也没有内心道德，只是一种[僵化了的]自然秩序，让最高尚的东西与最恶劣的东西并存着。”[德]黑格尔著，贺麟、王太庆译：《哲学史讲演录》第一册，北京：商务印书馆，1995年版，第97页。

③ [法]孟德斯鸠著，张雁深译：《论法的精神》(上)，北京：商务印书馆，1963年版，第338页。

子说:“道之以政,齐之以刑,民免而无耻。”(《论语·学而》)孟德斯鸠说:“在中国,子女犯罪,父亲是受处罚的。秘鲁也有同样的习惯。这个习惯是从专制思想产生出来的。”①而由子罪坐父罪这一刑法律令,他进一步引申性地论述道:“子罪坐父这一事实说明,‘荣誉’在中国是不存在的。在我们的国家,父亲因儿女被判罪,和儿女因父亲被判罪所感到的羞耻,就是严厉的刑罚,严厉得像在中国的死刑一样。”②综合孔子与孟德斯鸠的观点,我们可以看出,专制政治的统治是让人在很多问题上无法建立道德耻感的根本原因,而对孟德斯鸠而言,他对传统中国专制政治的批评,恰恰构成了他对传统中国道德、伦理批评的一个思想的前提。简而言之,孟德斯鸠对于传统中国道德、伦理的分析与批评是从以下几个方面展开的:

其一,他从自然环境决定论的立场出发,讨论社会风俗、道德、文化问题,进而讨论中国的道德、伦理问题。他认为,“人类受多种事物的支配,就是:气候、宗教、法律、施政的准则、先例、风俗、习惯。结果就在这里形成了一种一般的精神……大自然和气候几乎是野蛮人的唯一者;中国人受风俗的支配;而日本则受法律的压制”。③

在这一思想前提下,他认为,“一妻的法律,在生理上比较适合于欧洲的气候,而比较不适合于亚洲的气候。伊斯兰教在亚洲

① [法]孟德斯鸠著,张雁深译:《论法的精神》(上),北京:商务印书馆,1963年版,第112页。
② 同上。
③ 同上书,第364页。

很容易建立起来，而在欧洲则一筹莫展；基督教在欧洲绵延下去，而在亚洲则受到摧残，结局，伊斯兰教徒在中国发展得这样多，而基督徒在中国发展得这样少，气候是原因之一。”①

他还进一步地论证道：“有地方因气候关系，自然的冲动极强，首先几乎是无能为力的。倘若让一个男人和一个女人单独在一起，诱惑将带来堕落，必然会有进攻而不会有抵抗。这些国家，不需要箴言诰诫，而需要铁窗门闩。中国一本古典的书认为，一个男人在偏僻冷落的房屋内遇到了单身的妇女而不对她逞暴行的话，便是了不起的德行。”②

不过，孟德斯鸠一方面承认自然法，另一方面又希望通过“民法”来战胜他认为气候的原因导致淫乱的自然力的影响，以恢复原始的法则。他说：“一切民族对妇女的淫乱都是鄙视的。这是大自然给一切民族的训示。大自然规定了防卫，也规定了进攻。它把情欲种植在两性双方，给男性勇敢，给女性娇羞。它给每个个人长久的岁月去保存自己的生命，但只给他们瞬息的时间去延续种类。”③“因此，当某种气候的自然力量违背了两性的自然规律和‘智灵的存在物’的自然的规律的时候，立法者就应该制定民法去战胜气候，以恢复原始的法则。”④

孟氏从保护人的尊严角度，批评男性对女性的不尊重，甚至

---

① ［法］孟德斯鸠著，张雁深译：《论法的精神》（上），北京：商务印书馆，1963 年版，第 310 页。
② 同上书，第 315 页。
③ 同上书，第 319 页。
④ 同上。

是侵害。但在有关妇女德行的问题上，孟德斯鸠似乎又持有比较保守的观点。他对欧洲妇女的行为很不以为然，说道："我们欧洲的妇女，心思轻佻，言行轻率，有她们自己的爱好与嫌厌，有高尚与薄弱的情感。如果把我们妇女的这一切搬到一个东方的国家去，使她们像在我们社会中那样的活跃，那样的自由，能有一个家庭的父亲得以片刻的安宁吗？到处都将是受猜疑的人，到处都将是敌人；国家便将颠覆，人们将看到大流血。"①

与他批评专制政治的思想似乎相反，他比较倾向于对女性的自由活动采取禁止，说道："我们看到，东方的许多国家妇女的幽闭越严，风俗也越纯洁，在大国，就一定有大贵族。财富越多，就越有能力把妻子严禁在深闺里，并防止她们再进入社会。因为这个缘故，在土耳其、波斯、莫卧儿、中国、日本等帝国，妻子的品德实在令人惊叹。"②

他甚至还认为，要把女性与男性分开，这一观点与现代社会男女正常的公开交往的现实形成了巨大的反差。他说，与莫卧儿、中国、日本等地的"妇女品行的天真纯洁相比较，我们便清楚地看到，不论是一妻或多妻，常常都有必要把女子和男子分开"。③

上述孟德斯鸠对于女性的看法，与他提倡的现代道德、伦理的观点相比显得十分保守，反而赶不上同时代的中国思想家钱大昕对于女性的相对开放而民主的思想态度。这也表明，孟氏的反

---

① ［法］孟德斯鸠著，张雁深译：《论法的精神》（上），北京：商务印书馆，1963年版，第316页。

② 同上书，第317页。

③ 同上书，第318页。

专制的思想体系中,有着某种相互矛盾的地方。

其二,孟德斯鸠对传统中国社会道德、法律与风俗的内在关系,作了比较深入的研究,原则上给出了比较正确的阐述,在《论法的精神》(上)中,他用了四节的内容集中阐述了传统中国社会风俗、法律与道德混一不分的现象。这一他者的视角,对于我们重新反省中国传统道德的时代价值提供了可以借鉴的思想资源。

在孟氏本人看来,“法律和风俗有一个区别,就是法律主要规定‘公民’的行为,风俗主要规定‘人’的行为。风俗和礼仪有一个区别,就是风俗主要是关系内心的动作,礼仪主要是关系外表的动作。”[①]孟氏认为,“中国和拉栖代孟的立法者们把法律、风俗和礼仪混淆在一起,我们不应当感到惊奇,因为他们的风俗代表他们的法律,而他们的礼仪代表他们的风俗。”

接下来,孟氏又分析了中国立法者的政治目标,说道:“中国立法者们的主要目标,是要使他们的人民能够平静地生活。他们要人人互相尊重,要每个人时时刻刻都感到对他人负有许多义务;要每个公民在某个方面都依赖其他公民。因此,他们制定了最广泛的‘礼’的规则。”[②]

在上述孟氏这段看似客观描述的文字里,其实也可引申出某种批评性的意见,比如说,鲁迅曾将中国的历史分为“做稳了奴隶的时代”与想“做奴隶而不得”的两个时代,鲁迅的话虽然有些偏

① [法] 孟德斯鸠著,张雁深译:《论法的精神》(上),北京:商务印书馆,1963 年版,第 373 页。

② 同上。

激、刺耳，但与上述孟氏所言统治者的立法目标是要人民能够平静地生活这句话来看，恰恰是鲁迅所说的要让人们做安稳的奴隶而已。而孟氏揭示出的中国人有如此多的义务，在某个方面依赖他人的生活情景，恰恰是揭示了传统中国人是身份性奴隶的特征，活在各种各样复杂的关系之中而缺乏自由。

接下来，孟德斯鸠进一步分析传统中国政体与礼制的内在关系，进而揭示传统中国政体的特质。他说："中国的立法者们所做的尚不止此。他们把宗教、法律、风俗、礼仪都混在一起。所有这些东西都是道德。所有这些东西都是品德。这四者的箴规，就是所谓礼教。中国统治就是因为严格遵守这种礼教而获得了成功。中国人把整个青年时代用在学习这种礼教上，并把整个一生用在实践这种礼教上。文人用之以施教，官吏用之以宣传；生活上的一切细微的行动都包罗在这些礼教之内，所以当人们找到使他们获得严格遵守的方法的时候，中国便治理得很好了。"①

孟德斯鸠对于传统中国政治与风俗、道德、法律的内在一致的认识、分析，是非常深刻、准确，而且也是富有启发性的。第十九章第十九节的一段文字虽然有点长，但我还是愿意用三个段落来加以介绍，并附上一些评价。

第一段，孟氏揭示了传统中国孝道如何与政治的目标相关。他说："中国的立法者们认为政府的主要目的是帝国的太平。在他们看来，服从是维持太平最适宜的方法。从这种思想出发，他

---

① [法] 孟德斯鸠著，张雁深译：《论法的精神》(上)，北京：商务印书馆，1963 年版，第 375 页。

们认为应该激励人们孝敬父母；他们并且集中一切力量，使人恪遵孝道。”[1]孟德斯鸠的说法大体上是正确的，与《论语》第一编第二章有子论孝的思想观念基本一致，即在家尽孝，在外就敬长，那些敬重长辈与上级官长的人，很少有犯上作乱的。因此，孝悌是人伦的起点与出发点。有了这一良好的根基，有序化的社会就有良好的起点与根基了。

第二段，孟德斯鸠由孝道进一步推论中国社会有敬畏官长的普遍伦理观念，说道："尊敬父亲就必然和尊敬一切可以视同父亲的人物，如老人、师傅、官吏、皇帝等联系着。对父亲的这种尊敬，就要父亲以爱还报其子女。由此推论，老人也要以爱还报青年人；官吏要以爱还报其治下老百姓；皇帝要以爱还报其子民。所以这些都构成了礼教，而礼教构成了国家的一般精神。”[2]

第三段，孟德斯鸠将孝道推广到治家，由治家而推广到整个国家，看出了中国传统的道德、伦理由家庭向社会推广的家国同构的特点，说道："我们现在可以看到，在表面上似乎是最无关紧要的东西却可能和中国的基本政制有关系。这个帝国的构成，是以治家的思想为基础的。如果你削减亲权，甚至只是删除对亲权表示尊重的礼仪的话，那么就等于削减人们对于视同父母的官吏的尊敬了，因此，官吏也就不能爱护老百姓了，而官吏本来是应该把老百姓看作像子女一样的，这样一来，君主和臣民之间所存在

---

① [法] 孟德斯鸠著，张雁深译：《论法的精神》(上)，北京：商务印书馆，1963 年版，第 377 页。

② 同上。

着的爱的关系也将逐渐消失。只要削减掉这些习惯的一种,你便动摇了国家。”[①]

上述孟氏对传统礼教中国的政治性质的分析与刻画,是深刻、准确而富于启发意义的。传统中国社会的家庭伦理与国家的政治伦理,在精神结构上和逻辑的思维方面都具有同构性与同质性。不过,他对传统中国成功运用礼教原因的分析则不那么正确。他认为,“礼教”之所以那么容易地铭刻在中国人的心灵和精神里,第一,是因为中国的文字书写极端复杂,学文字就必须读书,而书里写的就是礼教。第二,是礼教里没有什么精神性的东西,而只是一些通常实行的规则,所以比智力上的东西容易理解,容易打动人心。[②] 不过,孟氏还是正确地看到,传统中国政治与道德的深刻联系。他认为,“当中国政体的原则被抛弃,道德沦丧了的时候,国家便将陷入无政府状态,革命便将到来。”[③]传统中政治与道德的内在、紧密的联系,远胜过与法律的联系。

其三,孟氏阐述生活在礼仪之中的传统中国人时,主要还是一种正面的评价,他认为,在礼制之下,“中国乡村的人和地位高的人所遵守的礼节是相同的,这是养成宽仁温厚,维持人民内部和平良好秩序,以及消灭由暴戾性情所产生的一切邪恶的极其适当的方法。”[④]就此点而言,“‘礼’的价值是高于礼貌的。礼貌粉

---

① [法]孟德斯鸠著,张雁深译:《论法的精神》(上),北京:商务印书馆,1963年版,第377页。
② 同上书,第375页。
③ 同上。
④ 同上书,第374页。

饰他人的邪恶，而'礼'防止把我们的邪恶暴露出来。'礼'是人们放在彼此之间的一道墙，借以防止互相腐化"。①

孟氏对于中国的礼仪在整体上是持肯定的态度，他说："中国人的礼仪是不能毁灭的。中国的妇女和男人是绝对分开的。除此之外，中国人的礼仪和他们的风俗一样，都是教育的内容。一个文人可以从他们行礼时那样从容自若的态度看得出来。这些东西一旦经严厉的教师用来当作箴规施教后，便成为固定的东西，像道德的原则一样，永远不能改变。"②

应当说，孟氏对于礼制在社会人际关系中所扮演的正面作用的分析与肯定，是相当深刻而富有启发力的。我们今天要建立一个文明、礼貌的社会新风尚，如何从传统的礼制文化里汲取有益的思想资源，应当是一个值得深思的问题。

其四，孟德斯鸠还从中国风俗、道德、法律的内在混一状态的认识出发，试图揭示传统中为什么被异族征服后，其风俗、道德、法律长期不变的内在原因。他说："中国并不因为被征服而丧失它的法律。在那里，习惯、风俗、法律和宗教就是一个东西。人们不能够一下子把这些东西都给改变了。改变是必然的，不是征服者改变，就是被征服者改变。不过在中国，改变的一向是征服者。因为征服者的风俗并不是他们的习惯，他们的习惯并不是他们的法律，他们的法律并不是他们的宗教；所以他们

---

① ［法］孟德斯鸠著，张雁深译：《论法的精神》（上），北京：商务印书馆，1963年版，第374页。

② 同上书，第371页。

逐渐地被被征服的人民所同化，要比被征服的人民被他们所同化容易一些。”[①]这一观点，与马克思（Karl Marx，1818－1883）从文化的先进性角度讨论征服者与被征服者之间文化的同化问题所说的意思如出一辙。马克思说：“野蛮的征服者，按照一条永恒的历史规律，本身被他们所征服的臣民的较高文明所征服。”[②]恩格斯（Friedrich Engels，1820－1895）在《反杜林论》一书中，接着马克思的观点，继续说道：“在长时期的征服中，比较野蛮的征服者，在绝大多数的情况下，都不得不适应由于征服而面临的比较高的‘经济状况’；他们为被征服者所同化，而且多半甚至不得不采用被征服者的语言。”[③]孟德斯鸠在哲学的基本立场上与马克思、恩格斯的历史唯物主义虽然不同，但他所揭示出的不同文明之间颇为吊诡的相互影响规律，被马克思主义者所吸收。

其五，孟氏也就“礼教”与“基督教”的冲突作出了非常有启发意义的论述，尽管他是站在维护基督教文化的立场上展开这一论述的。他从两个主要方面揭示了“礼教”与“基督教”的差异：

第一，他认为，基督教里妇女的社交活动、一夫一妻制与“礼教”的要求不相符合：“贞女誓言、妇女在教堂集会、她们和神职人员必要的往来、他们参加圣餐、秘密忏悔、临终的涂油式、一夫一妻——所有这一切都推翻这个国家的风俗和习惯，同时也触犯它

---

① ［法］孟德斯鸠著，张雁深译：《论法的精神》（上），北京：商务印书馆，1963年版，第375—376页。

② 中共中央马恩列斯编译局编译：《马克思恩格斯选集》（第一卷），北京：人民出版社，1995年版，第768页。

③ 同上书，第526—527页。

的宗教和法律。”①

第二，“基督教，由于建立慈善事业，由于公开的礼拜，由于大家参加共同的圣礼，所以似乎要求一切都要在一起；但是中国的礼教似乎是要求一切都隔开。”②

通过上述两条文献可以看出，孟氏对基督教与儒教在对待妇女方面的相互冲突方式的把握，是直观而准确的。传统中国礼教的重要内容之一就是“男女有别”。这种“有别”的抽象要求一旦与具体的社会政治制度、生活风俗结合起来，就变成了一种限制妇女行为与活动的铁律，并成为以男性为中心的传统社会、男性从整体上压迫女性的社会要求，进而成为与专制政治相联系的一条神圣的铁律。反观今天的中国社会，女性与男性公开交往，在婚姻制度上坚决执行一夫一妻制，可以说是完全吸收了基督教的文化传统了。仅从这一点可以看出，当代中国文化中的基督教文化与西方文化的元素是非常浓厚的。孟氏由“隔离”与公开交往的风俗形式联想到“专制政治”与“宽和政体”的区别，倒是别有一番意味。他说：“我们已经看到，这种隔离一般是和专制主义的精神相关连的；我们从以上的一切可以了解，君主政体以及一切宽和的政治同基督教是比较能够合得来的，原因之一就在于此。”③孟氏的结论未必那么正确，但他将带有宽和性质的政体与基督教

---

① [法] 孟德斯鸠著，张雁深译：《论法的精神》(上)，北京：商务印书馆，1963 年版，第 376 页。
② 同上。
③ 同上。

联系起来，将“隔离”与专制政治联系起来，这些说法是值得人们深思的。

其六，对亚洲及中国政治、道德与人民的一般品德的泛化批评。

孟氏从理想的民主政治的视角出发，对于亚洲及中国传统的政治、道德给予了毫不留情的批判，这些批判的言论虽非十分准确，但可以激发我们对于自己民族的道德文化传统作更加全面的反省。他说：“亚洲的这些帝国的人民，是用短棒统治的。鞑靼的人民是用长鞭统治的。欧洲的精神同这种习气是水火不相容的。在一切时代里，亚洲人民叫作刑罚的，欧洲人民则叫作暴行。”①

实际上，欧洲历史上，即使是在孟氏自己的生活时代里，欧洲各国的政治也未必比中国政治好多少。但他是从理想的民主政治要求来批评亚洲及中国传统社会政治的黑暗的面向。他甚至说，中国人还会把这种专制政治的精神带到周边的少数民族去，如他说：“在中国历史上，我们也看到一些皇帝把中国人遣送到鞑靼去殖民。这些中国人变成了鞑靼人，并成为中国的死敌。但是这并不能防止这些中国人把中国政制的精神带进鞑靼去。”②此处所说的“鞑靼”，即指元朝时代的蒙古族。他认为，元朝蒙古族的专制政治也是传统中国的专制政治文化的影响所及。这种说法大体合乎历史真相，因为就社会全面发展的程度而言，南宋的政治文明高于当时的蒙古族的部落政治形式。

---

① ［法］孟德斯鸠著，张雁深译：《论法的精神》（上），北京：商务印书馆，1963年版，第331页。

② 同上。

孟氏从现代资本主义精神出发，对于传统中国的农业文明亘视节俭的美德也给予了无情的批判，他说，一个国家是鼓励奢侈还是鼓励节俭，要看这个国家的“人口的数目和谋生的道路两者之间的关系。”[①]如果一个国家的物产丰富，再加有贸易支持，也不用惧怕奢侈。因此，在孟氏看来，一个国家的人民是否有美德，并不能简单地从奢侈还是俭朴的表象来判断。换句话说，“俭朴”本身并不能说是一种德行，更不能简单地说是一种美德了。也正因为如此，他批评中国道：“中国……妇女生育能力强，人口繁衍迅速，所以土地无论怎样垦殖，只可勉强维持居民的生活。因此在中国，奢侈是有害的，并且和任何共和国一样，必须有勤劳和俭约的精神。人民需要从事必需的工艺，而避免那些供人享乐的工艺。”[②]而且孟氏还批评中国皇帝的诏书中所体现出的所谓节俭精神，认为这些“美丽的诏书的精神”[③]其实也是假的，根本不能与共和国提倡的节俭精神相一致。

孟氏认为，相对于西班牙人以信实而著称的混合性格而言，“中国人的性格是另外一种混合，和西班牙人的性格恰恰相反。中国人生活的不稳定使他们具有一种不可想象的活动力和异乎寻常的贪得欲，所以没有一个经营贸易的国家敢于信任他们。这种人所公认的不踏实使他们得以保持对日本的贸易。虽然欧洲商人从中国北方沿海的省份和日本进行贸易是很便利的，但是没

① [法] 孟德斯鸠著，张雁深译：《论法的精神》(上)，北京：商务印书馆，1963 年版，第 120 页。
② 同上。
③ 同上书，第 120—121 页。

有一个欧洲商人敢于用中国人的名义进行对日贸易。”[①]

除了上述的批评性言论之外，孟氏也注意到了传统中国社会某些具体法律条文的特点，形成了某种特殊的犯罪现象，如他说：“在中国，抢劫又杀人的处凌迟，对其他抢劫就不这样。因为有这个区别，所以在中国抢劫的人不常杀人。”[②]这种言论虽然既不是肯定性的评价，也不是否定性的批评，但却可以看出一个法学家对于传统中国社会道德、政治、法律现象关注的细致之处，值得肯定。

结语

孟氏对中国文化也有一些正面的评价，他说：“中国的立法者是比较明智的；他们不是从人类将来可能享受的和平状态去考虑人类，而是从适宜于履行生活义务的行动上去考虑人类，所以他们使他们的宗教、哲学和法律全都合乎实际。物理的因素越使人类倾向于静止，道德的因素便越应该使人类远离这些物理的因素。”[③]

在“中国的良好风俗”条目下，他说道：“有关中国的记述谈到了中国皇帝每年有一次亲耕的仪式。这种公开而隆重的仪式的目的是要鼓励人民从事耕耘。”[④]

孟氏对于清代中国的江南省以及中国古代帝王的政治行为有一个非常有意思的评价。他说：“有的地方需要人类的勤劳才

---

① [法] 孟德斯鸠著，张雁深译：《论法的精神》(上)，北京：商务印书馆，1963 年版，第 369 页。

② 同上书，第 109 页。

③ 同上书，第 276 页。

④ 同上书，第 277 页。

可以居住，并且需要同样的勤劳才得以生存。这类国家需要宽和的政体。主要有三个地方是属于这一类的，就是中国的江南和浙江这两个美丽的省份、埃及和荷兰。”①

接下来他又说：“中国的古代帝王并不是征服者。他们为着增强自己的权势就首先做一件事情，这件事情最有力地证明他们的智慧。他们平治了洪水，帝国版图上便出现了这两个最美丽的省份，这两个省份的建立是完全出于人力的劳动。这两个省份土地肥沃异常，因此给欧洲人一个印象，仿佛这个大国到处都是幸福的。但是要使帝国这样大的一块土地不至受到毁坏，就要不断地用人力加以必要的防护与保持。这种防护与保持所需要的是一个智慧的民族的风俗，而不是一个淫逸的民族的风俗，是一个君主的合法权力，而不是一个暴君的专制统治。政权就必须是宽和的，像过去的埃及一样。”②

上述这一段文献里，孟氏努力保持一种贴近中国专制政治的内在目的性去理解中国的专制政治，没有给予过多的批判与否定。这一点与黑格尔等人对中国传统道德、政治、文化的全面否定，还是有极其重要的区别。

要而言之，以孟德斯鸠为代表的欧洲启蒙思想家，他们是用现代性的启蒙思想，尤其是自由精神作为衡量一个地区、一个民族文化的尺子，这与康德、黑格尔等人在精神上是一脉相承的。

---

① [法] 孟德斯鸠著，张雁深译：《论法的精神》(上)，北京：商务印书馆，1963 年版，第 337 页。

② 同上书，第 338 页。

他们都共同属于启蒙思想运动中贬低亚洲与中国传统道德与文化一系的思想家，从而形成了与欧洲启蒙时代肯定中国的另一系思想家，如沃尔夫、莱布尼兹、魁奈、伏尔泰等人形成一种鲜明的对照，体现了启蒙时代的欧洲思想内部在对待中国传统道德、伦理、政治等问题上所存在的巨大思想张力。三百多年后的今天，我们从这种巨大的思想与学术的张力中，恰恰可以更全面地审视中国传统道德文化的优良传统与需要加以摒弃的不合时宜的具体内容，通过这一“他者”之镜可以让我们对传统的认知更全面、合理。

第八节　利玛窦、李贽的交友观及其异同比较

一、17世纪之前中西伦理传统中朋友之伦的一般地位

在古希腊，亚里士多德在《尼可马可伦理学》（*Nicomachean Ethics*）中，有专门论友谊的文字。中世纪基督教的传统里，在人—神关系的大系统里，人与人的友谊是服从于人与上帝的关系；人与人之间相爱是听从上帝的命令：爱你的邻人，甚至你的敌人；人与人之间的友谊不能破坏人与上帝之间的关系。在中国经学传统里，特别是在汉武帝以后的中国社会里，儒家思想逐渐成为正宗以后，五伦关系就成为一种社会常道，而朋友关系居于五伦之末，成为君臣、父子、夫妇、兄弟关系的一种补充关系。五伦关系的第一伦是政治关系，以义为标准，所谓君臣以义合。父子、兄弟关系是血缘关系，是天然的、给定的人际关系，以亲为标

准；夫妇关系是两姓与两性关系，服从于家庭与家族的要求，其标准是恩。而朋友关系是面对社会上所有的陌生人而言，以信为标准。因而，信就成为中国传统社会朋友之伦的根本标准，规定着朋友之间的相处之道。

在孔子的思想体系中，“信”居于五常之末端，但也不是不重要。“人无信不立”，“立”即是站起来，而站起来是行走的必要前提。但相对于“仁”而言，人如果不仁，就不是人了。可见“仁”是人的本质规定，是最重要的一种伦理内涵。如何“立”？孔子认为立于“礼”，按照礼行事，则人可以“立”了。“义”在孔子那里似乎不是普遍的伦理要求，它是用来分别君子与小人的分水岭，“君子喻于义，小人喻于利。”在孟子的伦理思想中，朋友之间的“小信”是不值得尊重的，他认为，如果朋友之间的小信与大义相冲突，必须取大义而舍小信。因此陌生人之间的相处之道，不仅受其基本原则“信”的约束，同时还要接受更高一层的普遍规范——义的约束。因此，交友之道就不只是两个人之间的一般性的、私人性的事情，同时要受到更具有普遍约束力的义、礼等规范的约束，这就是传统儒家思想成为主流意识形态之后的“朋友之道”及其主要内容。不过，在明清之际的小说中，既有歌颂朋友之道的作品，也有斥责朋友间背信弃义的作品，像冯梦龙编的《醒言恒言·施润泽滩阙遇友》篇中，肯定了小商人见利思义的道德品质，同时又歌颂了商业朋友圈子中的信义生财的经济伦理，在一定程度上反映了当时社会城市文明兴起，陌生人交往频率增加，朋友关系受到重视的历史真相。而在《喻世明言》中，有三篇小说都是歌颂义友的，如《羊角哀舍命全交》《吴保安弃家赎友》《范巨卿鸡黍死生交》，这三部作品的思想倾向在今天看来未必都有正面价值，但将朋友之情放到极高的位置，则在一定程度上反映了当时社会重视朋友之伦的思想倾向，表明何心隐、李贽等先锋派的思想家重视朋友之伦并不是个别的现象。袁宏道高度赞扬李贽重视朋友的思想与感情倾向，在一定程度上也表达了袁宏道本人对朋友之伦的关注与肯定。

学界有关李贽的交友论思想，以及师友论的思想，目前有一些研究成果[①]，但从比较的角度研究李贽与利玛窦的交友观及其异同的文章，笔者暂未见到。本节主要从平行比较的角度，讨论两人的交友观及其之异同，并试图从此角度揭示晚明社会作为五伦之末的朋友之伦为何逐渐受到人们的关注的原因。

二、利玛窦《交友论》一书中的朋友观

利玛窦(Matteo Ricci，1552－1610)的《交友论》一书，或名《友论》，是应江西南昌建安王朱多㸅的要求，辑译西方的交友格言而成的一本小册子，不能算是利氏的个人创作，因而很难说有什么系统性。但该书作于万历二十三年(1595)，在崇祯二年(1629)由李之藻收入《天学初函》之前，已经刊行过多次，在中国文人界有很大影响。而且，也正是因为这本小册子，利玛窦在当

① 林海权：《论李贽的师友观及其交游》，见张建业主编《李贽论丛》，北京：北京燕山出版社，2001 年版，第 152—173 页；许苏民：《李贽评传》第五章第五节，南京：南京大学出版社，2006 年版。

时中国的文人圈子里获得了广泛的好感。不仅如此，由于这本小册子，再加上卫匡国(Martino Martini，1614－1661)的《逑友篇》的影响，利玛窦的《天主实义》一书才获得了“某些文人的高度评价”。[①] 通过朋友之伦的媒介，深受儒家文化影响的士大夫阶层才能有兴趣与热情去理解基督教更深奥的教义与思想。而中国文人之所以喜欢这两本书，是因为“他们觉得此书有益于舒适地生活”。[②] 中西文化交流的历史进程中这一颇有耐人寻味之处的细节，似乎也暗示了异质文化之间的交流与接受的某些道理。

《交友论》一书虽然不是利氏个人的思想创作，但从他辑录的文献来看，在一定程度上也表达了他个人对于朋友的基本看法，如他在《交友论引》中说：“吾友非他，即我之半，乃第二我也，故当视友如己。”[③]这一观点大体上可以反映利氏本人的朋友观。

(一) 朋友以义合作——交友的原则

作为耶稣会的传教士，利玛窦为了打开与中国上层社会的交往通道，为明王室的侯王专门写出《交友论》一书，以作为交友之台阶。在该书中，他将“义”作为交友的基本原则：“友之职，止于义而止焉”。[④] 如果朋友之间的交往超过了义的界限，甚至是快乐多于义的成分，那是不可行的，如该书说：“友之乐多于义，不可

---

① [法]谢和耐著，耿升译：《中国和基督教》，上海：上海古籍出版社，1991年版，第209页。

② 同上书，第209页。

③《交友论》，朱维铮编：《利玛窦中文著译集》，上海：复旦大学出版社，2001年版，第107页。

④ 同上书，第111页。

久友也。”[①]可见,朋友之间的友谊如果要保持长久,就必需以义为准则。以义为交友的标准,利玛窦区分了俗友与义友两种类型:“俗友者,同而乐多于悦,别而留忧;义友者,聚而悦多于乐,散而无愧。”[②]

这就表明,朋友以义合,而不是追求感性的快乐,也不是结党营私。这一点,与中国传统五伦思想重视交友之信的观点相比,似乎有更高的精神内容在其中。在“朋友以义合”的大原则下,利玛窦反对并批评了“以财势交友”的方式,他说:“视财势友人者,其财势亡,即退而离焉,谓既不见其初友之所以然,则友之情遂涣矣。”[③]这一反对以财势交友的观点,与中国传统社会反对酒肉朋友的观点是一致的。

利氏认为,朋友以义合,而且也只有“德志相似,其友始固”。[④]所以,以“永德”作为朋友的根基,才能让人与人获得长久的关系。他说:“永德,永友之美饵矣。凡物无不以时久为人所厌,惟德弥久,弥感人情也。德在仇人犹可爱,况在友者与?”[⑤]将美德作为朋友之间维系感情之根基,与中国重视美德的浓厚文化传统高度吻合。利氏的《交友论》一书深得上层士大夫阶层的喜好,与他刻意挑选出西方文化中与中国文化相似内容的传教思路应该密切

---

① 《交友论》,朱维铮编:《利玛窦中文著译集》,上海:复旦大学出版社,2001年版,第110页。
② 同上书,第111页。
③ 同上书,第110页。
④ 同上书,第109页。
⑤ 同上书,第114页。

相关。他还感叹世人不懂交友之道，说道："交友之贵贱，在所交之意耳，特据德相友者，今世得几双乎？"①

在此义、德的根本原则指导下，利氏也提出了具体的交友方法，他认为："交友之先宜察，交友之后宜信。"②这即是说，当两个陌生人之间确立了友谊之后，就要以相互信任的道德情感以维持朋友之间的友谊。这一交友方法与中国传统重视"朋友有信"的人伦原则高度吻合，在今天也仍然具有现实意义。

（二）对交友的宗旨与目的的规定

利玛窦认为，交朋友的根本理由是："相须相佑，为结友之由。"③而且，这种交友的理由是由于人先天的缺陷所致，也是上帝的绝对命令，如他说："各人不能全尽各事，故上帝命之交友，以彼此胥助。若使除其于世者，人类必散坏也。"④这就从人的先天不足的高度阐述了所有的人都有交友的必要性，可见朋友并不是可有可无的经验的、偶然的现象。利玛窦还进一步地利用中文中"友"字的古文，以论证朋友的互助之意。他说："上帝给人双目、双耳、双手、双足，欲两友相助，方为事有成矣。（作者自注：友字，古篆作𠬠，即两手也，可有而不可无。朋字，古篆作羽，即两习也，鸟备之方能飞。古贤者视朋友，岂不如是耶。）"⑤利氏这一贯

---

① 《交友论》，见朱维铮主编《利玛窦中文著译集》，上海：复旦大学出版社，2001年版，第110页。
② 同上书，第108页。
③ 同上。
④ 同上书，第109页。
⑤ 同上书，第111页。

通中西、旨在求同的论证方式，在中西文化交流、对话的历史上颇有积极的借鉴意义。

利玛窦将交友的目的与功能限制在完善自我的意义上，与前面所讲的“朋友以义合”的原则是不矛盾的，都是将交友的目的限制在非物质利益的方面，而且与孔子“择善而从”的交友思想也是相通的。利氏说：“交友之旨无他，有彼善长于我，则我交习之；我善长于彼，则我教化之。是学而即教，教而即学，两者互资矣。如彼善不足以效习，彼不善不可以变动，何殊尽日相与游谑而徒费阴影乎哉？（作者自注：无益之友，乃偷时之盗。偷时之损，甚于偷财。财可复积，时则否。）”[①]如果朋友不能有益于自我，则与友人相处，实质上浪费人生的时间，而无益之友也就变成了偷盗自己人生时间的小偷与强盗了。在《二十五言》中，利氏还进一步告诫人们，不要交于小人，“交于小人，尔慎戒贼心，如行路戒踏钉失足焉。相互于秽物，无不自浼也。”[②]这一交友观，与孔子的“友谅、友直、友多闻”[③]，以及“无友不如己”[④]的交友观，具有高度的相似性。

（三）关于“朋友”的定义以及对朋友重要性的阐述

利玛窦认为，“友之与我，虽有二身，二身之内，其心一而已。”[⑤]

---

① 《交友论》，见朱维铮主编《利玛窦中文著译集》，上海：复旦大学出版社，2001年版，第112页。

② 《二十五言》，见朱维铮主编《利玛窦中文著译集》，上海：复旦大学出版社，2001年版，第133页。

③ 参见《论语·季氏》。

④ 参见《论语·学而》。

⑤ 《二十五言》，见朱维铮主编《利玛窦中文著译集》，上海：复旦大学出版社，2001年版，第108页。

又说："吾友非他，即我之半，乃第二我也，故当视友如己焉。"[1]可见朋友对于任何个体而言，都不是简单的他者，而是一个在思想上有高度一致性，在人的生命的完整性方面是不可或缺的"第二我"。利氏甚至夸张地说："世无友，如天无日，如身无目矣。"[2]不过，利氏用这一夸张性的言辞来表达朋友对于人生的重要性，在中国文化传统里显然是不合适的，因为，"天无日"与"国无君"联系在一起，朋友对于人无论如何重要，也不能与天之日相提并论。很显然，利玛窦此论没有意识到"日之于天"在中国文化传统里的深刻含义。但若与当时何心隐的"五伦之中，独重朋友"，其他四伦皆可以废弃的激进主张相比，利氏的这一说法还是比较温和的。[3]

接下来，利氏将朋友的重要性与现实的利益作比较，论定朋友的价值高于钱财的价值，这一点并没有什么过火之处，他说："友之益世也，大乎财焉。无人爱财为财，而有爱友特为友耳。"[4]又说："友也，为贫之财，为弱之力，为病之药焉。"[5]这一说法与中国传统文化里的重视朋友的感情，轻视权势、权贵的人际关系理想，颇为一致。

不过，当利玛窦将"交友"视为人类的普遍行为，认定坏人也交朋友时，他的"交友论"在道德伦理层面就遇到了麻烦。他说：

---

① 《二十五言》，见朱维铮主编《利玛窦中文著译集》，上海：复旦大学出版社，2001 年版，第 107 页。

② 同上书，第 113 页。

③ 李贽：《何心隐论》，《焚书》卷三，见张建业主编，刘幼生副主编《李贽文集》（第一卷），北京：社会科学文献出版社，2000 年版，第 84 页。

④ 朱维铮主编《利玛窦中文著译集》，上海：复旦大学出版社，2001 年版，第 110 页。

⑤ 同上书，第 113 页。

"友之道甚阔。虽至下品之人,以盗为事,亦以结友为党,方能行其事焉。"[1]可见,朋友之伦并不只是适用于一般意义上的好人,坏人也有朋友,也要交友。然而如此一来,他提倡"朋友以义合""以德交"的原则就要受到质疑。难道恶人也有义、有德吗?如果承认坏人之间也有朋友,不正是落入了庄子所说的"盗亦有道"的怪圈吗?恶人之间恐怕只能以利相交,是党羽、团伙而非朋友。否则,"朋友"一词所包含的正面意义将会被消解。由此可见,利玛窦的《交友论》一书,并不是他本人深思熟虑之作。他为了向明代的侯王送一份高贵、典雅的西方文化的精神礼品,辑录西方先贤的交友论格言,动机良善,但对于诸格言中可能存在的深层次的思想矛盾与冲突,还未能深思,这一点可以理解,但也必须指出来以避免误导后人。

(四)《交友论》中的其他一些说法及其影响

利氏虽然强调朋友的重要性,但他还是强调自我的重要性,他说:"不能友己,何以友人?"[2]这一观点与先秦儒家经典《中庸》一书讲的"成己成物"的思想,倒有某种相似之处。

在《交友论》中,利氏还提出了一个检验朋友的标准:"我荣时,请而方来,患时不请而自来,夫友哉!"[3]这就表明,真正的朋友是以义交,而不是以势、利交。够得上朋友的人,一定是

---

① 李贽:《何心隐论》,《焚书》卷三,见张建业主编,刘幼生副主编《李贽文集》(第一卷),北京:社会科学文献出版社,2000年版,第110页。
② 朱维铮主编《利玛窦中文著译集》,上海:复旦大学出版社,2001年版,第113页。
③ 同上书,第112页。

患难之时愿意伸出援助之手的人，而不是自己得势时的趋炎附势之人。

利玛窦还提醒我们，对于朋友的赞誉要保持高度的清醒，他说："友之誉，及仇之讪，并不可尽信焉。"①他甚至说："友者过誉之害，较仇者过訾之害犹大焉。（友人誉我，我或因而自矜；仇人訾我，我或因而加谨。）"②

另外，利玛窦说"国家可无财库，而不可无友也。"③这一句话意思似乎不是很明确。是说国家也需要朋友呢，还是说国家可以没有财库，人不可以无朋友呢？按照《交友论》一书的宗旨来看，应该是说一个国家可以没有足够的财富储蓄，但这个国家里的人民之间不可以没有朋友，人与人之间不可以相互猜忌。

利玛窦《交友论》一书在中国文人圈子里的反响，可以从下面的一些评论中略窥一斑。《冯应京序》云："西泰子间关入万里，东游于中国，为交友也。其悟交道也深，故其相求也切，相与也笃，而论交道独详。嗟夫，友之所系大矣哉！君臣不得不义，父子不得不亲，夫妇不得不别，长幼不得不序，是乌可无交？"④

冯应京认为，透过利氏《交友论》一书，可以发现东西文化相同的一面："视西泰子迢遥山海，以交友为务，……而益信东海西海、此心此理同也。"⑤

---

① 李贽：《何心隐论》，《焚书》卷三，见张建业主编，刘幼生副主编《李贽文集》（第一卷），北京：社会科学文献出版社，2000 年版，第 109 页。

② 朱维铮主编《利玛窦中文著译集》，上海：复旦大学出版社，2001 年版，第 109 页。

③ 同上书，第 113 页。

④ 《刻交友论序》，同上书，第 116 页。

⑤ 同上。

陈继儒(1558—1639),晚明文学家、书画家。他在《友论小叙》中说道:“伸者为神,屈者为鬼。君臣父子夫妇兄弟者,庄事者也。人之精神,屈于君臣父子夫妇兄弟,而伸于朋友,如春行花内,风雷行元气内,四伦非朋友不能弥缝。不意西海人利先生乃见此。……夫天孰能舍人哉?人则朋友其最耦也。”①

清乾隆时代《四库全书总目提要》对《交友论》一书亦有评论,认为该书“其言不甚荒悖,然多为利害而言,醇驳参半。”“提要”拈出书中的一些话加以评论道:

> 如云“友者过誉之害大于仇者过訾之害”,此中理者也;又云“多有密友便无密友”,此洞悉物情者也;至云“视其人之友如林,则知其德之盛;视其人之友落落如晨星,则知其德薄”,是导天下以滥交矣;又云“二人为友,不应一富一贫”,是止知有通财之义,而不知古礼唯小功同财,不概诸朋友;一相友而即同财,是使富者爱无差等,而贫者且以利合,又岂中庸之道乎?②

上述诸家及“四库提要”的作者对于利氏“交友论”的评价与批评,反映了儒家传统里的士大夫对利氏交友观既有接受的一面,也有拒斥的一面,也体现了中西文化在第一个交流阶段的相融与相斥的诸面向。

---

①《刻交友论序》,第119页。
② 同上书,第121页。

三、晚明心学传统与李贽的师友论[①]

李贽自觉地以阳明及其后学为自己学术的先导，对王龙溪、王艮的学说极为赞赏，心悦诚服。他只听过王艮之子王襞一次讲学，即称其为师，说道："心斋之子东厓（即王襞）公，贽之师。"[②]只见过王龙溪一次，罗近溪两次，就终身奉他们为师，可见李贽拜师的基本精神祈向是人生志趣的合一，而不是形式上的是否有正式的拜师仪式。

"五伦"关系被传统社会称为"五常"，东汉时结集的《白虎通德论》，将五伦拆开，前三伦称为三纲，另加师、友等四伦，变成"六纪"。南宋之后的中国社会，由于"四书"的地位逐渐取代了"六经"的地位，五伦关系演变成社会的基本关系。李贽虽然并没有像他之前的同道何心隐那样激烈，提出要废除前"四伦"而独重朋友之伦的主张，但他却把五伦的秩序加以颠倒，由原来的君臣、父子、夫妇、兄弟、朋友次序，变成了夫妇、父子、兄弟、师友、君臣。将传统的"朋友之伦"改变成"师友之伦"，并放在君臣之伦的前面，这种做法当然也是"以复古求解放"（梁启超语）的表现。因为《易传・序卦》就有类似的说法："有天地然后有男女，有男女然后有父子，有父子然后有君臣……"李贽的"新五伦"观，其实是对先

---

① 有关李贽的朋友观和论述，可以参见许苏民《李贽的真与奇》，南京：南京出版社，1998 年版和《李贽评传》，南京：南京大学出版社，2006 年版；有关李贽的师友观论述，可以参见林海权《论李贽的师友观及其交游》一文，见张建业主编：《李贽论丛》，北京：北京燕山出版社，2001 年版，第 152—173 页。

② 《续藏书》卷二十一《侍郎储文懿公》，《李贽文集》第四卷，北京：社会科学文献出版社，2000 年版，第 488 页。

秦《易传》哲学思想的回归，并通过回归传统的形式来表达一种新的人伦理想。

处在晚明新旧冲突的转型社会之中，李贽倍感自身的矛盾，而且也深深地意识到自己的行为是矛盾的。在《自赞》一文中，他这样描绘自己的内心矛盾："其性褊急，其色矜高，其词鄙俗，其心狂痴，其行率易，其交寡而面见亲热。其与人也，好求其过，而不悦其所长；其恶人也，既绝其人，又终身欲害其人。志在温饱，而自谓伯夷、叔齐；质本齐人，而自谓饱道饫德。分明一介不与，而以有莘借口；分明毫毛不拔，而谓杨朱贼仁。动与物迕，口与心违。"①

这段《自赞》中有些文字当然不能完全当作正面的表述，而是带有反讽的意味，特别是讲到"终身欲害其人"一点，不能作字面意义上的理解，而应当理解为对假道学的批判，如他对耿定向等假道学者持批判的态度，让耿定向在士大夫之中颇为难堪。这大约可以视之为"终身欲害其人"的一个注脚。而上文中的"质本齐人"的说法，是以反讽的口吻叙述自己乞食于朋友之间，类似《孟子》一书提到的有一妻一妾的齐人而乞食于坟头的窘态。

李贽深感交友之难。他为了回应朋友，其实也是为了回应他自己内心的提问，专门写下了《李生十交文》，将自己所交之友分成十个层次，或曰十种类型，以此证明自己是天下交友最广之人。他说："何谓十？其最切为酒食之交，其次为市井之交。……其三

---

① 张建业主编，刘幼生副主编：《焚书》卷三，《李贽文集》第一卷，北京：社会科学文献出版社，2000 年版，第 121 页。

为遨游之交，其次为坐谈之交。……(其五为，引者加)技能可人，则有若琴师、射士、棋局、画工其人焉。(其六为，引者加)术数相将，则有若天文、地理、星历、占卜其人焉。……以至文墨之交、骨肉之交、心胆之交、生死之交：所交不一人而足也。”①

将李贽交友的十种类型作一简单的整理，绘成表格，从中可以看出他要交的朋友类型：

1	酒食之交	6	术数相将者
2	市井之交	7	文墨之交
3	遨游之交	8	骨肉之交
4	坐谈之交	9	心胆之交
5	技能可人者	10	生死之交

从以上十种类型的朋友来看，李贽的交友面的确是十分广泛的。但从中看不到权贵之人、富贵之人，当然即使有富贵者、权贵者，其身份已经不重要，关键是否被列入十类之中。从表面上看，李贽的交友面非常广泛，但李贽自己又承认，真交难得。他说：“夫所交真可以托生死者，余行游天下二十多年，未之见也。若夫剖心析肝相信，意者其唯古亭周子礼乎！肉骨相亲，期于无斁，余于死友利瓦伊明盖庶几焉。”②

最后，不得已，他只能求“最切为酒食之交”的一类朋友，这类朋友，“唯是酒食之交，有则往，无则不往。然亦必爱贤好客，贫而

① 张建业主编，刘幼生副主编：《焚书》卷三，《李贽文集》第一卷，北京：社会科学文献出版社，2000年版，第120页。

② 同上。

整，富而洁者，乃可往耳。爱客为上，好贤次之，整而洁又次之。然是酒食也，最日用之第一义也。余唯酒食是需，饮食宴乐是困，则其人亦以饮食为媒，而他可勿论矣。故爱客可也，好贤可也，整而洁亦可也。无所不可，故无所不友。则况倾盖交欢，饮水可肥，无所用媒者哉！已矣！故今直道饮食之事，以识余交游之最切者。饮食之人，则人贱之，余愿汝，幸勿弃也。”①

上述李贽愿交“饮食之友”，并不是一种反讽的说法，而是与他自己提倡的“穿衣吃饭即是人伦物理”的新伦理思想是一致的，他反对假道学，肯定市井之人的迩言之中包含有童心、真心的思想内容，故他的“交友论”与其新伦理思想之间具有内在的一致性。但他辞官之后，毕竟不能衣食自立，而有赖于朋友的周济，故内心深处还是有“齐人乞食”的感觉，这也正是李贽内心矛盾之处的真实流露。

但是，李贽的确又有与传统士人在精神上极其不一致之处，他晚年抛妻别子、浪迹天涯，一定要死于朋友之间，这种朋友观与死亡观，的确是十分独特的。在《答刘晋川》一信中，他解释了自己不愿意回老家的真实想法：“眷属徒有家乡之念，童仆俱有妻儿之思，与我不同志也。志不同则难留，是以尽遣之归，非我不愿有亲随，乐于独自孤苦也。为道日急，虽孤苦亦自甘之，盖孤苦日短而有乐世界日长也。”②而在与《焦弱侯》一信中，他又说：“龙湖未

---

① 张建业主编，刘幼生副主编：《焚书》卷三，《李贽文集》第一卷，北京：社会科学文献出版社，2000 年版，第 121 页。

② 同上书，第 53 页。

是我死所，有胜我之友，又真能知我者，乃我死所……与其不得朋友而死，则牢狱之死，战场之死，固甘如饴也……大抵不肯死于妻孥之手者，必其决志欲死于朋友之手者也，此情理之易见者也。唯世无朋友，是以虽易见而卒不见耳。”[①]

李贽将自己的人生归宿寄托在朋友的身上，夫妻、父子之伦都可以放弃，而以实现自己的个人意志为终极目标。这种独特的个性取向，与传统士大夫的精神祈向极其不同，表现出鲜明的反传统倾向。有学者注意到，李贽交友重“义”而不是儒家所说的“信”[②]。这一说法其实不是很准确。准确地说，李贽有时是“信义”联用，有时特别重义，而即使重义，也可能与孟子提倡的朋友观有关，不能说与儒家无关。当然，李贽重义，可能与利玛窦《交友论》中提倡的“重义观”也有关，只是找不到切实的证据。

李贽反省自己交友的态度过于认真、太讲原则，从而引发世人的讥笑，但他并不因为世人讥笑而有所改变。在《与杨定见》一函中，他这样说道：“且我以信义与人交，已是不智矣，而又责人之背信背义，是不智上更加不智，愚上加愚，虽稍知爱身者不为，而我可为之乎？虽稍知便宜者必笑，而可坐令人笑我乎？此等去处，我素犯之，但能时时自反而克之，不肯让便宜以与人。”[③]在《与周贵卿》一函中，他说道：“仆与先公正所谓道义之交者：非以

---

① 张建业主编，刘幼生副主编：《李贽文集》第一卷，北京：社会科学文献出版社，2000年版，第58页。

② 参见林海权《论李贽的师友观及其交游》一文，见张建业主编：《李贽论丛》，北京：北京燕山出版社，2001年版，第172—173页。

③ 张建业主编，刘幼生副主编：《李贽文集》第一卷，北京：社会科学文献出版社，2000年版，第17—18页。

势交，非以利友。……世未有以正道与人交，以正言与友朋相告，而反以为罪者，恐公未谅耳。"[①]在《题关公小像》题款中，李贽不取孔子的"三友"标准，而特别以"义"为标准，并且还杂有崇佛的思想内容。他说："古称三友，吾不曰直、谅与多闻，而曰桃园三结义。呜呼！唯义不朽，故天地同久。况公皈依三宝，于金仙氏为护法伽蓝，万亿斯年，作吾辈导师哉！"[②]

在《八物》篇，李贽论"君子小人之辨"的问题时，坚持孔子的"以直报怨"的思想，批评老子"以德报怨"的思想。他说："尝谓君子无怨，唯小人有之；君子有德必报，而小人无之。夫君子非无怨也，不报怨也；非不报怨也，以直报怨也。"[③]为什么这样呢？李贽认为："圣人义重者也。义重故可以托孤，而况托知己之孤乎？义重故可以寄命，而况寄有德之命乎？故曰：'以德报德。'唯其人有必报之德，此世道所以攸赖，国家所以有托，纲常所以不坠，人伦所以不灭也。"[④]可见，李贽虽然颠倒了传统的五伦秩序，其旨意还是为社会、国家的有序化服务，有强烈的救世意识。

李贽对"朋友"一词还有自己新的解释，将朋友看作是"相保有"，如他说："学道人脚跟未稳当，离不得朋友，脚跟既稳当，尤离不得朋友。何者？友者有也，故曰道德由师友有之，此可以见朋之不可离也。然世间真友难得，而同志真友尤其难得。古人得一

① 张建业主编，刘幼生副主编：《续焚书》卷一，《李贽文集》第一卷，北京：社会科学文献出版社，2000 年版，第 30 页。

② 张建业主编，刘幼生副主编：《焚书》卷四，《李贽文集》第一卷，北京：社会科学文献出版社，2000 年版，第 135 页。

③ 同上书，第 149 页。

④ 同上。

同志，胜于同胞，良以同胞者形，而同志者可与践其形也。孔、孟走遍天下，为着甚么？无非为寻同志焉耳。”[①]又借《释名·言语》的古训说道：“友者，有也，相保有也。”这一观点与利玛窦高度肯定朋友是“第二我”的思想，可以相互发明。

除交友观之外，李贽对于“师友”的问题也有自己的独特看法，他认为，“余谓师友原是一样，有两样耶？但世人不知友之即师，乃以四拜受业者谓之师；又不知师之即友，徒以结交密者谓之友。夫使友而不可以四拜受业也，则必不可以与之友矣；师而不可以心腹告语也，则亦不可以事之为师矣。古人知朋友所系之重，故特加师字于友之上，以见所友无不可师者。若不可师，即不可友。大概言之，总不过友之一字而已，故言友则师在其中矣。若此二上人，是友而即师者也。”[②]

李贽的这一“师友观”，其实是对孔子“无友不如己者”的交友思想的合理延伸，将师与友放在平等的位置上，从而颠覆了宋明以降逐渐形成的“天地君亲师”的世俗人伦格局。其师友观所体现出的平等精神，可以看作是他追求平等的伦理思想在师友观方面的体现。在当时社会的士人当中，有人批评何心隐对传统五伦关系的破坏：“人伦有五，公舍其四，而独置身于师友贤圣之间，则偏枯不可以为训。”[③]李贽则不同意世人对何心隐的批评，认为他们所论

---

① 张建业主编，刘幼生副主编：《续焚书》卷一，《李贽文集》第一卷，北京：社会科学文献出版社，2000 年版，第 17 页。

② 张建业主编，刘幼生副主编：《李贽文集》第一卷，北京：社会科学文献出版社，2000 年版，第 75 页。

③ 同上书，第 84 页。

不过是"世之庸夫俗子"之论，不足挂齿。李贽之所以为何心隐重视朋友的思想进行辩护，主要是他们在这一问题上有高度一致的看法。李贽虽然没有公开地否定君臣之伦，但他晚年的人生选择实际上已经表明，他对朋友之伦的重视已经超过了夫妇、父子、兄弟三伦。

四、利玛窦与李贽朋友观异同之比较

根据裴化行《利玛窦司铎和当代中国社会》一书所载，李贽是利玛窦的好友，而且把利氏的《交友论》誊录了好几份，寄给他在湖广的门生弟子们。[①] 可见，将李贽的交友思想与利玛窦的《交友论》一书作比较研究，在原则上有一定的可行性。不过，要肯定地指出李贽的交友思想中哪些与利玛窦有关，则是一件比较困难的事情，因为，我们现在还无法一一考证出《焚书》《续焚书》的具体篇章写作的确切时间，所以还不能作前后关联的因果性的分析。大体而言，李贽自万历九年（1581）辞官到湖北黄安，而利玛窦是 1582 年来华的。据裴化行所记，李贽大约是七十岁时见过利玛窦的[②]，与利玛窦的交往其实并不深入，而且也不太理解利玛窦之行的实际意图。《与友人书》一信中，李贽就对友人说道，不知利氏到中国究竟要做什么，"我已经三度相会，毕竟不知到此何干也。意其欲以所学易吾周、孔之学，则又太愚，恐非是尔。"[③]

---

① 《李贽研究参考资料》第二辑，福州：福建人民出版社，1976 年版，第 230 页。

② "行年七十的李贽""竟不惜纡尊枉驾先来拜访利公。"参见《李贽研究参考资料》第二辑，福州：福建人民出版社，1976 年版，第 230 页。

③ 张建业主编，刘幼生副主编：《续焚书》卷一，《李贽文集》第一卷，北京：社会科学文献出版社，2000 年版，第 33 页。

虽然如此，但利氏的《交友论》一书，李贽还是认真研读过的，其交友论的一些说法，与利氏有相似之处。《交友论》写于 1595 年，即使当年即流传开来，而且也流传到李贽手中，也是李贽晚年才看到的。因此，本节在研究李贽与利玛窦两人交友论的思想时，暂时只能采取平行的比较法，不作因果论的分析。

就其相同处而言，李贽与利氏都主张“朋友以义合”，在《朋友篇》，李贽以文学的煽情语言说道：“夫天下无朋久矣。何也？举世皆嗜利，无嗜义者。嗜义则视死犹生，而况幼孤之托，身家之寄，其又何辞？嗜利则虽生犹死，则凡攘臂而夺之食，下石以灭其口，皆其能事矣。今天下之所称友朋者，皆其生而犹死者也。此无他，嗜利者也，非友朋也。今天下曷尝有嗜友朋之义哉！既未尝有嗜义之友朋，则谓之曰无朋可也。”[①]

《论交难》一文里，李贽也表达了“以志相交”的交友思想，这一点与利玛窦的交友思想有相同之处，他说：“夫唯君子超然势利之外，以求同志之劝，而后交始难耳。况学圣人之学而深乐夫得朋之益者，则其可交必如孔子而后可使七十子之服从也。何也？七十子所欲之物，唯孔子有之，他人无有也；孔子所可欲之物，唯七十子欲之，他人不欲也。如此乎其欲之难也，是以终七十子之身不知所掉臂也。故吾谓孔子固难遇，而七十子尤难遘也。”[②]

上文讲到，利玛窦提倡“朋友以义合”，反对势利之交，又说：

---

① 张建业主编，刘幼生副主编：《焚书》卷一，《李贽文集》第一卷，北京：社会科学文献出版社，2000 年版，第 210 页。

② 张建业主编，刘幼生副主编：《续焚书》卷二，《李贽文集》第一卷，北京：社会科学文献出版社，2000 年版，第 73 页。

“尔为吾之真友，则爱我以情，不爱以物也。”“交友使独知利己，不复顾益其友，是商贾之人耳，不可谓友也。（小人交友如放账，惟计利几何。）”[①]

然李贽与利氏的交友观亦有性质上差异之处，在《论交难》一文中，李贽既肯定了以志相交的朋友难以相遇，但同时又肯定了身处市井，以市井相交的合理性，而他所要反对的则是那些心口不一的伪君子，而不是真小人，如他说：“今之学者以圣人而居市井之货也！阳为圣人，则炎汉宗室既以为簒位而诛之；阴为市井，则屠狗少年又以为穿窬而执之。非但灭族于圣门，又且囚首于井里，比之市交者又万万不能及矣。吾不知其于世当名何等也！”[②]因此，李贽的“交友论”思想相较于利玛窦的思想而言，突出地表现出追求“真诚”“童心”等道德倾向，带有中国传统文化由古典向近现代转化的具体历史内容在其中。李贽不再抽象、一般地反对人们以利相交，而只是主张人们应该以与自己身份相一致的态度去交友，不要故作清高，虚伪待友，“吾又以是观之，以身为市者，自当有为市之货，固不得以圣人而为市井病；身为圣人，自当有圣人之货，亦不得以圣人而兼市井。”[③]这一“泛交易”的交友观，已经染上了商品经济的伦理色彩了，而这一点是利玛窦《交友论》一书中所没有的新思想内容。

---

① 《交友论》，见朱维铮主编《利玛窦中文著译集》，上海：复旦大学出版社，2001 版，第 110 页。

② 张建业主编，刘幼生副主编：《续焚书》卷二，《李贽文集》第一卷，北京：社会科学文献出版社，2000 年版，第 73 页。

③ 同上。

更进一步，李贽的“交友论”与他人生的终极价值追求密切相关，而且与他对“尽势利之交”的世道的批评与拒斥，追求人间之真情的人生理想相关，这一点与利玛窦在信仰上帝的前提下来讨论朋友的重要性，有着根本上的差异。在《高洁说》一文中，李贽自道自己的“高洁”并非傲慢清高，而是一种蔑视权贵而又能平等待人的“精神高洁”，颇有庄子“独与天地精神往来而不傲睨万物”的精神。李贽这样说道：“余性好高，好高则倨傲而不能下。然所不能下者，不能下彼一等倚势仗富之人耳；否则稍有片长寸善，虽隶卒人奴，无不拜也。余性好洁，好洁则狷隘而不能容。然所不能容者，不能容彼一等趋势谄富之人耳；否则果有片善寸长，纵身为大人王公，无不宾也。”①

在此文中，李贽还谈到自己以真心交友的过程中所遇到的欺骗，故而有终日闭门，不愿见人的做法，他说：“夫空谷足音，见似人犹喜，而谓我不欲见人，有是理乎？第恐尚未似人耳，苟其略似人形，当即下拜而忘其人贱也，奔走而忘其人之贵也。是以往往见人之长而遂忘其短，非但忘其短也，方且隆礼而师事之，而况知吾之为偏爱耶！何也？好友难遇，若非礼敬之至，师事之诚，则彼聪明才贤之士，又曷肯为我友乎？必欲与之为友，则不得不致吾礼数之隆。然天下之真才真聪明者实少也。往往吾尽敬事之诚，而彼聪明者有才者终非其真，则其势又不得而不与之疏。且不但不真也，又且有奸邪焉，则其势又不得而不日与之远。是故众人

① 张建业主编，刘幼生副主编：《焚书》卷三，《李贽文集》第一卷，北京：社会科学文献出版社，2000 年版，第 98 页。

咸谓我为无目耳。夫使我而果无目也，则必不能以终远：使我而果偏爱不公也，则必护短以终身。故为偏爱无目之论者，皆似之而非也。”①

上述李贽自叙交友的经验，以及由交友的经验而提炼出的交友态度，这些内容都是利玛窦《交友论》一书中所没有的个性化的思想内涵。李贽与利氏“交友论”不同的地方，更主要的还在于他们的思想来源不同，利氏的交友论虽然在一定程度上也反映他本人的交友思想，但主要是通过对他之前古代哲人交友思想的一种选择性的叙述，并不能完全反映他本人的真实想法，尤其不是他个人交友实践活动的理论总结。李贽的交友思想则深深植根于他的人生实践，是通过对传统人伦思想的颠覆，而相当真切地表达了他个人的人生实践，其交友思想里带有很浓烈的个人感性色彩。这种思想来源的不同，对于思想本身而言也许并不重要，但对于读者、接受者来说，却有相当的不同，一种是理性的理解，一种是感情的感染。

结语

简要地说，对于晚明社会与思想的研究可以有多种视角，从比较哲学与比较文化的角度切入晚明的思想研究，将是一个有意义的新视角。就晚明社会与思想界的开放性而言，与当今中国的社会与思想界在格局上有某种程度的相似性，只是其社会的开放

---

① 张建业主编，刘幼生副主编：《焚书》卷三，《李贽文集》第一卷，北京：社会科学文献出版社，2000 年版，第 99 页。

程度，西方新思想传入的力度不及当代中国而已。但晚明社会的确充满着思想的活力，一方面，儒、释、道三家思想在相互批评、排斥的过程中相互吸收，形成了具有各自表述的“三教合一”说；另一方面，伊斯兰教其实也在儒化的过程中表现出中国化的伊斯兰思想的特征，而以利玛窦为代表的耶稣会传教士带来的西学知识也在影响着中国上层社会的部分士大夫。如果不在严格的宗教意义上来使用“教”之一词，晚明社会的中国其实出现了“五教交流”的多元文化格局。明末清初的学者方以智在其早年著作《物理小识》中提出“坐集千古之智而折衷其间”的宏大文化综合创新的理想，在今天应当成为中国学人的文化与学术理想，而比较哲学与比较文化的细部研究亦将视为朝着这一理想迈进的点滴努力。

第九节　儒家与康德、马克思、罗尔斯等人的国际和平思想之比较

孔子阐发的“文德论”和先秦儒家发展出的“王道天下观”，是在春秋、战国时代面对霸道而提出的和平统一主张。然而，这一政治理想中所包含的用人道的、温和的方式进行文化交流、最后达到政治上的统一的政治理想，在当今全球化的时代，亦有其重新诠释的意义。

当前，自由主义的和平理想亦遭遇了前所未有的践踏。人类如何从各民族既有的精神宝库里寻找更为丰富的促进和平的思想资源，是人文学者与公众知识分子所应该关注的现实课题。本

节在比较哲学视野的背景下，从中国哲学的思想资源出发，探讨儒家政治哲学传统中的“王道天下观”对当今国际和平的启迪意义。

一、儒家的“王道天下观”及其对当代国际和平的启迪

“王道天下观”与其说是对历史上一种真实的社会政治形态的观念描述，不如说是儒家思想者对大同世界理想政治形态的一种向往。这种“天下观”的核心精神就是：通过建立一种理想的社会形态，让其他文化后进的族群、国家、地区主动效法、归化，从而形成一道而同风的天下太平的政治局面。尽管儒家所设想的“天下”与当今的“世界”一词所包含的各民族国家的意义相去甚远，然而其中所包含的对人类巨型社群如何和平共处的核心理念，对于今日的世界和平仍然有启迪意义。

在中国哲学中，“王道”的概念出现较早，然在儒家思想传统中出现很迟[①]。孔子的政治理想中虽然充满了一种王道的理想情结，但并没有使用“王道”的概念。孔子批评其弟子冉有、子路两人帮助季氏攻打附属国颛顼时，提出了“修文德以来远人”的王道政治理想，说：“远人不服，则修文德以来之。既来之，则安之”，这可以看作是“王道”观念的雏形。如果将孔子的“文德论”引申为一种处理当今国际关系的思想观念原型，虽然有些质朴、简陋，但确实包含了不同于近现代西方社会以来以国家主权观念为基础的现代国际关系思想。这一思想更强调大国或先进的文明国

① 若从经学的角度看，《尚书·洪范》中已有“王道”观念了。

不以战争的方式去强行地推广自己的文明形态，而是以感化的方式吸引别国主动地学习与参与，因而在思想原则上具有很强的解释价值。孔子“文德论”所包含的“王道”理想推崇以非战争的手段解决诸侯国之间的争端问题，他特别称赞管仲，说道：“桓公九合诸侯，不以兵车，管仲之力也。如其仁！如其仁！”又说：“管仲相桓公，霸诸侯，一匡天下。民到于今受其赐。微管仲，吾其被发左衽矣。岂若匹夫匹妇之为谅也，自经于沟渎而莫之知也。”（《宪问》）高度地肯定了管仲以外交手段，使当时诸侯国联合起来，协助周王室。这一“王道”理想可以引申为处理当今国际关系的思想原则。

当然，孔子也说过：“天下有道，则礼乐征伐自天子出；天下无道，则礼乐征伐自诸侯出。”（《季氏》十六）肯定了“王道”社会里合法的战争行为，但这种战争不是诸侯国之间为了领土、人民与财富的争夺战，而是对违背周王朝大一统的社会秩序的地方叛乱势力的讨伐。换句话说，只有在礼制文化传统的内在道义要求之下，战争才是被允许的：这便是“礼乐征伐自天子出”的意蕴之所在。周天子从维护礼乐制度的秩序要求出发，对地方暴动势力的讨伐是一种不得已的行为，正常情况下是不使用武力的。

简言之，以孔子为创始人的儒家，其“文德论”（或曰“王道天下观”）在一般意义上是反对战争的。他所理想的“王道”天下其实即是仁德的天下。如孔子说：“如有王者，必世而后仁。”（《子路》又说：“为政以德，譬如北辰，居其所而众星共之。”可见，“远人不服，则修文德以来之”的“王道”理想，其核心精神是“仁道”理想。到了孟子,“仁道”就更进一步地成为“王道”的内在精神了。

从现存的文本看,《孟子》一书中已经较为自觉地运用了“王道”的概念了,从而使孔子“文德论”所包含的“王道”理想获得了自己的概念形式。在《梁惠王》(上)一文中,孟子第一次提出了“王道”的概念。他说:“不违农时,谷不可胜食也;数罟不入洿池,鱼鳖不可胜食;斧斤以时入山林,材木不可胜用也。谷与鱼鳖不可胜食,材木不可胜用,是使民养生丧死无憾也。养生丧死无憾,王道之始也。”此处“王道”已比《尚书·洪范》篇的“王道”概念更为丰满了。

具体而言孟子“王道”理想的本质内涵是“仁政”,而“王道”的具体历史内容是“先王之道”——尧、舜、禹、商汤、文、武、周公之道。孟子把《诗经》中所表现出的精神看作是“王道”的标志:他说:“王者之迹熄而诗亡,《诗》亡然后《春秋》作。”(《离娄》下)而《诗》之所以是“王道”的精神标志,乃在于其中保存了当时各诸侯国的风俗。这些风俗是王者派人到各国采集整理后的产物,是王者听取民众之音的表现。

在《孟子》的文本中,与“王道”概念相对应的动词是“王(wàng)天下”——做天下之王。而“王天下”的根本哲学精神是实行仁政。“今王发政施仁,使天下仕者皆欲立于王之朝,耕者皆欲耕于王之野,商贾皆欲藏于王之市,行旅皆欲出于王之涂,天下之欲疾其君者皆欲赴诉于王,其若是,孰能御之?”(《梁惠王》上)这种天下人皆欲趋赴王道之国的理想,正是孔子“文德论”的更为具体化的描述。

在《公孙丑》(上)，孟子比较集中地论述了“王天下”的五种方法，如孟子曰：“尊贤使能，俊杰在位，则天下之仕者皆悦而愿立于其朝矣。市廛(市场中空地，引者注)而不征，法而不廛(指不收空地之税)，则天下之商皆悦而愿藏于其市矣。关讥(讥：查也。引者注)而不征，则天下之旅皆悦而愿出于其路矣。耕者助而不税，则天下之农皆悦而愿耕于其野矣。廛(此廛为“民居”)无夫里之布(布，钱也，代指居地税)，则天下之民皆悦而愿为之氓矣。信能行此五者，则邻国之民仰之若父母矣。率其子弟，攻其父母，自生民以来，未有能济者也。如此，则无敌天下者，天吏也。然而不王者，未之有也。”(《公孙丑》上)

通观《孟子》全书，其“王天下”的具体措施可以概括为四个方面的政策：① 确保社会经济基础厚实——“七十者衣帛食肉，黎民不饥不寒，然而不王者，未之有也。”② 尊重人民的生命财产——“保民而王，莫之能御也。”③ 就像关怀自己家庭成员一样关心天下百姓——“老吾老，以及人之老；幼吾幼，以及人之幼。天下可运于掌。”(《梁惠王》上)④ 乐民之乐，忧民之忧——“乐民之乐者，民亦乐其乐；忧民之忧者，民亦忧其忧。乐以天下，忧以天下，然而不王者，未之有也。”(《梁惠王》下)

孟子坚信：“仁者无敌于天下”。他说：“不仁而得国者，有之矣；不仁而得天下，未之有也。”(《尽心》下)因此，“仁道”就成为王道天下的政治原则，也是王道天下权力来源的合法性基础。

孟子特别反对为了土地、人民而发动战争，用现代的语言来说，孟子特别反对以战争的手段获得财富。他批评梁惠王“以土地之故，糜烂其民而战”，乃是“以其所不爱及其所爱”。违背了政治上的仁道原则。他对整个春秋时代的战争评价是否定性的：“春秋无义战”。所谓的“征伐”，乃是“上伐下”之称，“敌国不相征”。而征伐之“征”的本意是：“征之为言正也，各欲正己也，焉用战？”（《尽心》下）从而对战争的合法性基础进行了哲学论证。孟子理想中的王道天下是：“行一不义，杀一不辜而得天下，皆不为也。”（《公孙丑》上）正是从“道义”原则出发，他对现实政治的两种形态——“王道”与“霸道”进行了原则的划分：“以力假仁者霸，霸必有大国，以德行仁者王，王不待大。”（《公孙丑》上）

不过，孟子并不全盘否定战争的意义。如果战争是符合道义的，还是可以实行征战的。他引《尚书》为佐证，“《书》曰：‘汤一征，自葛始。’天下信之。‘东面而征，西夷怨；南面而征，北狄怨。曰：奚为后我？’民望之，若大旱之望云霓也。归市者不止，耕者不变。诛其君而吊其民，若时雨降，民大悦：‘徯我后，后来我苏。’”（《梁惠王》下）又说：“得道者多助，失道者寡助。寡助之至，亲戚畔之；多助之至，天下顺之。以天下之所顺，攻天下之所畔；故君子有不战，战必胜矣。”（《公孙丑》下）类似的文字在《滕文公》下篇亦有论述，而且从商汤说到文王、武王，内容更为充分。可见，孟子的“王道天下观”并不是简单地否定战争的行为，而只是要求战争必须建立在“仁道”的政治合法性基础之上。

先秦另一位大儒荀子更为系统地讨论了王道政治的问题，在现存的《荀子》一书中，多次谈到了如何在“王道”观念的指导下解决天下纷争的问题。他对“王者之政”有如下的描述：“贤能不待次而举，罢不能不待须而废，元恶不待教而诛，中庸民不待政而化。分未定也有昭缪。虽王公士大夫之子孙也，不能属于礼义，则归之庶人。虽庶人之子孙也，积文学，正身行，能属于礼义，则归之卿相士大夫。故奸言、奸说、奸事、奸能、遁逃反侧之民，职而教之，须而待之，勉之以庆赏，惩之以刑罚，安职则畜，不安职则弃。五疾，上收而养之，材而事之，官施而衣食之，兼覆无遗。才行反时者死无赦。夫是之谓天德，是王者之政也。”（《荀子·王制》）

由以上引文可知，在荀子的思想中，“王道”的天下主要是一种文明的政治形态。这种文明的政治形态乃是以“礼义”为其核心精神：举贤罢不能，惩恶奖善，皆以礼义为标准；在仁道的原则下实行社会救济政策（相当于今天的社会福利）。然而，令人遗憾的是，荀子的“王道”天下里缺乏自由精神，因为荀子说：“才行”违反当时教化标准的格杀无赦，蕴含了政治专制和思想专制的要素。

荀子基本上继承了孔子的思想，将礼义看作是王者之道的根本标准，富民看作是王道的目标，从而还多少蕴含了民主性的精华。他说：“故修礼者王，为政者强，取民者安，聚财者亡。故王者富民，霸者富士，仅存之国富大夫，亡国富筐箧、实府库。”（《王制》）因此，以“礼义”为标准的“王者”天下，其根本精神还是“仁道”两字。如荀子说：“彼王者不然，仁眇天下，义眇天下，威眇天下。仁眇天下，故天下莫不亲也。义眇天下，故天下莫不贵也。威眇天下，故天下莫敢敌也。以不知之威，辅服人之道，故不战而胜，不攻而得，甲兵不劳而天下服，是知王道者也。知此三具者，欲王而王，欲霸而霸，欲强而强矣。”（《王制》）眇，即是向远方产生辐射力，影响力的意思。

与孟子相似，荀子亦探讨了实现王道的具体方法。概而言之，荀子实行“王道政治”理想的具体方法大体上有以下四点。首先，王道政治的效法对象是历史上三王时代的政治模式：“王者之制，道不过三代，法不贰后王。道过三代谓之荡，法贰后王谓之不雅。”（《王制》）其次，“王道”天下里有一套严明的赏罚制度：“王者之论，无德不贵，无能不官，无功不赏，无罪不罚。朝无幸位，民无幸生。尚贤使能，而等位不遗；折愿禁悍，而刑罚不过。百姓晓然皆知夫为善于家而取赏于朝也，为不善于幽而蒙刑于显也。夫是之谓定论，是王者之论也。”（《王制》）再次，“王道”天下里有合理的政治、经济、外贸政策，是一个开放的社会形态：“王者之法，等赋，政事，财万物，所以养万民也。田野什一，关市几而不征，山林泽梁，以时禁发而不税。相地而衰政，理道之远近而致贡，通流财物粟米，无有滞留，使相归移也。四海之内若一家，故近者不隐其能，远者不疾其劳，无幽闲隐僻之国，莫不趋使而安乐之。”（《王制》）最后，“王道”天下的最根本手段是得天下之人心：故人的地位与人的尊严是王道天下主要关怀的政治目标：“王夺之人，霸夺之与，强夺之地。”（《王制》）他借尧舜的对话阐述王者得天下的政治秘诀：“尧问于舜曰：‘我欲致天下，为之奈何？’对曰：‘执一无失，行微无过，忠信无倦，而天下自来。执一如天地，行微如日月，忠诚盛于内，贲于外，形于四海，天下其在一隅邪！夫有何足致也！’”（《荀子·尧问》）最后表明一点，在如何取得天下权力的问题上，荀子基本上坚持了孔子开创的“文德论”思想，要求执政者在一国之内“忠信无倦，而天下自来”，与孔子所理想的“远人不服，则修文德以来之”的理想基本相同。

与孔子、孟子思想相似，荀子亦不反对在“王道”的原则下所展开的战争，并以夸张的语调说：“故古之人，有以一国取天下者，非往行之也；修政其所，天下莫不愿，如是而可以诛暴禁悍矣。故周公南征而北国怨。曰：‘何独不来也！’东征而西国怨。曰：何独后我也！孰能有与是斗者与！安以其为是者王。”（《王制》）

汉代以后，“王道”的观念遍布于经史子集等各种文献之中，正式成为中国人关于世界政治的和平理想，特别是在《春秋公羊传》，董仲舒的《春秋繁露》以及东汉何休的《春秋公羊传解诂》中，充斥了“王道”的大一统理想。这种“大一统”的思想与礼记中的大同思想相结合，经过康有为的丰富、发展，成为中国早期资产阶级思想的“大同”理想。面对当今复杂的国际社会的局面，重新咀嚼先秦儒家政治哲学传统中“王道天下”的理想，可以为今日的世界和平提供宝贵的思想资源。

二、康德、马克思与罗尔斯的和平理想及其得失斟评

西方近代的国际和平思想，最早可以从格劳秀斯（Hugo Grotius，1583－1645）说起。然而，就现在国际法的体系来说，我认为从康德说起更为妥当。1795年，年事已高的康德（71岁）写出了《永久和平论》[①]的长文，从“主权国家”的角度探讨了人类实

① 参见［德］康德著，何兆武译：《历史理性批判文集·永久和平论》，北京：商务印书馆，1990年版。

现永久和平的途径。从现实背景看,他是有感于1795年5月5日法国与普鲁士缔结的巴塞尔和平条约(*Peace of Basel*)而写出了此文。但就其思想的来源看,他显然是受卢梭(Jean-Jacques Rousseau, 1712－1778)的《社会契约论》(*The Social Contract*)和霍布斯(Thomas Hobbes, 1588－1679)《利维坦》(*Leviathan*)两书的影响。卢梭的"契约论"给了康德"个人主义"原则的支持,霍布斯的"国家起源论"则给康德提供了低调的人性估计——因为人性恶,故而要在法律的约束下去实现自由。

康德认为,国家类似于个人,是一个具有独立人格的"实体",没有任何人能把它合并到另一个国家之中,无论采取什么方式,这都是不允许的。用康德的原话说:"没有一个自身独立的国家(无论大小,在这里都一样)可以由于继承、交换、购买或赠送而被另一个国家所取得。"国家不是财产,即不像通常人们所认为的那样仅仅是它的位置所占据的那块土地。"国家是一个人类的社会,除了它自己本身而外没有任何别的可以对它发号施令或加以处置。"如果要把它合并到另一个国家,"那就是要取消它作为一个道德人的存在并把它弄成了一件物品"。如何保证一个国家的安全而不被别的国家侵犯呢?康德认为,必须要有一种"类似公民体制的体制"来确保每一个民族的自己权利。这一体制便是"各个民族国家的联盟"。为什么要这样呢?这一"国家联盟"能保证每一个国家的安全吗?康德认为是可以的。因为"各个民族作为国家也正如个人一样,可以断定他们在自然状态之中(即不靠外部的法律)也是由于彼此共处而相互侵犯的。它们每一个都可以而且应该为了自身安全的缘故，要求别的民族和自己一道进入类似公民体制的体制，在其中可以确保每一个民族自己的权利。”

这种对“国家权利”的充分尊重，对人性的低调估计，是康德“国际和平”思想的两大基石。康德提出的“永久和平论”思想，可以说是为现代国际社会奠定了“国际法”的思想原则。

在国际和平的问题上，康德还进一步提出，要求消灭“一切导致未来战争的原因”，要求“逐渐废除常备军”，不许用武力干涉其他国家体制和政权，不得破坏人类的基本信任（这里包含有国际伦理的思想萌芽），从而使国家主权在理论上被限定在对自主权的捍卫目标上，不至于使国际社会陷入弱肉强食的“丛林法则”之中。但是，以康德为代表的西方近代国际和平理论，由于其理论的出发点是建立在民族国家间的“防范心理”基础之上的，是为了主权目的防范其他民族，因此，其国际关系理论亦蕴含着另一相反的逻辑可能性：即各主权国家为了自卫而拼命发展自己的军事实力，20 世纪上半叶的两次世界大战即是明证。而 20 世纪 50 年代以后的世界各大国的军备竞赛，在西方乃至于世界范围内都是非常激烈的，并导致了核军备竞赛。因此，奠基于国家主权论基础之上的国际和平理想，虽然在理论上要求“消灭一切导致未来战争的原因”，但也为主权国家发展自己的军事、“武力”提供了合法性的基础。在历史诸缘由的作用下，其结果是加剧了现代国家之间的对抗。

值得注意的一点是，康德明确地把“仁爱问题”，即伦理问题排斥在“永久和平”的主题之外，始终从权利的角度来阐发“永久和平”的思想。他在永久和平正式条款第三条说道:“世界公民权利将限于以普遍友好为其条件。”但这“并不是一个仁爱问题,而是一个权利问题,而友好(好客)就是指一个陌生者并不会由于自己来到另一个土地上而受到敌视的那种权利”。这样极端的权利论,固然是十分深刻的,但又是非历史的形式主义原则。他对“友好”权利作了这样的经验性解释:“这种权利(指友好)是属于人人都有的,即由于共同占有地球表面的权利而可以参加社会,地球表面作为一个球面是不可能无限地驱散他们的,而是终于必须使他们彼此相互容忍。”从“权利论”角度出发,康德把“友好权利”看作是陌生者与土著居民相互交往的可能性条件而已。

康德虽然彻底否定了伦理在国际和平中的地位,但其“权利论”本身也多少包含有伦理内容在其中。首先,康德所使用的“权利”一词本身就包含了权利、法、正义三个层次的意思,而正义是不能摆脱其伦理的意义的。其次,他在论“永久和平”的前提时,肯定了“相互信任”是其中的前提之一,而“相互信任”就不只是“权利”的问题了。他说:“任何国家在与其他国家作战时,均不得容许在未来和平中将使双方的互相信任成为不可能的那类敌对行动:例如,其中包括派遣暗杀者、放毒者、破坏降约以及在交战国中教唆叛国投敌等等。”康德这种非常学究式的思想,虽然也包含有一定的伦理思想在其中,但这种伦理思想亦是消极的防范性的伦理,而不是积极的、敞开性的相互信任的伦理。随着当今社会及未来社会的新情况的出现,康德的“和平”思想日益暴露出其局限性,那就是仅仅从低调的人性出发,从权利观念出发的“国际法”体系所维持的国际和平，已经难以继续维持下去了。资产阶级的自私性以及对人性的低调估计，在社会政治规则的制定方面固然有其深刻性，但也决定了西方近现代的政治学、伦理学的防范性特征。“自私”的人性论使得近现代的西方文化处于“防范”的阴暗心理笼罩之下。现代国际社会的“国际法”正是这种人性论的产物之一，它虽然为国际社会带来了很多有价值的规范，划出了国际活动之中各个主权国家的相对合理空间，这是人类的一大进步，但这套体系的国际法不能保证国际社会的真正永久和平。其原因就是上文所说的，它只规定了权利，而没有规定出义务，只有相互的防范而没有相互之间的信任，其结果只能是经济强国所维持的不平等式的“强权下的暂时平衡”，而不可能有真正的国际和平。

现代哲学家罗素（Bertrand Russell, 1872－1970）就明确地看到了以主权为目标的国际关系的困难性。他说：“当前，每个大国都声称不仅对国内事务而且对国外事务都拥有至高无上的主权。这种对至高无上的主权的要求更导致一个大国与其他大国之间发生纷争。而解决这种纷争的方法不外乎两种：一是战争；二是外交，而外交实质上就是以战争相威胁。国家拥有这种绝对的主权与个人要求类似的权力相比，并不能认为哪一种更合理。事实上，这种对绝对主权的要求就等于是一切外部事务都依靠武力来解决。”[①]为了改进这种奠基于国家主权论基础上的国际关

① [英] 伯特兰·罗素著，许峰、上官新松译：《自由之路》（下），北京：文化艺术出版社，1998年版，第435页。

系，罗素提出了这样的设想：设立一国际机构，让所有的国家将主权交给国际性机构处理。只有这样才能通过国际法来解决国际争端，世界才能保持和平。罗素提出的“世界政府”的设想在逻辑结构上颇类似当年卢梭关于民主国家的设想。卢梭设想每个拥有主权的个人将其权利交给一个代表“公意”的政府，然后政府保证每个坚持公意的公民的权利。罗素在这里把卢梭的“个人”换成了“主权国家”，把代表公意的“国家”换成了国际机构。卢梭的民主政治理想已经被历史证明为幻想的，因此，罗素关于“世界政府”的理想，其幻想性也是不言而喻的。而且，罗素这一“世界政府”的设想，在思想的出发点上，仍然是西方近代政治哲学的权利论，因而在思想的实质上并没有比康德的国际和平思想提供更多新的内容。

可以这样说，现存的国际法体系只为国与国之间的国际活动提供了基本的主权自由保证，而真正能引导国际社会走向永久和平则必须引进新的国际伦理。只有在现有的国家主权说的基础上再引入新的国际伦理，才有可能创造永久的国际和平新局面。康德曾经说过：“和平状态就必须是建立起来的”。这与西方哲学一再强调的“人为自然立法”的思想逻辑是一致的，即人类的和平相处原则是必须通过人的理性思考而建立起来的。但是仅凭借建立在西方近代启蒙理性基础之上的今日国际法体系，是无法建立真正永久的国际和平局面的。从 21 世纪开始，人类必须超越现有的以国家主权为中心的国际法体系的局限性，自觉地将国家主权的合法性基础奠基于对人性的全面理解之上，追求适应今日及未来国际交往需要的国际伦理,并同时关注国际义务,只有这样,才能真正地将世界各民族国家导入"永久和平"的正道上来。

在康德之后,马克思、恩格斯从阶级斗争的理论出发,对未来的国际和平提出了新构想,那就是要将世界和平建立在全世界无产者联合起来的基础之上,消灭人剥削人的制度,实现人民之间的真正和平。在《共产党宣言》(*Manifesto of the Communist Party*)中,他们既肯定了资产阶级为全球经济的一体化作出了物质性的准备,如他们说:"资产阶级,由于开拓了世界市场,使一切国家的生产和消费都成为世界性的了。……新的工业的建立已经成为一切文明民族的生命攸关的问题;这些工业所加工的已经不是本地的原料,而是来自极其遥远的地区的原料;他们的产品不仅供本国消费,而且同时供世界各地消费。旧的靠国产品来满足的需要,被新的,要靠极其遥远的国家和地带的产品来满足的需要所代替了。过去那种地方的和民族的自给自足和闭关自守状态,被各民族的各方面的互相往来和各方面的相互依赖所代替了。物质的生产如此,精神的生产也如此。各民族的精神产品成了公共的财产。"

接下来,他们又分析了资产阶级统治的性质及其局限性:即"现代的资产阶级私有制是建立在阶级对立上面、建立在一些人对另一些人的剥削上面",因此,共产党人的神圣使命便是"消灭私有制",[①]并通过阶级斗争的手段夺取政权,改变"公共权力"的性质,使以往凭借公共权力来奴役的行为成为不可能。最终在一国和世

① [德] 马克思、恩格斯著,中共中央马恩列斯编译局编译:《共产党宣言》,《马克思恩格斯选集》第1卷,北京:人民出版社,1995年版,第286页。

界范围内消灭阶级对立，建立一个人人自由平等的社会："代替那存在着阶级和阶级对立的资产阶级旧社会的，将是这样一个联合体，在那里，每个人的自由发展是一切人的自由发展的条件。"[①]因此，全世界的工人阶级必须联合起来，反抗阶级压迫与阶级剥削，实现以全世界工人阶级为主体的世界和平："工人阶级的解放既然要求工人们兄弟般的合作，那么当存在着那种为追求罪恶目的而利用民族偏见并在掠夺战争中洒流人民鲜血和浪费人民财富的对外政策时，他们又怎么能完成这个伟大的任务呢？"因此，"要他们洞悉国际政治的秘密，监督本国政府的外交活动，在必要时就用能用的一切办法反抗它；在不可能防止这种活动时就团结起来同时揭露它，努力做到使私人关系间应该遵循的那种简单的道德和正义的准则，成为各民族之间的关系中的至高无上的准则。""为这样的一种政策而进行的斗争，是争取工人阶级解放的总斗争的一部分。全世界无产者，联合起来！"[②]很显然，经典马克思主义思想家，要求将现代社会的国家和平奠基于人的真正解放的基石之上。他们虽然亦强调要以私人间的"道德和正义的准则"作为国际间民族关系的准则，但不是简单地以人权的理论来讨论国家主权的问题，而是以人的解放为前提来讨论国际和平问题。在马克思、恩格斯看来，没有人的全面解放，不消灭阶级对立与压迫，就不可能建立真正的国际和平。这一国际和平思想显然比康

① ［德］马克思、恩格斯著，中共中央马恩列斯编译局编译：《共产党宣言》，《马克思恩格斯选集》第1卷，北京：人民出版社，1995年版，第294页。
② ［德］马克思著，中共中央马恩列斯编译局编译：《国际工人协会成立宣言》，《马克思恩格斯选集》第2卷，北京：人民出版社，1995年版，第607—608页。

德的国家主权论思想更为深刻。然而，其阶级斗争理论，以及对无产阶级人性的过高估计显然又有很大的理论幻想性，与当今国际社会民族国家间的实际情况相去甚远。

在20世纪最后一年里，当代美国最杰出的自由主义政治思想家罗尔斯，从自由主义立场出发，对当今及未来的人类和平问题，提出了新的设想。这就是他在《万民法》（*The Law of Peoples*）一书中提出"万民法"的宏伟构想，力图从自由主义角度对世界和平问题作出新的探索。他从自由民主宪政的基本政治理念出发，力图将一国之内的政治民主宪政体制与国际上众多的其他政治体制联系起来，并希望以自由民主宪政为主导力量，以合理的方式引导其他的政治体制共同组成一个和平、稳定的国际社会。用罗尔斯自己的话说："理解万民法在政治自由主义里的发展，是很重要的事情。这一出发点意味着，万民法乃是国内体制的正义、自由观念，扩展到万民社会中去。在正义的自由观念以内发展万民法，我们要制订合理的正义自由人民的外交政策原则与理想。"在罗尔斯看来，自由的万民社会是可能的。他说：

我们对我们社会未来的希望基于这一信念之上，群居世界的本性合乎理性地允许正义宪政的民主社会作为万民社会的成员而存在。在这样的群居世界内，自由与得体的人民之间在其国内和国外都可望得到和平与正义。这一社会理念是一个现实主义的乌托邦，它描绘了"万民社会中"可以得到一个对所有自由与得体的人民而言同时具有政治的权利和正义的群居世界。《正义论》和《政治自由主义》试图说明自由社会的可能性。《万民法》则希望说明自由与得体的万民社会的可能性。[①]

由上引文可知，罗尔斯力图将一国之内的自由社会扩展为一个由万民组成的自由社会，从而用自由主义的观点建构一种国际和平的理想状态。在《万民法》一书中，罗尔斯将目前的人类世界分为五种类型，“第一种为合乎理性的自由的万民；第二种为得体的万民。”而得体的万民社会当中，有一种社会的基本结构奠基于“得体的协商等级制”（decent consultation hierarchy）之上，当然还有其他的各种形式的得体的万民社会，虽然不符合“得体的协商等级制”形式，但在万民社会中亦是有价值的成员。第三种为“法外国家”。第四种为“负担不利条件的社会”。第五种为“仁慈的专制社会”。这种社会尊重各种人权，但其成员在政治决策中被剥夺了有意义的角色，因而不是良序的社会。罗尔斯又将第一种社会与第二种社会合称为“良序的万民”（well-ordered peoples）。这五种社会类型虽然不可能用来描述任何一个现实的民族国家，然而作为一种理想模型来讨论当前的国际和平仍然有积极意义。

在《万民法》中，罗尔斯主要讨论了三种类型的万民社会之间的关系。首先，他认为自由的万民之间，从理想的角度说是不存在战争的。这是由自由的万民社会人民的品性与国内的政治体

---

① John Rawls：*The Law of Peoples*，Cambridge：Harvard University Press，1999，p.6.

制决定的。如罗尔斯说：

> 我深信，从康德的观点看，当此种情形发生时(理想的万民已经存在并在政治、经济等方面学会了和平共处相互协作，引者注)，这一万民社会将会形成一个满意的万民的组织的。像我在第二部分所坚持的那样，由于他们的基本利益得到了满足，他们将没有理由相互作战。通常所熟悉的战争动机也将不存在：这样的万民既不试图改变他人的宗教信仰，亦不会侵占更大的领土，更不会向其他人民行使政治权力。通过谈判与贸易，他们就能满足自己的各种需求和经济利益。[①]

即使从历史的角度看，自由民主的人民之间也没有什么战争。罗尔斯说："虽然自由民主社会经常与非民主国家进行战争(此点，罗尔斯并不否认，并有自己的辩护理由)，但自 1800 年以来，已经稳固建立起来的自由社会还未曾互相交过战。"为什么是这样的呢？因为"一个民主的万民社会，其所有的基础机构都是根据权利与正义的自由观念而被良好地组织起来的(虽然不必通过同一种观念)，因而其稳定具有正当的理由。"罗尔斯坚信：伴随着民主宪政的理想性要素的充分实现，"民主的万民之间的战争冲突将伴随着理想的实现而趋于消失，他们将只会结成联盟与法外国家之间进行自卫性的战争。"

---

① John Rawls：*The Law of Peoples*，Cambridge：Harvard University Press，1999，p.19.

其次，罗尔斯不否认自由民主的万民社会与法外国家之间进行自卫性的战争，甚至在必要的情形下对这些法外国家进行各种制裁。何谓“法外国家”呢？罗尔斯没有明确地界定。依照他对民主自由社会的描述大致可以推测，所谓“法外国家”乃是指那些违背民主自由社会中的基本人权，又具有侵略其他万民社会和国家的国家或政治实体。不过，罗尔斯又认为，自由民主社会与良序社会中的人民，应该将法外国家中的士兵、平民与其领导人和官员区分开来。因而，在对法外国家进行自卫性的战争时，不能攻击平民。法外国家的士兵与平民不对国家发动的战争负责任。“因为士兵常常是被征入伍和通过其他种种途径被迫参战；他们被强行地灌输了好战的德性；而他们的爱国心常常是被残忍地利用了。”[①]由此可以看出，罗尔斯将“法外国家”与“法外国家”中的人民作了严格的区分。这也是他在讨论国际和平问题时使用“万民法”而不使用“万国法”的理由之所在。

再次，罗尔斯从自由主义立场讨论了自由民主的万民社会对背负重担的社会的支援问题。他认为，“这种背负重担的社会虽然不事侵略扩张，然而缺乏政治的和文化的传统，缺乏人力资本并且缺乏组织良序社会所必需的物质与技术资源。”从长远的目标来看，“良序的社会应该像对待法外国家一样，将这些背负重担的社会带进良序的万民社会。良序的万民有义务帮助背负重担的社会。”然而，从具体的援助措施来看，这种援助是有原则的，不

---

① John Rawls：*The Law of Peoples*，Cambridge：Harvard University Press，1999，p.95.

是无限性地向背负重担的社会提供物质资源。因为，在罗尔斯看来，“良序”的社会不一定是富有的社会，而“背负重担”的社会也不至于基本资源匮乏到不能组织一个良序的社会的程度。关键的问题在于如何纠正政治与社会方面的基本的不正义现状。有鉴于此，罗尔斯提出三个基本援助准则。

第一，“正义储蓄原则”。这一原则有三个意义：① 目的：“正义储蓄原则的目的是要为宪政民主社会建立一个合乎理性的正义的基本机构，从而保证它的所有公民在群居世界里可能过上一种值得享受的生活。”② 储蓄的限度：“一旦正义的（或得体的）基本机构已经建立起来，这种储蓄就应该停止。”③ 把“正义储蓄”与财富分开：“建立正义的（或得体的）机制并不需要大量的财富。财富需求量的多少有赖于一个社会的特殊历史及其正义的观念。”

第二，“要认识到背负重担社会的政治文化的全面重要性”。因而，“良序的万民应该帮助背负重担社会改变其政治和社会的文化。”从这一观念出发，良序的万民社会对背负重担社会的援助，一定会附加一些观念性的条件，如人权、妇女平等等要求。

第三，由于“援助的目的是要使背负重担的社会能够合理且理性地管理自己的事务，最终能成为良序的万民社会的成员。”“因此，良序社会的援助就不能采取家长式的方式，而只能以慎重的方式，以便与援助的终极目标：即为了背负重担的社会的自由与平等不相冲突。”[①]

---

① John Rawls：*The Law of Peoples*，Cambridge ：Harvard University Press，1999，pp.106－111.

正如在处理国内社会的正义问题一样，一旦能使“最不利者获得了足够全面的手段，明智且有效地运用自己的自由，并能达到合理的、有价值的生活的目标”之后，社会贫富的差距就无须进一步地缩小。那么，在处理万民社会的贫富差距时亦如此，“在万民社会的基本框架内，所有的万民有了运转正常的自由和得体的政府，援助的义务也就满足了，这时没有理由再来缩小不同的万民之间的平均财富的差距。”也许，正因为在承认万民之间合理的财富差距这一点上，罗尔斯的社会正义、平等的思想不同于中国古代农民阶级的绝对平均主义的幻想和儒家的大同理想。但这种差距究竟在什么样的比例是可以接受，罗尔斯并未提及。

自由主义在欧美国家有悠久的历史。在自由主义传统内部亦有保守与激进之别。激进的自由主义者往往在政治上比较倾向于或接近于社会主义思想。18 世纪法国的卢梭、德国的康德，对后来的政治自由主义的思想影响很大。罗尔斯自称是继承了卢梭、康德以来的社会契约论思想，并且在其晚年的著作《万民法》中，基本上按照康德的“永久和平”的观念来思考自由民主宪政的良序社会在万民社会中存在并扩展其理想的可能性。所不同的是，他不再强调国家主权，而是强调“万民”的主权。而且，罗尔斯能从当前世界具体的国家之间不同政体的实际情况出发，考虑不同政体形式下各主权国家相互交往的复杂性，在思想出发点上是以“万民”为国际政治的单位，而不再以现实的民族国家实体为国际政治的单位，在一定程度上超越了康德以来西方社会以国家主权为核心的主流国际关系思想，对“启蒙运动”以来的“人道主义”思想有更多的继承，在一定程度上接近马克思以个人为国际关系的起点思想。但像绝大多数的自由主义者一样，罗尔斯对现存资本主义社会所奉行的自由、民主价值的虚伪性一面，认识不足，因而对人的全面解放与世界和平的关系也就无法进行更为深入、细致的论述。正如他对社会正义的分析具有形式上的精巧性一样，他对当今及未来国际社会和平的分析亦具有形式上的精巧性，体现了深受分析哲学影响的当代美国政治哲学在语言与学理上的优势。然而，在对世界和平所面临的实质性难题的深度开掘上，如人的解放与社会性发展的平衡性对国际和平的影响问题等，罗尔斯的《万民法》并没有涉及，因而仍然留下了尚待探讨的广阔理论空间。

三、亨廷顿的“文明冲突”论与杜维明的“文明对话”论

在当今的国际政治理论中，塞缪尔·亨廷顿（Samuel P. Huntington，1927－2008）的“文明冲突论”与杜维明的“文明对话论”，代表了两种极其相反的理论思考原则。

亨廷顿虽然表面上讨论文明的冲突问题，但其讨论背后所深藏着的本质诉求乃是美国的国家利益。因此，他的“文明冲突论”的主旨不在于关注如何消除经济全球化过程中的文明冲突，而在于如何利用这种文明间的冲突重组美国的国家利益圈，在致思的方向上与当今世界各国人民追求和平的愿望是相背离的。作为一种国际关系理论，亨氏的“文明冲突论”更侧重于差异的文明间的矛盾冲突一面。在他看来，冷战结束后，新世界的冲突根源，

"将不再侧重于意识形态或经济，而文化将是截然分隔人类和引起冲突的主要根源。在世界事务中，民族国家仍会举足轻重，但全球政治的主要冲突将发生在不同文化的族群之间。文明的冲突将左右全球政治，文明之间的断层将成为未来的战斗线。"[①]这即是说，政治的直接冲突让位于不同文明形态之间的冲突。那么，作为一种文化冲突的理论，亨氏所谓的"文明"概念的理论内涵又是什么呢?

亨氏认为，"文明是一个文化单位"，"文明是人类文化最高层次的组合，也是人类文化认同的最广领域：再要推广就是人类与禽兽的区别了。它一方面由语言、历史、宗教、风俗、制度等共同客观因素决定；另一方面也有个人主观认同的因素。"从范围而言，"文明可能包含几个民族国家，例如西方、拉丁美洲与阿拉伯文明；或者一个国家，例如日本文明。文明显然会混合和相叠，亦可能包含许多子文明。"不管怎么说，"文明"的这些差异性，不"妨碍文明之为有意义的实体"，因而是"真实的"。[②] 由亨氏对文明内涵与外延的界定来看，他的"文明观"基本上是一种静态的文明观。这种"文明观"忽视了文明的时代性、发展性与可变性、可交融性等基本特征，而且缺乏学术的严谨性，如"日本文明"的说法究竟在多大程度上能够成立，是一个非常可疑的说法。而且在理论上，他混淆了文明的差异性与矛盾性，并将差异性与冲突性紧

---

① [美] 塞缪尔·亨廷顿著，余国良译：《文明的冲突》，载于《二十一世纪》第 5 页，香港中文大学中国文化研究所，1993 年 10 月号总第十九期。

② 同上杂志，第 6 页。

密联系起来，在理论上缺乏严谨性。

在亨氏看来，“未来最重要的冲突将发生在文明间的断层线上。”其理由有如下六点：

第一，“文明的相异不单真实而且基本。”“不同文明对上帝与人、个体与群体、公民与国家、父母与子女、丈夫与妻子的种种关系有不同的观点，而对权利与责任、自由与权威、平等与阶级的相对重要性亦有迥异的看法。”由文明的不同而“引起的冲突往往是最持久、最暴虐。”

第二，“世界的距离拉得愈来愈近。民族间的互动日趋频繁，一方面加强了文明意识，另一方面亦加强彼此的差异性与内部的共通性。”“民族间的互动，强化他们的文明意识，亦由此激发彼此的差异和仇恨，而这些差异与仇恨往往源自历史的深处。”

第三，“全球经济现代化与社会转型历程，一方面使人超越长期以来的本土认同，而另一方面民族国家不再是认同的唯一来源。”亨氏的意思是说，经济的全球化与文化上的原教旨主义是导致冲突的原因之一。

第四，“西方的双重角色加强文明意识的增长。一方面，西方正处于权力高峰，但与此同时（又或许是前者的结果），又可以看到非西方文化正在出现回归根源的现象。”“西方虽处于权力高峰，却正面对非西方世界以更强烈的欲望、更坚强的意志及更充沛的资源来决定世界的未来。”①

---

① ［美］塞缪尔·亨廷顿著，余国良译：《文明的冲突》，载于《二十一世纪》第 7 页，香港中文大学中国文化研究所，1993 年 10 月号总第十九期。

第五,“文化的特质与差异较在政治及经济上的更难改变,也更不容易妥协与解决。”“宗教上歧视与种族问题更为尖刻与排他。一个人可以拥有法国与阿拉伯的血统,或同时是两国公民,但他却不能既是天主教徒又是回教徒。”

第六,“经济区域主义日益抬头。”“成功的经济区域主义一方面增强了文明意识。”“另一方面,只有当经济区域主义植根于共同的文明中才能成功。”对于这一点,亨氏特别担心的是中国的崛起。他认为,“共同文化显然促进了中华人民共和国、新加坡及其他亚洲国家的华人社会在经济关系上的急速扩张。”“如果文化的共同性是经济整合的先决条件,那么未来最主要的东亚经济集团很可能会以中国为中心。”①

亨氏从宏观与微观两个层次上来分析文明的冲突问题。他说:“在微观层次来说,不同文明间断层线上的邻接集团,常常为领土及控制权而斗争(这些斗争通常以暴虐方式出现)。在宏观层次上,文明相异的国家为了相关的军事与经济力量而竞逐,为了争夺国际组织及第三势力的控制而斗争,亦为了倡议各别的政治及宗教价值而互相角力。”②纵观亨氏的“文明冲突论”,我们可以看到,他特别强调了西方与非西方对抗的可能性,尤其是将所谓中国所代表的儒家文明与伊斯兰文明的结合,共同形成对抗西方的阵线看作是对西方世界最具有威胁力的力量。因此,亨氏的

① [美] 塞缪尔·亨廷顿著,余国良译:《文明的冲突》,载于《二十一世纪》第8页,香港中文大学中国文化研究所,1993年10月号总第十九期。

② 同上杂志,第9页。

"文明冲突论",最终的落脚点是在政治冲突与经济势力的划分上面,其现实的考虑远大于理论的思考。特别是他认为,"文明冲突"往往发生在文明的断层线上的观点,是一个经不起历史检验和理论分析的观点。从历史的观点看,以往的两次世界大战都发生在欧洲,而不是在所谓的"文明断层线"上。从理论上说,文明之间的差异并不意味着文明之间的矛盾冲突。在当今及未来国际社会之间可能出现的战争,从根本上说将继续是国家间的经济利益冲突的白热化,而不会仅是所谓的"文明冲突"能够引起战争。而且,亨氏的"文明冲突论"观点严重地忽视了现代民族国家的作用,尤其是忽视现代民族国家在经济全球化过程追逐国家利益而改变文化形态的可能性。例如现在,我们很难像亨廷顿所说的那样将中国再看作是儒教的国家了,尽管儒家文化可能在日常生活的某些方面还在起作用。整个 20 世纪的中国在文化上都是以西方近现代文明为效法的榜样,学习都唯恐不及,更遑论用儒家文明来对抗西方文明?从目前的情况看,中国与西方还有意识形态的差异,但是,西方社会与中国之间的未来冲突决不是什么西方文明与儒教中国文明的冲突,而只可能是发展起来的中国国家利益与欧美等民族国家利益之间的冲突,即使有这种利益冲突,也不一定就导致国家间的战争,国家间的利益冲突也可能通过理性的谈判和合理的经济贸易消除。某些日本学者与西方学者非常害怕一个富强而又拥有悠久历史的中华民族的再度崛起,分享他们的世界市场,往往利用他们的经济、文化与宣传优势,以各种形式制造中国威胁论,对此我们应该保持清醒的头脑。

与亨廷顿的观点相反，哈佛大学教授杜维明先生则坚持“文明对话”的原则。他认为，亨廷顿的“文明冲突论”，是“以西方为中心的论说方式，乃构建在两极分化的思考模式上，充分暴露出维护西方霸权的心态”。其论说的最大失误，在于“把文化当作静态结构，从地缘政治的角度综览全球，把全球分成西方、日本、儒家、回教、印度教、拉丁美洲等几个体系。”而在实际上，“文明基本上是一个动态的发展，像是长江大河一样，各大文明之间交互影响。”①他认为，“亨廷顿对儒家的理解已经过时，而且有很大的疑问。他受了白鲁恂（Lucian Pye，1921－2008）很大的影响，认为儒家是权威主义，和西方民主思潮有很大的冲突。又看到新加坡李光耀（Lee Kuan Yew，1923－2015）对西方人权、自由、民主的批评，更加深了他认为儒家传统不能和现代民主相容。其实儒家传统是具有涵盖性的人文精神，可以有和西方民主思潮进行健康互动的可能。”②

杜维明进而批评西方自启蒙思潮所发展出来的人文精神，他认为，这种启蒙思潮所发展出来的人文精神是“有排斥性，它对自然有侵略性，是以人类为中心的人文主义”。而儒家文明则是具有涵盖性的人文精神，因而“和基督教文明是可以有健康互动的可能的。”他认为，将“日本剔出儒家文化圈是违反历史常识的。”

---

① 郭齐勇、郑文龙主编：《杜维明文集》第五卷，武汉：武汉出版社，2002年版，第474页。

② 同上。

“日本也许不完全受儒家文化的影响，但是，不应该排除在外，而且这也和日本朝野目前考虑回归亚洲的构想不符。”①

杜氏不否认文明冲突在许多地方的不可避免性，但他认为世界文明的“大方向仍然是对话”。杜氏说道：“我想，世界在重组过程中间，一定有各种不同的矛盾冲突。但是，通过协调、通过区域化的合作以及全球性不同的合作协调来达至和平共处，大概是不可抗拒的趋势。”②

杜氏“文明对话论”的根据是“全球社群的出现。”“由于科学科技的发展，世界各地不论东西南北都已成为由信息、交通、贸易、电信和财经各种关系网络所编织而成的生命共同体。从生态环境及能量资源等超越国界的宏观视野来检视当今人类的存在条件，不同种族、地域、语言、文化、阶级和宗教的社会群必须谋求共生之道，已成为知识界不言而喻的真理。如果我们把核战争的问题、生态系统遭到破坏、环境被污染、能源枯竭或因人口膨胀而造成的社会脱序种种祸害也列入考虑，人类必须同舟共济，一起来创建和平共存的生命形态，更是显而易见的道理。”③

针对如何进行“文明对话”的问题，杜氏提出了发展责任伦理，反思并批评西方社会自启蒙思潮以来发展出的排斥性人文精神的方法。其具体的文化活动就是发扬儒家文化中具有涵盖性的人文精神；并认为“儒家仁义精神的恕道”，“是创建和平共存的

---

① 郭齐勇、郑文龙主编：《杜维明文集》第五卷，武汉：武汉出版社，2002年版，第475页。

② 同上书，第479页。

③ 同上书，第484页。

生命形态所不可或缺的中心价值。这个价值一方面是对他人的尊敬——'己所不欲,勿施于人';一方面是对自己的期许——'己欲立而立人,己欲达而达人'。从相互尊敬可以发展人与人相处的金科玉律;从期许可以培养自我的社会责任感。这条思路比把特殊(个人、社群、宗教、国家或文化)的'真理'强加于人,更能增进人类相互之间的谅解,比利他主义更能发展责任伦理。"①作为华裔学者,杜氏的"文明对话论"从中国传统文化里发掘出新的国际和平的思想资源,力求将儒家的人际伦理发展成为国际关系伦理,有一定的思想启迪意义。但是,他试图以儒家的"涵盖性人文精神"来批评西方近代以来的启蒙运动所发展的"排斥性人文精神",这一主张是否有效,目前还只能存疑。

综上所论,无论是亨氏的"文明冲突论",还是杜氏的"文明对话论",他们对当今世界各民族国家之间关系的思考都立足于文化的基点之上。"文明冲突论"的着眼点是国家利益,继续沿着冷战思维的政治与意识形态冲突的模式,将其扩大为文明形态的冲突。"文明对话论"着眼于现代国际社会经济全球化以及因之而带来的其他问题的全球化的事实,倡导一种责任伦理,以维护这一新的世界共生局面,在理论思考的起点上确实补救了"文明冲突论"的偏颇,然而,两种理论各有偏执。"文明冲突论"更多强调的是利益、权力,而"文明对话论"更多强调的是责任、义务。如果强权者根本不理睬弱者的要求,"对话"就可能成为"独白",而根

---

① 郭齐勇、郑文龙主编:《杜维明文集》第五卷,武汉:武汉出版社,2002 年版,第 485 页。

本不可能达到理解与沟通。因此，面对当前的国际和平问题，我们是否可以提出更具有综合性特征的新思路，从国际政治关系最根本的人性基础来思考问题，一方面强调自我族群的内在综合实力；另一方面又以德化的方式去吸引、感召其他的族群，这便是我们从孔子的“文德论”引申出的理论探索。

四、国际和平的一个可能向度——基于人道主义原则之上的儒家“王道天下观”

与基督教的“布道”，主动地宣传自己的“真理”等思维相反，由孔子提出的“文德论”和由孟子、荀子等大儒发展出的“王道天下观”，主张一种感化的、归化的王道政治形式，所谓“远人不服，则修文德以来之”这套用来处理春秋末年各诸侯国关系的政治原则，经过现代的改造，可以发展为一种处理当今国际社会关系的新思想。这即是说，作为一个文明国家，尽管我自认为坚持了一套美好的政治理想，但我决不将这套理想强加于别的民族之上，而是在和平的经济与文化交流的基础上，让你自动地归化，心悦诚服地跟着我的理想走。

由孔子的“文德论”而引申出的孟子、荀子“王道天下观”，其基本精神是一致的，那是以“仁道”为其政治的基本核心内容。像孟子所说的“杀一无辜而得天下，不为也”，可以作为“王道天下观”的基本政治纲领。结合西方近代社会首先发展起来的人道主义思想，析而言之，“王道天下观”的国际关系思想初步包含如下的基本政治主张：

首先，将尊重人的个体生命作为政治合法性的最基本前提。这一思想起点与西方近代社会发展起来的人权理论并不矛盾，而且比人权理论更为基本。人如果连基本的生命都不能够得到尊重，何来其他的人权（财产权、思想与言论自由权等）。因此，生命存在乃是最为基本的权利，如果说要尊重人权的话。所有的利益冲突与价值理想冲突，必须服从一个最朴素的直观真理——生命存在的第一性。因此，国际政治与国内政治的原则应该基本相同，尊重人的生命应该放在国际政治的首位，其次才是所谓的国家主权。

其次，所有的国际人道关怀仅限于人道的救援而不适宜于动用武力。特别是当不同国家民族之间的文化信仰不同的时候，不能自居为真理的拥有者而对他方进行所谓的“圣战”。也不能以意识形态为由，对其他国家实行经济封锁，危害其他国家人民正常的生活。因为经济封锁的直接受害者绝大多数情况下是被封锁国家的人民而不是统治者。

再次，国际社会的战争仅限于这样的情况下是合理的：即当一国政府或少数族群直接侵犯另一国家和另一族群的生命存在时，由现行的国际组织授权，组织多国部队进行人道的讨伐，这正是儒家“王道”政治理想中的“礼乐征伐自天子出”的一种合理引申。当今的联合国固然不是当年中国的周天子，但联合国可以作为国际社会道义或正义的化身而履行人道的救援与有限度的军事讨伐任务。

最后，面对一个专制国家或其他形式的不民主国家时，只要这些国家不发动战争，就不应以战争的手段推翻该国政府，而应当以经济、文化的手段去唤醒该国人民从内部进行斗争，形成一种压力或吸引力，促使该国家或文明单位朝向更为人道的政治形式蜕变。而在对专制的与不民主的国家进行人道主义的讨伐战争时，其锁定的战争对象应严格地限制在对付该国的领导阶层和正在进行战争的战斗人员，不应该扩大到平民。战斗人员在受伤或被俘后，应得到国际人道主义的关怀而不应受到虐待。

要而言之，建立新的国际政治伦理，是目前经济全球化过程中最为急迫的文化建设事宜之一。尽管各国的国家战略将以各国自身的国家利益为现实出发点，但人道的原则将是国内、国际政治的第一优先原则，人权论、国家主权论必须服从第一原则，否则，以人权论、国家主权论为由的国际干涉将是虚伪的政治欺骗。现代国际法体系基本上确立了民族国家的主权地位；那么，新的国际政治伦理原则则需要明确规定民族国家的基本责任。仅仅讲权利而不讲人道、不讲责任的国际社会，必然要陷入“丛林法则”的泥坑，显然无法维持民族国家之间的长久的和平交往。因为每个民族国家如果仅仅为了维护自己的权利，必然会恶性地发展军事。最终，各民族国家就极有可能以武力方式来解决经济争端。因此，新的国际伦理至少要从根本理念上确立负责任的“文德论”思想，在国际事务中，不是以强权的手段去强迫其他民族国家接受自己的文化理念，更不能出于自身的经济利益考虑，打着维护自由、民主或其他形式的旗号而发动军事战争，而应当努力管理好自己的国家，敞开自己的国门，与其他民族国家进行和平、平等的经济与文化交流，使其他民族国家在自主选择的基础上亲近更为合理的文明形态。

当然，一切理论的思考在现实的强权政治面前都可能是无力的，但理论家的任务就是要给人类提供可能的更好生存原则。至于现实的执政者是否采用，那已经超出了理论家自身的任务。孟子曰："大匠不为拙工改废绳墨，羿不为拙射变其彀率。"（《尽心》上）以"文德论"（或曰"王道天下观"）为基础的国际政治理想对于现实的强权国际社会而言，可能是"迂远而阔于事情"，但它不失为引导人类走向和平的一种可能的向度。而这也是比较哲学，比较政治哲学的责任之一。

第三章

“世界历史”与比较哲学的历史使命

第十节 “世界历史”里的哲学变革与中西哲学的互补性

在现代中国知识与学科的分类体系中，作为一级学科的哲学学科与哲学知识，是以西方知识分类与学科分类为准绳而为国人所接受的。从“世界历史”的眼光来看，这一本属于西方古希腊知识传统的地方性知识，在现代国人的眼里不经反思的成为了普遍的知识范型。而以自古希腊柏拉图、亚里士多德以来，到近代的笛卡尔、康德、黑格尔等一脉相承的西方古典哲学传统为正宗，来衡量、评判“中国哲学”——实际上是以此地方性知识为正宗和标准来书写在中国的西方哲学史[①]，使得“中国哲学”，特别是中国古代哲学变得十分的贫乏与浅薄。这一“西方中心主义”文化背景下的哲学观念，在“世界历史”已经进入到新的转折点的时候必须予以更加深入的理论反思，在“大写的哲学”（金岳霖的观点）下来重新思考西方主流哲学传统的内在局限，从而让“哲学”释放出自己应有的思想空间，并在新的哲学思想空间里重新思考中国哲学所具有的世界意义。

一、“世界历史”的开端与未来趋势

从一般世界历史著作与教科书来看，“世界历史”发端于人类

---

① 参见金岳霖给冯友兰两卷本《中国哲学史》所写的审查报告。

地理的大发现。资本主义经济的兴起、发展与成熟的过程，就是“世界历史”的现实发展过程。这样的“世界历史”进程往往在启蒙主义的叙述模式里，以“进步”征服“落后”的文化进化论方式加以叙述，从而将现代资本主义生产与生活方式的扩展过程描述为一个现代化的世界化过程，而对“资本”的血腥扩张与殖民的历史真实有意无意地加以回避。即使是以全世界无产者为同情对象的马克思及其追随者，在承认社会发展客观规律的现代认识论框架里，对资本从西方到东方的扩张与殖民的历史，也是在历史发展的必然性角度予以肯定，在道德情感方面加以批判，而后还是肯定资本扩张的历史合理性及其对人性解放的正面历史价值。要而言之，以西方文化为主导的整个现代的“世界历史”都是在以不同的形式美化或肯定西方文化对东方与世界其他地方文化与经济的殖民历史，并肯定西方文化对于世界的重要贡献与意义，相对忽略西方文化在“世界历史”的形成过程中给全人类带来的巨大灾难，而且有意或无意地忽略了“世界历史”形成之前的“区域历史”形成的过程及其对西方现代文明形成的历史意义。

(一) “世界历史”前夜东南亚区域文明与儒家文化圈

在现代资本主义经济扩张与文化传播为主导形式的“世界历史”形成之前，东南亚地区就已经进入了“区域历史”的阶段。在这一“区域历史”阶段之中，儒家文化对于日本、朝鲜半岛与越南的影响，形成了“东南亚儒家文化圈”。同时，儒家文化与印度文明，特别是与印度的佛教文化的结合，使得儒家文化发生了深刻的变化，同时中国化的佛教——禅宗又深刻地影响了日本、朝鲜、越南等国家。

不可否认，在这一区域文明形成的过程中也有局部的战争，但从整体上看是一个比较和平的文化感化过程。如果从中华文明的角度看，是通过“修文德以来远人”的方式实现的，即日本、朝鲜半岛与越南等国家，是主动效法儒家文化的结果。而中国文化与印度佛教文化的交流与结合，也主要是在和平的文化交流过程中实现文化融合与创新的，在主流的形式上不是一场腥风血雨的过程。①

按照马克思的历史唯物主义观点来看，“东南亚区域文明”的经济背景是小农经济，这一区域文明圈缺乏内在的扩张动力。不过，如果将东南亚儒家文化圈与大体同时的欧洲基督教文明相比来看，基督教文明的十字军东征给欧洲与中亚地区带来的灾难同样不可低估。因此，东南亚区域文明形成过程中的相对和平状态，并不完全取决于小农经济的发展形式与发展方式，而与儒家文化所具有的“修文德以来远人”的“王道天下观”有密切的关系。

“世界历史”形成过程中资本的血腥扩张，其实与基督教文明的一神教宗教精神也有内在联系。“要把上帝的福音传遍全世界”的传教热情在一定意义上为资本的血腥扩张提供了道义上的

---

① 当然，中国历史上也有“三武灭佛”的政治迫害事件。

支持。如果韦伯所揭示的新教伦理与资本主义精神有内在关系的认知有一定的理论正确性，则现代资本主义的经济扩张与文化殖民运动背后，就有基督教文明提供的道义的正当性的支持。这种道义的正当性支持也许并不能一一对应到所有具体的资本家身上，但就资本在现代“世界历史”形成过程中的整体扩张而言，大体上还是能说得过去的。

（二）中华文明在欧洲启蒙运动前期的启迪意义

古老的中华文明在现代世界的形成过程中，特别是在 19 世纪以后，主要是以被动挨打的方式被拖入“世界历史”的进程之中的。但在“世界历史”的前期还是有着特殊的历史贡献。首先，四大发明，特别是火药的发明对于欧洲中世纪骑士社会的瓦解起到了直接的作用。马克思对此有论述，此处无需赘言。

其次，中国儒家文化对于沃尔夫、莱布尼兹等人的影响，与法国、德国的启蒙运动早期思想有一种千丝万缕的联系。[①] 沃尔夫的自然理性、魁奈的自然法观念与中国儒家文化有关（见第二章第五节）。

再次，中国的科举制与文官制度对于欧洲近代文官制度的产生提供了文化的借鉴。现代西方社会的科层制就是吸收了中华文化而加以改造的结果。

---

① 参见李文潮《不识吾主亦可幸福？——克里斯蒂安·沃尔夫 1721 年〈关于中国实践哲学的讲话〉》一文，参见吴根友主编《多元范式下的明清思想研究》一书，北京：生活·读书·新知三联书店，2011 年版，第 111—126 页。

要而言之，中华文明在世界历史形成的前期，特别是 18 世纪欧洲的启蒙运动，曾经产生过一定的正面影响与积极作用，因而也曾经以被动的方式参与了世界历史的塑造过程。

(三) 经济全球化与文化多元化的“后世界历史”阶段里的“世界哲学”

迄今为止，“世界历史”的过程大体上走过了四百多年的历程，而且还将继续走下去。今天的“世界历史”进程其主要特征表现在经济的全球化与文化的多元化（实际上是文化的地方化）。虽然我们在名义上有联合国，有国际法庭，还有正式与非正式的各种世界组织，但在文化上还主要是以多元化为特征。虽然，世界宗教文化界曾于 1995 年召开了世界宗教文化大会，提出了建构“全球伦理”的设想，[①]但全球伦理的形成还需要一个相当漫长的历史时期。

“世界哲学”的观念也早已经提出了，[②]但由各主要文明国家参与的“世界哲学”实际建设过程也还只是停留在少数职业哲学家的头脑之中。而对于世界哲学的具体内容、形态的探讨基本上还是处在萌芽阶段。但有一点是相当明确的，那就是以西方“实体主义”为主流的哲学观念遭遇到来自其文明内部与外部的反思与挑战，已经成为一种世界范围内新的思想与文化的新潮流。

---

① 参见[德] 孔汉思、库舍尔编，何光沪译：《全球伦理——世界宗教宣言》，成都：四川人民出版社，1997 年版。

② 参见张汝伦：《走向世界哲学——从雅斯贝尔斯的观点看》，载于《文史哲》，2008 年第 3 期。

二、西方“实体主义”哲学的历史贡献及其局限

近 20 多年来，中国大陆哲学界对西方“实体主义”哲学及其特征有一系列的讨论，各家对西方实体主义哲学内涵的界定、价值的评价，相当的不一致。[①] 此处，笔者仅以王树人先生的观点为依据，对西方“实体主义”哲学的特征作一简单的转述，并在此基础上对西方实体主义哲学作出一点评价。

王先生认为，“实体性可以称作终极的确定性。这从古希腊文明开端的西方，一直是形而上学（Metaphizik）的基本特征。从

---

① 毛怡红认为，“康德以前的旧形而上学的一个重要特征在于，把‘存在物的存在’或者说存在事物的一般根据看作某种普遍存在的实体。这种实体可以是物质的，也可以是理念的。所谓物质实在论表现为，把日月山川等这些自然对象看作不依赖于心灵而独立存在这样一种符合常识的、极易为朴素的人们所接受的信念；而理念实在论则主张表象只是背后那个更基础、更本质的原型的模本。”（《实体、自然及其意义——从胡塞尔、海德格尔的“自然哲学”谈非实体主义如何可能》）邓晓芒认为，西方“实体”概念有三层意思：“1. 西方‘实体’概念不仅仅包含分离的单个实体（原子）这一种理解，而且还有整体主义的理解，后一理解在西方哲学史上甚至是长期占统治地位的‘正统’；2. 即使是原子论的实体观，也决不是认为可以完全脱离关系而独立存在的‘绝对实体观’，而是以承认虚空的存在为前提的；3. 严格意义上的‘实体概念’（如亚里士多德提出的）不论是个体主义的还是整体主义的都包含有机械论和目的论的内在矛盾，即被动性和能动性的矛盾，而在西方传统中能动的整体主义实体观历来都是主流，直到牛顿物理学以后才有所改观。”邓晓芒还认为，“中西哲学传统的根本区别并不在于实体主义和非实体主义（关系主义），而在于对实体和关系从本质上抱有整体主义的理解还是抱有个体主义的理解，亦即各自对于个别实体和一般实体的结构关系抱有互相颠倒的观点。”（《西方哲学史上的实体主义与非实体主义》）上述两篇文章均见罗嘉昌、郑家栋、毛怡红主编《场与有——中外哲学的比较与融通》（二），北京：中国社会科学出版社，1995 年版，第 176 页、200 页，第 201—202 页。郭齐勇认为：“西方古希腊、中世纪、近代的形式实体观或物质实体观强调主客体之间的分裂与紧张，强调精神实体或物质实体的绝对性和静止的自立性，以认识主客体的对立作为寻求世界本体的前提，把人与世界分割开来，把人、人生、生活的意义与目的排斥在这一学说之外。”（《中国哲学史上的非实体思想》）；吴根友、邓晓芒、郭齐勇主编《场与有——中外哲学的比较与融通》（四），武汉：武汉大学出版社，1997 年版，第 43 页。

前苏格拉底各自然哲学家对'始基'的设定和追求，这种作为终极确定性的实体性就显示出来了。后来，从苏格拉底到柏拉图的'理念论'，直至亚里士多德总结他之前的哲学所概括的'四因'，特别是他提出探索'存在之存在'为'第一哲学'即形而上学，至此，以实体性为特征的形而上学就借助概念思维的逻辑论证确立起来了。这种实体性范畴作为始基，它是一种终极的设定，也是概念分析到最后不动的终极概念。如同亚里士多德所指出的，作为宇宙运动的第一推动力（神），本身是不动的，或者说是静止无变化的。这就把作为始基的实体性范畴的性质，说得再清楚不过了。而非实体性，则与实体性正好相反。"①

按照王先生的观点来看，以柏拉图为真正开创者的西方"实体主义"哲学，在主客二分的思维方式下，以概念化的方式试图把握绝对的知识与真理，成为柏拉图、亚里士多德以降，直至近代的笛卡尔、康德、黑格尔的主流哲学传统。这一主流哲学传统里的具体哲学家的体系并不相同，而且他们的问题意识也不一样，但他们拥有主客二分的思维方式，通过概念化的方式把握绝对的知识与真理的哲学活动目标则是相同的。

西方哲学的"实体主义"特征，在西方学者自己的眼中也是这样认为的。安乐哲、郝大维两人认为："西方形而上学传统将时间与空间分离的做法，植根于我们自古希腊以来的传统。该思想传统使我们总是倾向于从被固定的形式方面来看待世界

① 王树人：《回归原创之思——"象思维"视野下的中国智慧·导言》，南京：江苏人民出版社，2005 年版，第 10 页。

的万事万物。然而，这就有了某种界限和限定。如果不给予现象的形式方面这种本体论的优先，而是认为它们在形式和变化方面处于对等关系，那么，我们就可能像古典中国那样，根据现象间的不断转化将之时间化，将它们更多地理解为'现象'（event）而非'事物'（thing）"。①

西方主流哲学传统所开创的"实体主义"哲学思维方式对于人类认识的贡献是不容否认的。简洁地说，其贡献有如下几点：

其一，这一哲学传统对于把握客观世界相对稳定的事物属性提供了理性思维的方式。

其二，与此贡献紧密相连的是：近代科学、技术的发展得力于这种哲学思维方式。而科学、技术的发展也为人的全面发展提供了物质的基础与新的思维方式。

其三，其形而上学的理论预设方式对于现代社会哲学、政治哲学有巨大的贡献。自由、平等、博爱、正义、人权、主权等一系列观念的提出，大大促进了现代社会人的解放。

不过，当现代的科学、技术发展已经渐渐表现出失控的趋势，当现代资本主义文明发展到烂熟的阶段之时，这一"实体主义"哲学思维方式的局限性也日益暴露出来了。

其一，人与自然的关系出现了新的紧张。人类在局部取得的对自然的胜利现在愈发在整体上表现为以一种不可预测、不可控制的方式给人类带来新的灾难。

---

① ［美］安乐哲、［美］郝大维著，何金利译：《道不远人——比较哲学视域中的〈老子〉》，北京：学苑出版社，2004 年版，第 19 页。

其二，民族主权国家之间的经济、文化的矛盾冲突日益加深。资本追逐利润的生产方式在发达资本主义国家并没有改变其本性，而且是以金融剥削与掠夺的新方式控制并掠夺全世界后发地区、国家的资源，同时也没有放弃武力的打击与军事的威胁，给全世界中下层社会带来更加捉摸不定的动荡与不安。而在知识产权观念下的技术垄断已经日益暴露出其阻碍人类进步的作用。

其三，与资本主义精神有高度一致性的个人主义文化，以及打着追求个人自由与发展旗号的极端个人主义、自私心理已经严重地危害人类社会长期以来形成的协作、合作的文化传统与文化心理，人类文明的整体性、内在联系性愈来愈深重地遭到碎片化倾向的冲击与瓦解。

与世界其他文明类型一样，西方文明从来就不是铁板一块，在主流传统之下还暗流涌动着其他支流，甚至与主流势力不相上下的大支流。与以柏拉图为代表的实体主义哲学传统相抗衡的西方非实体主义哲学传统，其思想的势力也十分强大，古典的斯多葛主义(Stoicism)传统就是其中的一支。[①] 近现代西方哲学传统里，就有马克思、恩格斯等“异端”，更有叔本华(Arthur Schopenhauer，1788－1860)、尼采到海德格尔及后现代的一批哲学家，而胡塞尔所开创的现象学则在继承西方主流哲学传统的同时又开出了现当代西方的非实体主义哲学传统。即使在英美分析哲学传统里，

---

① 参见[法] 皮埃尔·阿多(Pierre Hadot，1922－2010) *What Is Ancient Philosophy?* & *Philosophy as a Way of Life* 两部著作。后一本著作已由姜丹丹译为中文，在上海译文出版社出版，2014 年。

也出现了像维特根斯坦(Ludwig Wittgenstein, 1889 - 1951)这样的另类哲学家,以及像理查德·罗蒂(Richard Rorty, 1931 - 2007)这样的后现代哲学家。而具有深厚基督教文化背景,又具有深厚的生物科学背景的哲学家如怀特海(Alfred North Whitehead, 1861 - 1947)、波兰尼(Michael Polanyi, 1891 - 1976)等哲学家,他们的思想更接近东方与中国的非实体主义哲学形态。

三、马克思"实践"哲学的非实体性特征与中国哲学的可沟通性

无论是在现代西方哲学的叙事传统里,还是在苏联与现代中国的哲学叙事传统里,马克思本人所创立的"实践"哲学[①]与东方,尤其是中国哲学的非实体主义哲学的性质相关性,似乎都未得到应有的重视。

中国大陆的马克思主义哲学研究专家,以及其他哲学研究者,对于马克思在《关于费尔巴哈的提纲》一文中所说的话,都非常熟悉,即以往的"哲学家们只是用不同的方式解释世界,问题在于改变世界。"[②]从而特别重视哲学的实践性以及哲学与社会生活的密切关系。这些解读当然都没错。但仍然有两点值得我们重视。

---

① 关于马克思的"实践"哲学,中国哲学界自 1988 年展开的"实践本体论"的讨论以来,已经发表了许多学术论文,出版了多种专著。这一讨论还在继续着。参见于洪卫主编《实践唯物主义》(青岛:石油大学出版社,1990 年版)、贺金瑞编著《新时期马克思主义哲学创新发展论辩》(南昌:百花洲文艺出版社,2007 年版)、邹诗鹏著《实践—生存论》(南宁:广西人民出版社,2002 年版)、杨耕著《为马克思辩护:对马克思哲学的一种新解读》(北京:中国人民大学出版社,2010 年版)第五章"实践本体论:对马克思本体论的一种新解读"等文献。

② [德] 马克思著,中共中央马恩列斯编译局译:《德意志意识形态》,载于《马克思恩格斯文集》(一),北京:人民出版社,2009 年版,第 502 页。

其一，马克思虽然强调哲学的实践性特征，但并不因此而否定哲学作为理论形态的自身作用。所有的“实践”绝对不是盲目的实践，而是需要正确的理论去指导的。“哲学”解释世界的功能可以服务于改造世界的活动，也可以为进一步、更加合理地改造世界提供理论总结的成果。这即是说，哲学解释世界的功能并不直接与哲学改造世界的活动相冲突。问题的关键在于：不能仅仅将哲学变成一个纯粹自足的概念分析活动，在一个纯而又纯的精神世界里从事想象性的解释世界的活动。哲学解释世界的活动要密切地与人类改造世界的实践活动相关。在实践的基础上进一步展开对世界的解释与再解释，应当是哲学的本性之一。哲学的实践性不应当否定、抹杀哲学解释世界的自身意义。毛泽东在《实践论》中提出的“实践、认识、再实践、再认识，以至于无穷”的实践与认识的无穷尽的辩证过程，也可以用来处理实践与理论解释之间的无穷辩证关系。

其二，马克思强调哲学改造世界的实践性特征，其实就是对近现代西方哲学主体与客体关系分立状态的一种弥合。通过主体-人的广泛改造世界的客观活动，使得主观思想与客观世界发生直接的关系，从而消除“实体主义”运用概念思维的方式去把握世界的缺陷。而马克思哲学中所讲的人，绝对不是抽象的人，而是“现实的历史的人”。[①] 在马克思的“实践的唯物主义”[②]思想体系里，人类实践活动的根本特征就是面对具体的、活生生的自然

① ［德］马克思著，中共中央马恩列斯编译局译：《德意志意识形态》，载于《马克思恩格斯文集》(一)，北京：人民出版社，2009 年版，第 528 页。
② 同上书，第 527 页。

界、生活事件，这就要求我们不可能停留在抽象的、静态的哲学概念层面去把握事物的不变的属性，而是以整体的、可感的方式参与到整个的实践活动之中。正是从这一意义上说，马克思的“实践”哲学已经具有非实体主义的哲学特征。

但毋庸置疑的是，马克思哲学产生的文化背景是现代西方哲学主客二分的大传统，这一时期的自然科学基本上还是以机械力学和无机化学为主流科学，人类社会还是以征服自然为主导倾向，因而还很难有今天世界范围内的环保思想背景。不过，晚年的马克思通过对人类学知识的吸取与研究，对人类文明发展历史研究成果的高度关注，使其“实践”哲学避免了一般现代西方哲学家知识视野的局限性，从而具有了更加深邃的历史辩证法精神，远远超出了西方主流的实体主义哲学传统，从而与东方的非实体主义哲学有了更加亲近的关系。

四、中国“非实体哲学”及其当代意义

在西方“实体主义”哲学视野里，传统中国哲学简直就不配称得上是哲学。中国社会在遭受现代西方经济上的殖民，政治上的瓜分的同时，还遭受文化与哲学精神上的污蔑。亚当·斯密（Adam Smith，1723－1790）与黑格尔对于中国哲学的批评可以作为代表性人物。20世纪中国哲学学科的建立与成长，就是在这样的民族屈辱的历史中度过的。不过，在接受西方“实体主义”主流哲学的过程中，中国哲学也接受了西方的一些非主流的哲学传统，而现代新儒家中新心学流派，像熊十力及其弟子牟宗三等人，还是努力维

护中国哲学自身的特征与神圣性的。此外，文化怪杰辜鸿铭的一些言论也颇有影响力，现代西方的少数汉学家也努力发掘中国哲学与文化的独特性。伴随着中国政治上的独立，经济与社会的发展，特别是四十年来中国大陆的改革开放，中国大陆的学者，以及在海外留学的华人学者，对于中国传统哲学自身特质的认识也越来越深入。在新一轮比较哲学的视野里，中国哲学的“非实体性”特征也越来越受到更多学者与思想家的关注。① 这一方面与现代西方哲学中的后现代主义思潮，以及西方哲学中非实体主义哲学的发展有关，另一方面中国人对于西方哲学的认识也更加深入、全面。

近十几年来，伴随着中国大陆经济的发展，中国人强烈地要求认识自己民族精神的特点与优点，从而在全球化的过程中保持中华民族的文化自信与文化身份的认同。这就不能不更进一步地涉及对中国哲学自身特性的认识。中国哲学的“非实体”特性不再是仅仅作为负面性的东西被描述、被认识，而是逐渐地作为特点，并努力发掘其优点而被中国学人不断地加以阐发。

何谓中国哲学的“非实体主义”的特征？② 这里我引两位学者

---

① 参见[美]安乐哲、[美]郝大维著，何金利译：《道不远人——比较哲学视域中的〈老子〉》，北京：学苑出版社，2004年版。他们俩认为道家的宇宙论是一种“关联式的宇宙论”。这一关联式的宇宙论始于这样一种预设：“我们所经历的无生活之流是常新且连绵不绝的。”“道家并不认为在现象背后存在着某种永久的真实、某种不变的基体，某种在变化的偶然性背后本质限定等方面的东西。恰恰，在这个世界上，所存在的只不过是永无止息、跌宕流转的人类经验之流”（第16—17页。）

② 不过，李存山研究员对中国哲学中“气”的概念特征进行分析后得出这样的结论：“‘气’在中国古人看来是一种‘实体’，这一‘实体’概念与西方哲学的‘实体’概念既有相同处也有不同处”。（参见罗嘉昌、郑家栋主编《场与有——中外哲学的比较与融通》（一），北京：东方出版社，1994年版，第123页。）

的论述以回答此问题。其一是王树人先生在论述“象思维”的特征时，对中国哲学“非实体主义”哲学的特征的界定；其二是郭齐勇教授在《中国哲学史上的非实体思想》一文中给予的论述。王先生在界定“象思维”的时候，其实讲的就是中国哲学的非实体性特征。他说：

> “象思维”之象亦可称为“精神之象”。这种“原象”或“精神之象”，在《周易》中就是卦爻之象；在道家那里就是“无物之象”的道象；在禅宗那里就是回归“心性”的开悟之象。借用海德格尔“缘在”(Dasein)之义以及“自身缘构发生”(Ereignis)之义来说明这种象思维之“象”，那么，这种“象”都不是西方形而上学的“实体”，而是非实体的、非对象的、非现成的。所谓非实体、非对象、非现成，就是指这种“象”之“有”，乃是“有生于无”之有，从而是原发创生之象，“生生不已”动态整体之象。①

“动态的终极的原发创生性”可以说是“象思维”，也是非实体性思维的主要特征。王先生在对比分析实体性源头的范畴与非实体性源头的范畴异同时说：

> 实体性源头的范畴，诉诸逻辑分析的概念思维。而非实体性源头的范畴，由于其显示为一种终极的原发创生性，所以不仅不能用概念思维，而且只有中止或“悬置”概念思维，

① 王树人：《回归原创之思——“象思维”视野下的中国智慧·绪论》，南京：江苏人民出版社，2005年版，第3页。

或只有进入“象思维”，才有可能领悟非实体性的源头范畴，从而有可能使思维与境界跃升至原发的创生境域。[①]

郭齐勇教授在分析中国哲学诸范畴与核心概念，如五行、阴阳、气、道时指出，这些观念都不好与西方哲学中原型的“实体”相比附，而“大体上表达了有机自然主义的哲学所强调的化生性、连续性、无形性、功能性、整体性、直观性、辩证性的特点，表明中国人的宇宙观，中国人的思维、行为、审美方式走着另一条道路，与西方实体主义的个体性、间断性、有形性、结构性、组合性、机械性、思辨性等有明显的差异。”[②]

他还进一步在比较哲学的视野里将中国传统儒、释、道三家哲学的非实体性的共同特征从三个方面作了概述：“首先，中国哲学始终是在人与世界、主体与客体统合的基础上考虑问题的，即使对本体的追寻也是如此。其次，中国哲学中的宇宙、世界、自然，不是对实体论或本质意义上的宇宙、世界、自然，而是人与宇宙、世界、自然之无限多样的关系、意义和可能性等全面而多层次的展开。再次，中国哲学的本体不是固定的精神（或物质）实体，而是永恒运动变化，并贯穿到人的现实存在和生命活动中去的意义世界。”[③]

他认为，“中国哲学是一种机体主义的存在哲学、生命哲学、

① 王树人：《回归原创之思——“象思维”视野下的中国智慧·绪论》，南京：江苏人民出版社，2005 年版，第 10 页。
② 吴根友、邓晓芒、郭齐勇主编《场与有——中外哲学的比较与融通》（四），武汉：武汉大学出版社，1997 年版，第 42 页。
③ 同上书，第 43 页。

人生哲学，有它自己独到的形上睿智。”[①]这一非实体主义哲学的本体论有如下三个特点：

其一，“启导人们体悟人的本源的生存方式就是人与天地万物一体，而不是人与世界、本质与现象、主观与客观的分离和隔绝。天与人、体与用、心与物的和合是世界与人最根本的存在状态，只有从这一根本状态出发才能更好地会晤或寻求世界的本体。”[②]

其二，“承认世界是一个大化流行、无穷变化的世界，承认本体与现象、现象与现象、人与天地人我间充满着重重无尽的联系和相依相待的网络，人生存于这一永恒流动、相互关联的世界中。没有绝对至上、静止自立的‘体’，那种‘体’对于人生没有意义。世界的意义是随着人的生存而展开的，而人的存在不是某种实体、某种存在者，而是存在本身。”[③]

其三，“把关于形上本体的追溯与人生的现实活动和价值目标、理想人格与理想境界之实现结合起来，贯通形上与形下，贯通超越与内在，贯通理想与现实，最终围绕着‘人’而展开，而启迪人们体验生命、提升境界、超越自我、解放心灵，爆发出创造精神。”[④]

笔者基本认同上述两位教授对中国传统非实体主义哲学特征的分析。从哲学的角度出发，特别是从后来发展起来的儒道释三大精神传统出发，笔者认为，中国传统的“非实体主义”哲学在

---

① 吴根友、邓晓芒、郭齐勇主编《场与有——中外哲学的比较与融通》(四)，武汉：武汉大学出版社，1997 年版，第 48 页。

② 同上书，第 48 页。

③ 同上。

④ 同上书，第 48—49 页。

当今的意义至少表现如下几个方面：

其一，在现实人伦层面，儒家的"仁爱"思想经过现代的诠释，可以成为中华民族，甚至也可以成为其他民族的人际交往的心理起点；

其二，道家（包括道教）、儒家的"求道"精神可以成为中国人的超越精神；

其三，儒、道、释三家，包括墨家的和平思想、中和思想、中庸思想、中道思想、和谐思想可以成为一种具有普世意义的人际交往与社会管理思想；

其四，这种非实体性的哲学不是要全盘否定西方的实体性哲学，也是不可能否定掉的，而是让两种地方性的哲学传统相互结合，各自吸收对方的思想长处，从而为全人类文化的健康发展作出各自的贡献。

五、"各美其美""美美与共"与哲学的世界性、民族性问题

作为地方性知识的"西方哲学"因为挟着现代化的巨大经济与政治势力，似乎理所当然地成为"世界哲学"的典型形式。但在"世界历史"真正展开的历史过程中，世界各主要文明经过深度的接触与碰撞之后，非西方世界的各主要文明也逐渐地认识到，西方哲学也只是各地方知识的一种类型。我们虽然无法对理想中的"世界哲学"给出一个清晰的描述，但多元的哲学形态经验要求我们从理论上设想一个超越东西方哲学的"世界哲学"，从而为哲学的世界性与民族性问题提供一个形上学的预设。"实体主义"与"非实体主义"两种哲学形态的划分也许并不完全合理，并不完全准确，但

从哲学知识类型学的划分角度看，这种划分的理论意义与象征意义在于：打破了西方哲学作为普遍的哲学形态的认识的虚妄性。作为观念上预设的“世界哲学”的理论意义在于：将西方哲学还原到作为地方性哲学知识的“事情本身”，而不是否定他的价值及其对人类认识的特殊贡献。这一思想史还原的另一种意义在于：可以释放出更大的思想空间，让我们接受更多形态的哲学知识，从而在“世界历史”的新阶段里展开一次关于“何谓哲学”的观念大解放。

因此，在文化多元化的今天，“各美其美”既是一个必要的民族文化认同的阶段性原则，也是一个为了保持民族文化与民族哲学的多元性所需要的恒久性原则，但“美美与共”并不否认文化上的“各美其美”，而是要在“各美其美”的众美之中寻找到人类文明的低度共识。

在“世界历史”的新阶段里，一方面要进一步强调世界各民族之间文化低度共识的重要性，并通过正当的方式扩大这种文化的、伦理的，乃至于法律层面的共识圈；另一方面又要真诚地、切实有效地实施保护各民族文化、区域文化的独特性，从而保存人类文化的多元性与丰富性。不因为强调“各美其美”而变质地提出文化分裂主义与人类文明的碎片主义、隔绝主义，也不因为强调文化低度共识的重要性而变质地提出文化一元主义、霸权主义。在多元中保持必要的低度共识，在保持低度共识并努力扩大共识圈的同时，真诚地保护文化的多元性与丰富性。这应当是“世界历史”新阶段里“世界哲学”所要面对的一个极其重要的、真实的人类问题。这个问题在以往的人类历史中从来也没有上升到如此重要的地位。从地方知识与经验出发而想象出来的“世界哲学”，正在迈入日益真实的“世界历史”，即全球化经验中的“世界哲学”的新时代。

真实的“世界历史”时代呼唤着与之相适应的“世界哲学”。这一“世界哲学”既要处理各民族国家分立时代的古老问题，同时更要处理“世界历史”时代里新产生的问题，而在目前，最核心的问题就是各民族文化要努力达成一些基本的道德共识、伦理共识、法律共识；其次要认真维护各族文化的独特性。而这种独特性又应当以不伤害每个普通个人的生存、发展为基本出发点，即这种文化的独特性必须是符合仁爱的或人道的底线要求——用对待人的最起码方式对待任何一个人，如生存权、自由意志，基本尊严、受教育权与发展权等。①

① 有关“世界哲学”的问题域，可参见吴根友《从比较哲学到世界哲学——从谭嗣同〈仁学〉中的“通”论看比较哲学的前景》(《哲学动态》，2008 年第 12 期)与《试论“世界历史”时代里的“世界哲学”与哲学的中国特性》(《华中科技大学学报》第 25 卷，2011 年第 1 期)。对“技术”的正面与负面作用作哲学的思考是当前“世界哲学”的重中之重，海德格尔及当代西方一些后现代主义哲学家，环境伦理学与生态伦理学者对此问题有很多精辟的论述。在传统中国哲学“道器观”的视域下重新思考“技术之道”的问题也许有新的启发。在传统的“道器观”视野里，“技术”只能是处于“器”层面的问题。王夫之认为，有其器才有与之相适应的器之道。依此思路向前作进一步的思考，则我们这个逐渐由“技术”支撑的“技术世界”必有与之相适应的“技术世界之道”，而不可能有一个先验的“道”来规定这一“技术世界”。我们这个已经深深陷入并越来越依赖“技术”的“技术世界”，究竟又应该有什么样的道与之相适应？这应当是当前“世界哲学”最重要的问题与话题之一。我们的日常生活已经不再是由时令菜为主导的副食世界了；家居范围内的“温度”问题对于越来越多的人来说也已经摆脱了自然节候的影响与控制。计算机技术与克隆技术已经从原则上实现了可以控制并替代人口再生产的自然过程，因此人类从原则上说已经具备了“上帝造人”的能力。目前自然界对于人类来说最难以跨越的是宇观层面的大尺度距离的跨越问题，到目前为止人类还难以克服光速的限制。而对于像大气层保护与控制，星系的跨越与控制问题，人类的技术还是无能为力的。而在极微的世界里，人类通过“技术”对于夸克、反物质与暗物质进行研究，正在动摇西方传统哲学中主流的“实体性”观念。不过，到目前为止，人类对地震的预测，大气洋流特别是台风、海啸等现象还只能是被动的应对与预报。在这些问题面前，人类的技术显得特别的无能为力！因此，“技术之道”与“技术的边界”问题，应当是技术哲学的根本问题。

当然，这一“世界哲学”并不以取消民族哲学为己任，而是要在认真吸取各民族哲学的基础上不断地丰富自己的内涵。正如世界语不能取代各实际运用中的民族语言与区域性的语言一样，“世界哲学”只能成为诸多民族哲学中的一员，并成为一座沟通各民族哲学的文化与精神的桥梁。

第十一节　“世界历史”里的“世界哲学”与哲学的中国性

由现代资本主义经济、文化所开出的真实的“世界历史”时代，逐渐地改变了国别史时代人类文明和文化的交往与创造的形式。与“世界历史”进程的要求相适应，19 世纪的西方与中国，其实就已经在不断地呼唤着一种“世界哲学”，只是那个时代的哲学家们还没有运用“世界哲学”的语词而已。20 世纪初期，当“哲学”成为现代中国知识谱系中的一种知识之后，对于中国哲学的特性问题就已经展开了讨论。不过，那时期的中国学人还无力过多地讨论何为中国哲学的大问题，主要还是按照西方人的哲学观来重构中国的思想史，写“在中国”的西方哲学史。经过近百年的学术探索，当代中国学人在新的历史条件下又一次认真地思索何谓中国哲学，何谓中国哲学的自身特质的大问题。不少学者都提出了非常有价值的学术见解。本节笔者将在前贤思想成果的基础上，对于世界哲学与哲学的中国性问题再作进一步的探讨，试图在“世界哲学”与“哲学的中国性”两者之间作出尝试性的论述。

一、如何通达一种“世界哲学”?

如何通达一种“世界哲学”? 对于“地球村”时代的当今世界而言,是否会有一种类似世界政府一样的观念设想,而提出一个“世界哲学”的概念来?“世界哲学”究竟要解决什么问题? 或者说,“世界哲学”这一概念究竟要说明什么问题?

这个问题似乎应该从“世界”这个概念说起。在我们的哲学史里,有古希腊哲学,有古印度哲学,有中国哲学。很显然,那是指在地域文明时代里一种反映该地域的哲学思想的哲学之整体。作为一个实存的,包括人类在内的“世界”,在国别史的时代里基本上在人们的精神之外,人们至多有一种想象中的“世界”观,如中国古代哲学的“天下观”等,而每个民族在实际中似乎都习惯于将自己所处的位置看作是天下的中心。[①] 以“区域”代替“世界”是国别史时代各主要民族在空间意识方面的思维特点,不独中国人如此。进入人们精神视野里的“世界”,是近现代资本主义生产方式的兴起并逐渐向世界扩展的结果。从此,“世界哲学”的观念才在少数有远见的思想家头脑中产生,并给出了论述。由于近现代资本主义首先在欧洲社会产生,然后以殖民的方式向东亚、中亚、阿拉伯世界输出,因此,早期的“世界哲学”主要是从欧洲人的哲学观出发而建构出了

① 参见钱钟书《管锥编》第四册,北京:中华书局,1986 年第 2 版,第 1555—1556 页。

第一轮的“世界哲学”的精神图景。如今，后发现代化国家也在寻求自己民族精神的独特性，并要求参与到新世界的秩序调整与重建的过程之中，则当今世界哲学的精神图景就有必要进行重新勾画。

当今的世界，是一个多元民族文化共存的时代，每个民族的联系越来越密切，然而每个民族的生活方式、文化心理却又有相当大的差异，而每个民族国家的政治制度安排也是五花八门，甚至还存在着意识形态的冲突。然而，人们又在呼唤着一种能够相互理解、相互对话的文明底线或曰平台，从而努力减少不必要的误解、冲突，乃至于战争。因此，在这样的“世界历史”的新阶段，呼唤一种新的“世界哲学”在精神上是可以理解的，在现实上也有它的合理性。

作为一种精神性的观念，“世界哲学”不是一种形而上学的预设，即设想有一种现成的“世界哲学”形态存在于某个地方，然后由少数思想的开矿者将它从某个神秘的地方开采出来。毋宁说，我们如何根据新的“世界历史”的要求，去努力通达一种新的哲学形态，即一种能为“世界历史”之中的人们相互交往，相互接受，同时又保持各民族独特性的生存方式提供一套新的哲学观念。根据这一思路，我们可以这样来思考“世界哲学”的问题，即站在人类社会一体化（Globalization），同时又是全球地方化（Glocalization）的大趋势的历史背景之下，来思考人类已经面临的和将要面临的诸问题。在我看来，如下十个方面的问题将是世界哲学需要面对或将要面对的：

第一，趋向一体化的人类能否达成，如何达成相互承认而不是相互敌视的伦理底线？如能达成，这一伦理底线的具体表述应当如何？要不要坚持一种宗教文化背景？

第二，克隆人的技术如何控制？当人类果真能廉价地运用克隆技术，不断地克隆自己，从而让人接近不死之神的时候，人类是决定用科技的手段保持人的自我复制，还是坚持人的自然繁殖、自然的死亡呢？

第三，如果坚持自然的繁殖，哪一性别来承担人类的自我生产的重任？女性主义者(Feminism)会有什么样的看法？

第四，每个单一的民族是否有建立自己国家的权利与必需？自由人联合的万民联合体是否可能？如果可能，究竟是中国道家所设想的"小国寡民"状态，还是类似中国历史上的周天子的联邦社会？抑或还有其他的形式？

第五，全球的贫富悬殊是一个不争的事实，全球的环境恶化也是人所共知的事实，然而，由哪些民族国家来更多地承担环境保护的责任，从而显得更加公正？

第六，仅就目前的世界状态而言，联合国的权力究竟应该有多大？能否在联合国的基础上建立一个世界联合政府？或者根本就不应该这样思考问题？

第七，与此问题紧密相连，"国家主权"的限度究竟何在？

第八，多元文化并存于世界的事实，如何能成为一个相互认同的基本文明共识，在相互对话中，达到相互的理解与退让、妥协，而各美其美，然后进一步美美与共。

第九，生态主义与人类中心主义如何协调？

第十，当我们今天的人类已经知道地球总有一天会灭亡，那么，地球上的人类要不要延绵？如果要延绵，又当如何延绵？这一问题看似遥远，其实在最深层的意识上影响着我们今天的科技政策。人类在宏观与微观两个看似相反、实则相成的两个无限的世界里的探索，都与人类的长久延绵的隐秘的渴望相联系。

也许，“世界哲学”的内容远比上面所能想到的更为丰富与复杂。仅就上面初步涉及的十个方面的问题来看，“世界哲学”的问题就已经与国别史时代里任何一个民族的哲学问题意识有了相当大的不同了。伴随着“世界历史”进程的不断深化，“世界哲学”也将越来越呈现自己的清晰轮廓，由“长在深闺人不识”的小家碧玉，变成名满天下的世界之星。其实，早在19世纪的德国哲学家黑格尔与马克思的哲学思考中，“世界哲学”的观念就已经产生了。到了20世纪初期，德国哲学家雅斯贝尔斯等人已经开始了系统的世界哲学的建构工作。而在具体的部门哲学研究中，20世纪末的罗尔斯在政治哲学领域里又提出了“新万民法”的政治构想。这一“新万民法”的构想其实就是一种带有西方法哲学传统印记的新的“世界政治哲学”，而中国的部分学者如赵汀阳尝试以“天下”为核心观念而构造出一个“新天下观”，也是一种带有中国精神特色的“世界政治哲学”。宗教学界提出的全球伦理的设想，对各大宗教、各大文明传统中的金规则、银规则进行分析，试图建立起世界伦理的基本原则。这些部门哲学的种种努力，都应该看作是“世界哲学”的具体表现。[①]

二、哲学的中国性[②]

“世界历史”的时代虽然在一些生活领域里将会达成一些基本的共识，形成一些有利于人类普遍交往的共通法则，但从原则上看，它不会、也不可能取消各民族文化的精神传统与精神的独特性。“哲学的中国性”问题其实服从世界历史时代里哲学的“民族性”的普遍要求，是哲学的“民族性”的普遍要求在中国文化的具体情境里的自然而然的表现。“哲学的中国性”问题可以从两个维度来思考：一是历史上的中国哲学的自身特质问题；二是当下全球化时代新的中国哲学的自身特性问题。对于前一个问题，20 世纪里，许多中国哲学家都已经给出了自己的论述，而对于后一个问题，当代少数中国哲学家也已经展开了这方面的思考。

就传统的中国哲学特性而言，以下几位哲学家的思考是颇具代表性的，如冯友兰认为，中国哲学的主流传统就是讲“内圣外王之道”，[③]“所以学哲学不单是要获得这种知识，而且是要养成这种人格。哲学不单是要知道它，而且是要体验它。它不单是一种智力游戏，而是比这严肃得多的东西。”[④]冯友兰还在比较哲学的

---

① 关于“世界哲学”问题的论述，参见张汝伦：《走向世界哲学——从雅斯贝尔斯的观点看》，载于《文史哲》，2008 年第 3 期。

② 有关中国哲学特性的详细论述，参见吴根友：《论中国哲学精神》，载于《江西社会科学》，2008 年第 2 期。

③ 冯友兰著，涂又光译：《中国哲学简史》，北京：北京大学出版社，1985 年版，第 13 页。

④ 同上书，第 14 页。

视角下考察了中国哲学的语言表达方式。与西洋哲学语言的明晰性，思考的系统性，推理的严密性相比，“中国哲学家惯于用名言隽语、比喻例证的形式表达自己的思想。”[①]“它们明晰不足而暗示有余”，“正因为中国哲学家的言论、文章不很明晰，所以它们所暗示的几乎是无穷的。”[②]正因为中国哲学在语言表达方面具有这种“暗示性”特征，从而也使得中国哲学具有诗性的特质。

张岱年认为，“中国哲学，在根本态度上很不同于西洋哲学或印度哲学，……中国哲学之特点，重要的有三，次要的有三，共为六”，第一“合知行”；[③]第二“一天人”；[④]第三，“同真善”。[⑤] 除以上三点最为突出的特征之外，还有三个次要特征，其一，是重人生而不重知论；其二，是重了悟而不重论证；其三，是既非依附科学亦不依附宗教（详细论说，则可以参看张先生的《中国哲学大纲》，此处从略）。

冯契从自己的“辩证唯物主义认识论思想”视角出发，将中西哲学史上提出的认识论问题归结为四个大的方面：第一，感觉能否给予客观实在？第二，理论思维能否达到科学真理？换一个提法，普遍必然的科学知识何以可能？第三，逻辑思维能否把握具体真理（首先是世界的统一原理、宇宙发展法则）？这三个问题，用德国古典哲学的话来说，属于“感性”“知性”“理性”的问题。第

① 冯友兰著，涂又光译：《中国哲学简史》，北京：北京大学出版社，1985年版，第16—17页。
② 同上书，第17页。
③ 同上书，第5页。
④ 同上书，第7页。
⑤ 同上。

四，人能否获得自由？也可以换一个提法，自由人格或理想人格如何培养？[1] 他认为，在上述四个方面的问题，是中西哲学史上反复讨论的问题。不过，相对于西方哲学而言，中国人比较多地考察了后面两个问题："逻辑思维能否把握宇宙发展法则的问题，发端于先秦的'名实'之辩；理想人格如何培养的问题，发端于先秦的'天人'之辩。'天人''名实'之辩贯穿于整个中国哲学史。所以正是在对这两个问题的考察上，显示出中国传统哲学的特点。"[2]

牟宗三从自己的哲学观出发，认为"凡是对人性的活动所及，以理智及观念加以反省说明的，便是哲学。"从这一"哲学观"出发，牟先生认定，中国哲学的特质是特重"主体性（Subjectivity）与内在道德（Inner-morality）"。与西方哲学重客体性，以"知识"为中心而展开的特征相反，中国哲学是"以'生命'为中心，由此展开他们的教训、智慧、学问与修行。这是独立的一套，很难吞没消解于西方式的独立哲学中，亦很难吞没消解于西方式的独立宗教中。但是它有一种智慧，它可以消融西方式的宗教而不见其有碍，它亦可以消融西方式的哲学而不见其有碍。"[3]"而这里所说的生命，不是生物学研究的自然生命（Natural Life），而是道德实践中的生命。"[4]

---

① 冯契：《中国古代哲学的逻辑发展》（上册），上海：上海人民出版社，1983年版，第39—40页。

② 同上书，第42页。

③ 牟宗三：《中国哲学的特质》，上海：上海古籍出版社，1997年版，第6页。

④ 同上书，第11页。

李泽厚曾经提出“实用理性说”与“乐感文化说”来分析中国传统文化与中国哲学的特色。他认为，“实用理性”表现在哲学方面，主要有三大方面特征：其一，它规定了中国辩证思维的特色是“互补的辩证法，而不是否定的辩证法”；①其二，它使中国哲学“具有唯物论的某些倾向”，而且“特别执着于历史”。“历史意识的发达是中国实用理性的重要内容和特征”；②其三，这种“实用理性”使得中国人在人生观与生活信仰方面，形成了一个区别于西方“罪感文化”的“乐感文化”传统。③ 并“以各种不同方式呈现了对生命、生活、人生、感性、世界的肯定和执着”，“要求为生命、生存、生活而积极活动，要求在这活动中保持人际的和谐、人与自然的和谐（与作为环境的外在自然的和谐与作为身体、情欲的内在自然的和谐）”，“反对放纵欲望，也反对消灭欲望，而要求在现实的世俗生活中取得精神的平宁和幸福亦即‘中庸’”。“这种超越即道德又能超道德，是认识又是信仰。它是知与情、亦即信仰、情感与认识的融合统一体。实际上，它乃是一种体用不二、灵肉合一，即具有理性内容又保持感性形式的审美境界，而不是理性与感性二分、体（神）用（现象界）割离、灵肉对立的宗教境界。审美而不是宗教，成为中国哲学的最高目标，审美是积淀着理性的

① 李泽厚：《试谈中国的智慧》，载于《中国古代思想史论》，北京：人民出版社，1986年版，第304页。

② 同上书，第305页。

③ 关于这一问题，庞朴先生又有新的论说。他认为：中国文化充满一种“忧乐圆融”的“人文精神”，一方面是儒家思想流传下来的“忧患精神”，一方面是道家思想流传下来的“怡乐精神”，“这两种精神的理想结合，便构成了中国人的理想的人格。”（《忧乐圆融——中国的人文精神》，见氏著：《一分为三——中国传统思想考释》，深圳：海天出版社，1998年版。）

感性，这就是特点所在。”[①]

在关于中国哲学特性的认识方面，先师萧萐父先生晚年有非常精辟的论述。他认为，中国哲学从整体上看，表现为一种“诗化哲学”的特征：“许多哲人认定哲理与诗心的合一更能达到形而上学的内在超越，因而强调哲学的诗化与诗的哲学化。……在情与理的冲突中求和谐，在形象思维与逻辑思维的互斥中求互补，在诗与哲学的差异中求统一，乃是中华哲人和诗人们共同缔造的优秀传统。他们在这一心灵创造活动中实现着美和真的合一，使中国哲学走上一条独特的追求最高价值理想的形而上学思维的道路，既避免把哲学最后引向宗教迷狂，又超越了使哲学最后仅局促于科学实证，而是把哲学所追求的终极目标归结为一种诗化的人生境界，即审美与契真合而为一的境界。中国哲学的致思取向，从总体上乃是诗化的哲学。”[②]

萧先生对中国特性的分析，既是立足于对传统中国哲学特性的总结，也暗含着对当代中国哲学特性的一种探索，即他试图避开西方哲学在科学实证与宗教迷狂的两种不良倾向的同时，努力创造出一种寓理于情，情理交融的新的诗化哲学形态。这一新的诗化哲学形态即是萧先生晚年称道的“双 L”情结。所谓“双 L”情结，即是将 Logic（逻辑的）和 Lyric（抒情的）结合起来，也即是现代西方哲学家海德格尔在后期所追求的思与诗的结合。传统

---

① 李泽厚：《试谈中国的智慧》，载于《中国古代思想史论》，北京：人民出版社，1986年版，第 306—310 页。

② 萧萐父：《吹沙二集》，成都：巴蜀书社，2007 年版，第 508 页。

中国哲学因为具有浓厚的诗性特质，在以柏拉图、康德、黑格尔等为代表的主流西方概念哲学传统的尺度或范式之下，恰恰是不够哲学的典型表现。在世界历史的新视野下，哲学的形态及哲学观也在发生变化，传统西方的主流哲学观不再是唯一的裁量何种思想形态是哲学的标尺了。哲学也因此在新的世界历史条件下而解放了。善于以几何学的明晰、准确的定义方式来要求思想表达的明晰与准确的思考方式，固然是哲学的；然而，那种以追寻世界本根、万事万物的总原因的诗性思想方式也是哲学的。无论是通过逻辑的方式，还是通过诗意比兴的方式表达出来的哲学思想，都只是哲学的不同表达形态。而针对中国哲学的诗性特质这一显著特征而言，除了萧先生所揭示的一系列特色之外，我想还应当包含有如下三个方面的具体特征：

其一，中国哲学的特点在于其思想表达的跳跃性与概念内涵的非确定性。概念内涵虽然不很确定的，但也不是漫无边际，而是有一个相对明确的意义域，其意义不是一值的，而是多值的。然而，正如一千个读者有一千个哈姆雷特一样，它首先是哈姆雷特而不是贾宝玉，更不可能是于连，也不是渥伦斯基。因此，中国哲学概念的多义性并不是漫无边际的，而是有一个相对确定的意义域。

其二，中国哲学概念意义的多值性与意义域的相对确定性，这两者之间具有极强的张力。这一特点也直接影响到中国哲学史发展的具体特征，那就是顺承传统哲学观与概念的解释，通过将传统哲学观念内涵的丰富化，概念的外延与内涵的双向变化来表达一种新思想，而不是通过创造新的观念与概念，尤其是通过否定前人的观念，创造出一套全新的概念来进行哲学创新。因此，中国哲学的日新不已的过程就其主要特征而言表现出极强的连续性，其断裂性则相对隐蔽。宋明理学中程朱理学是个例外。然而，从先秦哲学到魏晋玄学，再到宋明理学，其哲学形态的面貌差异还是十分明显的。

其三，中国哲学的诗性特质，还典型地体现了中国人的思维方式特点，即不把认识的主体与认识的对象绝对地对立起来，而是以主体参与到对象之中的方式来表达一种即体验即知识的思想形态。这样一来，中国哲学的认识论就不完全是通过形式逻辑的推理方式论证出来的，而是以个人体验的方式陈述出来的，带有很强的个人“体知”的特点，然而又具有经验上的可感通性。这一突出的特征在一系列中国哲学的核心概念与观念方面都有所体现，如道、气、德、仁、理、良知、心、工夫（即方法）与工夫论（即方法论）等。

上述三个方面的特点，在以柏拉图、康德、黑格尔的哲学形态为标准的哲学“范式”里，简直就算不上是哲学。然而，当今的西方哲学本身也发生了极大的变化，仅就海德格尔的哲学表达形式而言，在相当大的程度变得更加靠近中国哲学的问题域与表达方式了，这不能不说是历史的吊诡。

三、当代哲学的新方向与中国哲学史研究的方法论思考

中国哲学的这一诗性特质，需要用一种与之相适应的研究方法来研究其发展的历史。对于此点，萧萐父先生曾经提出了“纯化”与“泛化”相结合的方法来研究中国哲学史。他说：“鉴于哲学

史研究曾羼入许多非哲学的思想资料，往往与一般思想史、学说史浑杂难分，我们曾经强调应当净化哲学概念，厘清哲学史研究的特定对象和范围，把一些伦理、道德、宗教、政法等非哲学思想资料筛选出去，使哲学史纯化为哲学认识史，以便揭示哲学矛盾运动的特殊规律。但进一步考虑哲学与文化的关系，文化是哲学的土壤，哲学是文化的活的灵魂，哲学所追求的是人的价值理想在真、善、美创造活动中的统一实现；哲学可以广义地界定为'人学'，文化本质地说就是'人化'。因而这些年我们又强调哲学史研究可以泛化为哲学文化史。以哲学史为核心的文化史或以文化史为铺垫的哲学史，更能充分反映人的智慧创造和不断自我解放的历程。"①

萧先生的这一研究中国哲学的新方法，与当代在世的中国哲学家张世英先生的哲学思考有着某种惊人的一致性。张先生在《进入澄明之境——哲学的新方向》一书中，通过对西方主流哲学传统中的主客二分，特别是近代自笛卡尔发展起来的主客二分思维方式的批判，指出了一个新的哲学方向，即在世界之中思考问题，以无限的整体作为形上学，让在场与不在场构成一个实在的无限整体的思维方式，最大限度地摆脱基于主客二分基础的本质主义哲学所带来的思想弊病，以追求相通、融通为目标，在真实的一元世界里展开无限的人生，并以超越的审美境界作为人生最高

① 萧萐父：《吹沙集》，成都：巴蜀书社，1991 年版，第 410 页。最近，其弟子之一李维武教授又提出以哲学史为中心的思想史研究，深化这一哲学史的研究方法。参见李维武著《中国哲学的现代转型》，北京：中华书局，2008 年版，第 2—32 页。

的旨归。这一新的哲学方向，我个人认为比较能切合当代及今后相当长的一段时间里的中国人在精神方面的终极价值追求。

张先生从如下五个方面来论述审美意识的特点，以及无限整体对于人的意义和人对于无限整体的感恩，从而要求人们摆脱概念哲学不断对丰富实在世界的化约而上达于一种抽象、干枯的概念认识。首先，他是这样来界说审美意识的："审美意识的本质在于主客的融合、人与存在的契合或者说人与万物的一体性；艺术品的诗意在于从有限的、在场的东西中显现出无限的不在场的东西，有限与无限、在场与不在场是一个整体。正是这作为事体的存在支持着个人的生存，它是个人生存的源泉。面对这无限的整体或一体性，有限的个人总是从自己现在的地位出发，向有限性以外展望，不断地超越自身，为无限的整体或一体性而献身，这中间就包含着人对人的责任感。"①

其次，他认为，这种审美意识不使人对世界采取一种超然的静观方式，而是通过想象的方式，从有限的个人与在场出发，把不在场的他人、世界与整体宇宙联系在一起，从而构成一个重重无尽的生命之流，既让人有一种存在的联系感、家园感，又使人产生一种无限的责任感。这种审美意识不同于宗教意识与宗教信仰，如张先生说："宗教信仰者常常教导人要感谢上帝的恩典，依我的理解，就是感谢这作为无限整体的存在对人的支持，没有它，人就是孤立无援的，任何对未来的希望都要落空，人生也就失去意义。

① 张世英：《进入澄明之境——哲学的新方向》，北京：商务印书馆，1999 年版，第 255—256 页。

无限整体对人的支持，其中包括人对人的支持，我们对无限整体的感谢也应该包含对人的感谢。”[①]

这即是讲，大多数人往往都只能注意到在场的东西，而没有注意到不在场的然而是实际存在的人与物对于他的影响。把在场的与不在场的人与物，当然包括文化传统纳入我们人的生存意识之中，面对一个实有的无限的相关整体，使我们在无穷无尽的实然的联系中获得一种生存的意义。我之所生有赖于这无限相关的整体之所赐，我之所生依赖这相关的无限整体提供的条件与平台，我之所死虽然表现为一种形式的不在场，然我之所为已然化为这无限整体的一个有机组成部分，有形的生物生命虽然停止了活动，另一种无形的劳绩——无论是精神作品，德性作为，社会性的功业，还有自己的后代，自己亲戚的后代，都将以或多或少，或弱或强的方式与关系来传承着我的劳绩。这或者也可以算是苏轼所说的“自其不变者观之”的“不变者”。

张先生还非常诗意地阐述道，正因为整体是一无限者，故是无限的，且对于每个理解了实在相关性的整体对于存在的本然方式的意义的个人而言，它就是人生的一盏明灯。他说：“超越自身，为无限整体而献身，是一个无止境的过程，也就是说，我们只能在无穷尽中实现自我，而不能有一个最终的、最完满的实现，这主要是因为无限的整体不是静止的、封闭的，不是被给予的客观，而且是永远流动的、永远发展的，它引导人不断地意识到自己的

① 张世英：《进入澄明之境——哲学的新方向》，北京：商务印书馆，1999 年版，第 256 页。

有限性，从而不断地力图超越自身，但无限整体是永远不能最后到达的，这就是为什么人们总爱说，人生永远处于征途之中。可是另一方面，人并不因此而绝望，反而因此而增加了勇气，因为无限的整体是一盏黑夜的明灯，它照亮你前进，你每迈一步，你就会感觉到人生获得了一次新的意义，达到了一种新境界。”①

再次，张先生认为，“人只有在意识到自己的有限性之时，才会对无限的精神性的整体产生崇敬之心；也只有从崇敬无限的精神性整体的观点出发，人才会努力超越自己的有限性，不断创新，不断献身。缺乏这种崇敬感的人，不是一个真正有审美意识的人，也不是一个真正有责任的人。”②

又次，张先生说：“我们所崇尚的无限美是建立在‘人与人’关系基础之上的一种主客融合的崇高美，它要求我们把‘人与人’的关系放在高于‘人与物’的层次之上，认真地以‘人与人’的关系对待人，并进而以‘人与人’的关系对待物，这才是人的自我尊严和气魄之所在。”③

最后，张先生得出这样的结论：“人生的真正的寓所，或者说，人的真我或本己，不是任何有限的事物可以界定的，人如果能体会到自己本来植根于无底深渊之中，体会到自己本来归属于‘无归属’之中，那就是找到了最可靠的寓所。无底深渊乃是人生真正的寓所，在这个寓所里，所谓主体、自我营造、日常生活中的归

---

① 张世英：《进入澄明之境——哲学的新方向》，北京：商务印书馆，1999年版，第256页。
② 同上书，第259页。
③ 同上书，第260页。

属，都可以以旷达的胸怀放置一边。”[1]

上述五个方面，只能说是简单地概述了张先生对新的哲学方向论述的基本内容。张先生深刻而又富有启发性的论述远不止这些，这需要对此问题有兴趣的读者去认真阅读张先生的著作。其实，试图通过审美的方式来解决人生问题的思路，远不只是张先生一人。20 世纪初，蔡元培先生就提出过“以美育代宗教”的设想。而在 20 世纪 80 年代，冯契先生在《中国古代哲学的逻辑发展》一书中，就特别关注美学思想及人格的养成内容，努力改变当时中国哲学界仅从纯粹的认识论发展史角度来书写中国哲学发展史的做法，这也在一个侧面与萧萐父先生“纯化”与“泛化”的哲学史观相呼应，也从中国哲学史的角度呼应了张先生新的哲学思考，并提供了中国哲学史的经验证明。[2]

不过，从中国哲学创作的具体实践角度思考来看，诗化的哲学与“泛化”的中国哲学史书写，如何能保持住哲学与中国哲学的“边界”？哲学与其他人文学，诸如史学、史学史，文学、文学史，思想与思想史，科学、科学史的关系如何处理？“泛化”究竟有没有自己的边界？如果有，这一边界又在何处？这些问题仍然是悬而未决、有待思考的。

其实，不只是当代的中国哲学努力在追求一种新的表达方式，当代西方的后现代哲学家在从事哲学思考时，也在运用新的

---

① 张世英：《进入澄明之境——哲学的新方向》，北京：商务印书馆，1999 年版，第 263 页。
② 例如，在上册第四章第一节，就专门讨论了荀子的“成人”学说。中册第七章第七节，就讨论了柳宗元的“成人”理论等。

方式思考西方哲学传统的问题，尤其是海德格尔的哲学更是如此。因此，我们完全有理由跳出西方哲学史自柏拉图以来的主流哲学传统观念，以更加开放的哲学观来思考哲学问题，来书写中国的哲学史，甚至是世界哲学史，进而重新思考哲学的基本问题，探索哲学的不同表达方式与不同形态，尝试创造出新的哲学形态，写出更加丰满的中国哲学史，乃至世界哲学史。20 世纪 80 年代末期，武汉大学哲学系的陈修斋先生曾经提出过“哲学无定论”①的命题。这一思想在当今开放的哲学观时代非常具有理论的启发意义。不仅“何谓哲学”这一问题本身是无定论的，即使“哲学”这门学科所给出的一切论断本身也是“无定论”的。这一“无定论”的哲学当然不是一种关于真理、关于哲学的绝对相对主义与怀疑主义的观念，而只是让“哲学”处在开放、多元的智慧探索过程之中，彰显作为爱智本性的哲学之作为哲学的自身特性，从而培养起人们开放的、多元的、永远探索的自由心灵。这不仅是哲学以及未来“世界哲学”的本性，也是未来中国哲学应当分享的哲学共性。

第十二节　从比较哲学到世界哲学——从《仁学》的“通”论看比较哲学前景

中国近现代哲学，从一开始就是在比较哲学与比较文化的视野里展开的，并且以比较哲学的面目出现的，尽管在当时并没有比

① 陈修斋著，段德智编：《关于哲学本性问题的思考》，载于《陈修斋论哲学与哲学史》，北京：人民出版社，2009 年版。

较哲学的学术意识。虽然当时的比较哲学还仅是以哲学比较的初级形式展开的。然而,这一新的哲学出发点,使得中国近现代哲学表现出强烈的跨文化特征。也正是这一跨文化的思想活动,拓宽了中国人的思维与心智,并且使得中国现代哲学具有古典哲学所没有的内容上的丰富性与思想上的杂糅性,和方法上的多元性与精致化。尤其是在西方哲学、文化的影响下而出现的专门哲学学科与哲学专门从业人员,使得哲学作为一门独立的知识系统而获得了长足的发展,这是古代哲学家们所意想不到的。当然,从思想的深刻性、系统性来说,中国近代哲学家既比不上中国传统哲学中的大哲学家,也比不上同时期的西方哲学家。这与该门学科的年轻,中西文化交流的不够充分,政局的多变等多种因素的综合影响密切相关。但从思想的气象来说,中国近现代哲学则具有极强的兼容并包特征,为全球化视野里的比较哲学提供了不可多得的思想遗产。本节仅以谭嗣同的《仁学》一书为例,来思考比较哲学及其可能的方向问题。

一、从哲学比较到比较哲学:关于比较哲学的一点理论思考

比较哲学,即是将比较活动纳入哲学思考范围,并对比较的活动实质、特征、方法及其可能性、可能的结果加以系统思考的哲学活动。比较哲学是文化比较、文学比较、文明比较的哲学思考,当然也是对哲学比较的一种更为系统的理论思考。①

---

① 有关"比较哲学"的定义及相关论述,可参阅[日]中村元著,吴震译《比较思想论》,朱志方著《比较哲学的基本问题(代序)》,苏德超著《中西比较哲学的可能性及其限度》等文章,见《哲学评论》第6辑,武汉:武汉大学出版社,2007年版。

比较哲学当然离不开哲学比较，但哲学比较远不是比较哲学。比较哲学就其产生的社会历史基础而言，是“世界历史”出现的事实。“世界历史”将各民族连为一体，使得文化比较成为一种无法回避的思想任务，比较哲学因此应运而生。

相对于一般性的文化比较和哲学比较的活动而言，比较哲学则是以一种追根寻源的方式思考文化、文明中的异中之同与同中之异的现象，并对差异的文化、文明现象作一通盘思考的哲学活动。最终是求其会通、存其差异，为世界历史提供精神交流的共识与底线。

从历史的角度说，比较哲学起源于哲学比较。但作为哲学研究活动中的一种经常现象——比较活动并不必然地导致比较哲学的出现。比较哲学是从广义的文化比较，包括哲学比较的思想活动中，寻找一些带有根本性、普遍性的问题，并力求给出最圆通、不矛盾的理论回答。这样，比较哲学就不是简单地罗列不同哲学家的思想，然后加以求同存异的论述，而是要在哲学比较的视野里寻找人类思想的一般性特征。比较哲学的终极形态可能是世界哲学。而所谓“世界哲学”，则是在今日全球化的时代背景下，各主要文明形态里的思想家、哲学家从自己的文明与哲学传统走出，走向世界，并尽可能多地运用其他民族的文化与思想资源，对当今及未来人类面临的共同问题给出哲学性的回答。

目前，在西方学术界已经有了一些比较哲学的教材。如早期的有法国人马松-乌尔色（Paul Masson-Oursel，1882－1956）写的《比较哲学》（*La Philosophie Comparée*，1926），德国人海曼

(Betty Heimann, 1888 - 1961)写的《印度哲学和西方哲学》(*Indian and Western Philosophy*, 1937)。[①] 比较晚近的有瓦尔特·本尼斯克(Walter Benesch, 1933 -)的《比较哲学导论》(*An Introduction to Comparative Philosophy — A Travel Guide to Philosophical Space*, 1997)。

至于一些具体的思想家,个别问题的比较研究,目前西方的汉学界、中国的学术界已经有很多成果,难以一一述及。欧洲汉学界最早研究中国哲学的论文当数莱布尼兹的《中国的自然神论》。[②] 伴随着传教士不断地向欧洲发回有关中国的资料,欧洲汉学界对于中国的研究应当开始于 18 世纪,欧洲与中国文化的比较研究工作最迟不晚于 1740 年左右。相比较而言,中国对于欧洲的研究大约要晚到 1840 年以后,整整有一百多年的差距。直到目前为止,中国还没有一本正式的比较哲学的教材,尽管已经有不少的相关专著与论文了。

据读者有限的阅读经验来看,雅斯贝尔斯的《大哲学家》其实就是一本非常好的比较哲学史著作。他从三个大的主题出发,将世界上大哲学家分成三大类:第一类是思想范式的创造者,有四个大人物,他们分别是苏格拉底、佛陀、孔子和耶稣;第二类是思辨的集大成者,有三个大人物,他们分别是柏拉图、奥古斯丁(Augustine of Hippo, 354 - 430)和康德;第三大类是原创性形而上学家,他们是

① 参见金克木著《比较文化论集》,北京:生活·读书·新知三联书店,1984 年版,第 196 页。

② 此文据推算大约写于 1717 年左右,而于 1735 年发表。见李文潮,H.波塞尔编《莱布尼兹与中国》,北京:科学出版社,2002 年版,第 3 页及注释第 25。

阿那克西曼德（Anaximander，610 – 546BC）、赫拉克利特（Heraclitus，c.535 – c.475BC）与巴门尼德（Parmenides，c.515BC –?）、普罗提诺（Plotinus，204 – 270）、安瑟尔谟（Anselm，1033/1034 – 1109）、斯宾诺莎（Baruch Spinoza，1632 – 1677）、老子、龙树（Nāgārjuna，约公元2世纪）。也许，我们不能同意雅氏的分类法，更不能完全同意他在每类中所罗列的哲学家及其数目，这都不要紧。因为，随着比较哲学研究的深入，我们对此问题会形成新的看法，但雅氏所提供的比较哲学研究思路，在我看来基本上可以接受。将我们所知的知识进行新的分类，是哲学思考的基本要求，因为这是形式逻辑的基本要求，也是任何理性思维的基本要求。从一个统一的哲学原则出发，将世界各大民族思想中的大思想家进行分类，是比较哲学的最基本的工作之一。

当然，比较哲学还有很多事情要做，许多问题要研究，有些事情已经有人做了，只是做得好与不好的问题；如现代西方分析哲学对翻译问题的理论研究，可通约性问题的分析，都可以看作是比较哲学是否可能的基本理论问题。① 有些问题已经呈现，但还没有研究，如比较哲学究竟是求同还是存异？抑或两者兼采？而有些问题甚至还没有展开，从而根本无法进入我们的思维。不过，就比较哲学已经固有的问题来说，已经有很多事情让我们去忙乎了。本节的主旨不在于讨论何为比较哲学的重大理论问题，而仅是以此为楔子，引入对谭嗣同《仁学》的研究，并通过比较哲

① 参见朱志方《人的透明本质与翻译的确定性》，载于《哲学评论》第六辑，武汉：武汉大学出版社，2007年版。

学的眼光，努力将谭嗣同哲学思想研究引入新的问题领域，揭示近现代中国哲学的“现代性”特征。

二、旧概念，新诠释：《仁学》给比较哲学提供的创新思路

有关谭嗣同《仁学》一书的研究，仅以目前手上所有哲学史著作来看，其成果就已经相当丰富了。此处的主要研究目标不在于对《仁学》一书的思想性质及其中的哲学核心概念进行讨论，而是主要从其诠释的策略角度，揭示其哲学创新的思路。

如果说，中国现代哲学家，如胡适、冯友兰采取的是以西释中的诠释路径，作为近代思想家的谭嗣同则是立足于中国文化的本位，引进西方的新知识，对中国传统思想的核心概念进行了新解释，从而使中国传统哲学焕发新的时代光芒。

谭嗣同是思想家，但更是政治改革家，他的哲学思想是服务于其现实的政治改革需要的，因而与书斋里的哲学家与学者有着极其不同的思想品质。他还来不及理会什么学理上的行得通、行不通的问题，他要创造一种新的理论，并以此理论来圆通地解释世界，从而为他改造世界提供理论武器。因此，《仁学》与其说是一部哲学著作，更具体地不如说是一部政治哲学著作①。从一定的意义上说，这部政治哲学著作是继黄宗羲《明夷待访录》之后中国清末社会里少有的几部带有原创性的政治哲学著作之一。

① 有关这一点，李泽厚、萧萐父等都有所论述。参见李泽厚《谭嗣同研究》一文，载于《中国近代思想史论》一书，北京：人民出版社，1979 年版。萧萐父、李锦全主编《中国哲学史》(下)，北京：人民出版社，1983 年版。

近来有些学者认为，中国现代哲学基本上处于失语状态，离开了西方哲学的名词，中国哲学不知说什么，不知如何说话。也有学者认为，自 1895 年甲午战争失败后，中国社会普遍处于一种失望之中[①]。在我看来，至少在思想精英层面，有些杰出的思想家并未丧失民族的自信。康有为、梁启超、谭嗣同等维新派的思想家与改革家并没有完全丧失自己民族的自信心。而《仁学》一书至少在形式上还是借用中国传统儒家思想的核心概念，阐述中国文化的未来前途及与世界文化发展趋势相统一的文化政治理想。有关《仁学》一书的研究，20 世纪以来已经有很多成果，对于认识该书的思想结构提供了非常有意义的论述。但由于研究者的理论范式多取法于西方哲学的某些学派的理论模型，很少有学者明确地从比较哲学的视角来讨论《仁学》一书的创新之处。因此，他们的一些研究结论往往是根据西方哲学的一些观点将谭嗣同的哲学判定为某一种性质的哲学，或唯物，或唯心等。而对于谭嗣同哲学融会中西古今而表现出的自我创发性思考，则认识不足。此处想从比较哲学的视角，揭示谭嗣同哲学创新的思路与策略，从而对当今中国哲学创新提供一点借鉴的意义。[②]

从比较哲学的角度看，笔者认为，谭嗣同《仁学》一书中最精彩的倒不是什么哲学本体论的论述，而恰恰是其中的反专制思

---

① 参见葛兆光《中国思想史》第二卷第三编第九节，上海：复旦大学出版社，2000 年版。

② 也许，从“世界哲学”的角度看，比较哲学仅是一种过渡形态的哲学，而且主要是作为一种通达世界哲学的桥梁，其自身形态的独立性是有疑问的。但如何会出现世界哲学呢？我想比较哲学，乃至于哲学比较仍然是哲学家不可逾越的思想阶梯。参见张汝伦《走向世界哲学——从雅斯贝尔斯的观点看》，载于《文史哲》，2008 年第 3 期。

想，以及其中所包含的不甚清晰但又有重要意义的现代资产阶级民主、自由的新思想。他把“仁以通为第一义”作为核心命题，将现代社会所呼唤的一些核心价值，诸如平等、自由，民族国家之间的和平、自由贸易等内容都涵盖其中，高度体现了谭嗣同对现代价值的敏感与睿智，并以一个中国哲学家的身份，以中国固有的概念与思想方式表现了对现代价值的理解与诠释。谭嗣同哲学创新的策略在于他借用中国传统中最有影响的少数概念之一——“仁”来阐述他的新思想。

也许我们可以说，他对西方哲学思想知之甚少，只能如此。但不管怎么说，他呈现给我们的《仁学》文本是以“仁”来涵盖其他新的知识与思想的，并且以“通”为核心精神来阐发“仁”的现代意义。因此，我们只能从“仁”这一旧概念包含着新的精神——“通”的哲学创新路径的思想史现象出发，来揭示其思想创造的价值与意义。在《仁学》一书的开头，谭嗣同从二十七个方面揭示了“仁以通为第一义”的丰富意义①。我想将这二十七个方面的意义重新进行归纳，从以下三个方面——通；通之具；通之具体方法来揭示“仁—通”思想的新内涵。

（一）“仁以通为第一义”——《仁学》中“通”的概念与社会理想

“通”是谭嗣同“新仁学”的根本义，是其所有哲学思考的出发点。它包含“体”与“用”两个方面。从“体”的方面看，“通”是指一

① 参见蔡尚思，方行编《谭嗣同全集》（下册），北京：中华书局，1981年版，第291—293页。

种状态，是所有物事、所有现象之间畅达无碍的流动、活泼状态，而从用的方面看，则是谭嗣同自己所说的“通之义与通之象”。

将“通”看作是谭嗣同“新仁学”的根本义，则谭嗣同的哲学就不能用唯物与唯心来界定其性质，也不能用什么“以太为其本体论”的西方哲学模式来加以分析。如果硬要用西方哲学模式来理解谭嗣同的哲学，那么笔者认为，其哲学的形上学，或曰本体论就是“通”。众所周知，老子的哲学以“道”为核心概念，张载哲学以“气”为核心概念，朱熹哲学以“理”为核心概念，那么谭嗣同的哲学则是以“通”为核心概念。而“通论”就是其哲学的形上学，就是其哲学的本体论，其他一切内容都服从“通”义。谭氏明确地说：“以太也，电也，心力也，皆所以通之具。”也即是说，以太、电、心力都是实现通的具体凭借，而“通”的状态才是其“新仁学”的根本精神。

从“用”的角度来看，谭嗣同哲学有这方面的描述。他所说的“通之义与通之象”，即“通”的内容与形式。通之义有四个方面：也可以说有四个维度，即中外通，上下通，男女内外通，人我通。“中外通”涉及民族国家的和谐畅达关系，“上下通”涉及社会各阶层、阶级之间的和谐畅达关系，“男女内外通”涉及两性之间、家庭内外之间的和谐畅达关系，“人我通”涉及广义的他人与自我的和谐畅达关系。第四通其实可以包含第三通，但由于几千年来男女内外的不通，使得谭嗣同必需将男女内外通单独列举出来，以显示解放妇女与家庭、社会秩序关系重建的重要性。

谭嗣同又说，“通之象为平等”。此处之“象”可以理解为“用”，即现实的功能。因为，在谭嗣同看来，“平等者，致一之谓也。一则通矣，通则仁矣。”如果从体用关系的角度来理解这句话，可以清楚地看到，平等即是实现了的统一，而统一则是“通”，“通”就是“仁”本身。显然，“平等者，致一之谓也”的说法是由“用”达“体”，是一种逆向的回溯结果。

在“用”的层面，“通”之象还表现在各种知识与各种理论之间的相互沟通，人的灵魂与人的体魄相互沟通，过去、现在、未来的相互沟通。要而言之，现象世界的一切之间从原则上讲都没有隔膜，可以相互沟通、转化，从而形成一个生机活泼的世界。这一生机活泼的世界图景就是谭嗣同“仁—通”哲学所要追求的政治与社会理想。

（二）“以太也，电也，心力也”，“所以通之具”——“仁学”的动力基础

如果从中国传统哲学的体用角度看，谭嗣同哲学的确表现为以“以太为体”，“以仁为用”的思想特征。如在《仁学一》之一的开头说：“遍法界、虚空界、众生界，有至大、至精微，无所不胶粘、不贯洽、不筦络、而充满之一物焉，目不得而色，耳不得而声，口鼻不得而臭味，无以名之，名之曰‘以太’。其显于用也，孔谓之‘仁’，谓之‘元’，谓之‘性’；墨谓之‘兼爱’，佛谓之‘性海’，谓之‘慈悲’；耶谓之‘灵魂’，谓之‘爱人如己’‘视敌如友’；格致家谓之‘爱力’‘吸力’；咸是物也。法界由是生，虚空由是立，众生由是出。”①

---

① 蔡尚思、方行编《谭嗣同全集》(下册)，北京：中华书局，1981 年版，第 293—294 页。

正因为如此，有人据之以为谭氏哲学具有唯物论的色彩。然而，在谭氏《仁学》一书中，讨论“所以通之具”的内容并不是主要的。这不仅表现在具体的文字数目方面，更主要表现在其理论的旨趣方面。《仁学》的主要思想旨趣在于思考如何实现“通”的社会理想与政治理想方面，并不是一种建立在坚实自然科学基础上的自然哲学。所以在《仁学一》之四中，谭氏又说：“是故仁不仁之辨，于其通与塞；通塞之本，惟其仁不仁。通者如电线四达，无远弗届，异域如一身也。……苟仁，自无不通。亦惟通，而仁之量乃可完。由是自利利他，而永以贞固。”[①]又说：“夫仁、以太之用，而天地万物由之以生，由之以通。星辰之远，鬼神之冥，犹将以仁通之；况同生此地球而同为人，岂一二人之私意所能塞之？亦自塞其仁而已。”[②]

为了实现“仁者通”的社会与政治理想，谭氏对阻碍“通”的传统三纲思想与制度，五常中阻碍“通”的思想与制度的部分内容进行了分析，从而展开了对传统社会与文化的激烈批判。其目的在于解放人的灵魂，实现人与人的平等。

在思考所以“通之具”有问题时，谭氏特别提出了以心力挽劫运的思想改造方法。这一思想改造方法也是后来有些研究者将其哲学判定为“唯心主义”的一个重要思想依据。其实，谭氏哲学并不特别以“心力”作为其思想的起点，而只是在实现通的社会与政治目标时，借用“心力”的途径实现“通”的目标而已。“心力”仅

---

① 蔡尚思、方行编《谭嗣同全集》(下册)，北京：中华书局，1981年版，第296页。
② 同上书，第297页。

是谭氏实现其社会理想的一种工具性的手段而已。

从“力”的角度看，“以太”“电”可以看作是物质性力量，而心力则是一种精神性的力量。这两种力量都是实现“仁通”的工具，而“仁通”并不是反过来作为“以太”“心力”的工具。同遍法界而在的“以太”，其实也就是广义上的“仁”，它具体表现在不同的学派与民族文化之中，称谓不一样而已。此种意义上的“以太”并不是西方文化背景下的原有“以太”概念了，而是谭嗣同为了揭示“仁通”的普遍性而化用了“以太”的概念。这当然表现了近代社会初期西方文化强大的事实，中国哲人要阐述新的思想，不得不借用西方的思想与概念，作一种“反向格义”[①]的活动。

（三）所以通的方法

① 在思想原则方面，要实现“通”的社会与政治目标，谭氏提出了“尚新”“主动”的哲学思想。他说：“夫善至于日新而止矣，夫恶亦至于不日新而止矣。天不新，何以生？地不新，何以运行？日月不新，何以光明？……以太不新，三界万法皆灭矣。……则新也者，夫亦群教之公理已。”[②]

然而，新的根本动力何在呢？谭氏追溯到“以太之动机”。他认为从自然界到人类社会，都是崇尚“动”的。“动”乃“仁之端”，“天行健，自动也。天鼓万物，鼓其动也。辅相裁成，奉天动也。

① 刘笑敢：《“反向格义”与中国哲学研究的困境——以老子之道的诠释为例》，参见刘笑敢主编：《中国哲学与文化》第一辑，桂林：广西师范大学出版社，2007 年版。
② 蔡尚思、方行编《谭嗣同全集》（下册），北京：中华书局，1981 年版，第 318 页。

君子之学，恒其动也。……夫善治天下者，亦岂不由斯道矣。”①他从主“动”的哲学观点出发，批评传统社会是“不过力制四万万人之动，絷其手足，涂塞其耳目，尽驱以入契乎一定不移之乡愿格式。”②

② **在具体社会操作层面，谭氏主张与国际社会广泛接触，主动通商贸易，以实现互通有无的经济的、外交的目的**。《仁学一》之二十三云：“夫财均矣，有外国焉，不互相均，不足言均也。……自然之大利，无便于此者。故通商者，相仁之道也，两利之道也，客固利，主尤利也。……夫仁者，通人我之谓也；通商仅通之一端，其得失已昭然明白若此。故莫仁于通，莫不仁于不通。”③

③ **惜时与发展生产**。谭氏在思考所以通的方法时，还考虑到了发展生产力的问题。“惜时之义大矣哉！禹惜寸阴，陶侃惜分阴。自天子之万机，以至于庶人之一技，自圣贤之功用，以至于庸众之衣食，咸自惜时而有也。自西人机器之学出，以制以运，而惜时之具乃备。”④

他又提倡“有学之农”。这也是发展生产力的一个方面的表现。《仁学二》之四十六阐述了“斯农之所以贵有学”的道理：“地学审形势，水学御旱潦，动植学辨物性，化学察品质，汽机学济人力，光学论光色，电学助光热。有学之农，获数十倍于无学之农。”⑤

---

① 蔡尚思、方行编《谭嗣同全集》(下册)，北京：中华书局，1981 年版，第 320 页。
② 同上书，第 322 页。
③ 同上书，第 328 页。
④ 同上。
⑤ 同上书，第 366 页。

综上所论，笔者认为，“通”是谭嗣同哲学的本体论或曰形上学基础。以“通”释“仁”既符合儒家传统的仁学思想[①]，又是在新的“世界史”条件下凸显了仁爱中的上下内外人我男女等各种复杂关系之间的沟通与交流，从而为中国走出自己的历史与区域局限，走进现代的世界提供了新的哲学本体论证。

三、《仁学》之“通”与现代人道主义——从比较哲学到“世界哲学”

《仁学》一书之“通”的内涵是多方面的，作为现代人类的基本价值基础，我认为《仁学》之“通”即是现代的人道主义。这一现代的人道主义超越了任何宗教派别之争，也是沟通世界各民族，建构世界哲学的基本价值起点。

人类自从15世纪的地理大发现之后，文化比较就已经开始了。19世纪资本主义的全球扩张，让人类走出了国别史、地域史时代，从而走进了“世界历史”的时代。比较文化更加深入，而比较哲学也因此应运而生。20世纪初期兴起的“现代新儒家”学派，其哲学基本上是比较哲学。当今全球化时代，各个学科领域都在从全球与世界的眼光重新思考问题，“世界体系”的构想，全球伦理的构想为“世界哲学”的构想提供了思想的“支援意识”。在新一轮的中西比较哲学思潮的推动下，思考“世界哲学”已经不

① 在传统儒家的思想中，像孔子所说的“泛爱众而亲仁”，孟子所说的“推恩”思想，《易传》有关“通”的论述，宋明儒者乐于以“麻痹”“不通”作为“仁”的反面现象以阐释“仁即通”的思想，都是谭嗣同“仁—通”思想的传统资源。所以，以“通”释仁不仅符合儒家传统思想，而且富有时代气息。

再是一种梦想。

在地球村的时代，提倡一种“世界哲学”是可能的，问题的关键在于我们如何去思考“世界哲学”的问题。“世界哲学”并不企图建立一种类似世界政府的统一哲学，而是以世界走向紧密联系，不可分割的现实与未来的趋势为思想对象，思考人类共同体当如何生存、交往等新的问题。1937年之后，德国哲学家雅斯贝尔斯对“世界哲学”有一系列深入的思考①。1960年，日本学者中村元出版了《比较思想论》，其中论述了“普遍的思想史”与“世界哲学”的问题。② 因此，在今天的中国谈论“世界哲学”已经不是什么新鲜的事情了。但是，今天谈论世界哲学的时代背景又有不同于20世纪60年代以前的地方，那就是在经济全球化，文化多元化，特别是民族文化的本土化浪潮日益高涨，西方文化绝对主宰的态势有所后撤的时代条件，“世界哲学”将会有更多的后发展国家与民族的精神内涵。当近代启蒙运动奠定了人在哲学中的地位之后，现代的所有哲学都是关于人的生存的哲学思考，即使是现代的宗教哲学和生态哲学也离不开对人的问题的思考，而毋宁说他们是从宗教和生态的角度来思考人的生存问题罢了。与以往哲学思考人的眼光与视野不同，世界哲学是以人类的眼光来思考人的问题。换句话说，世界哲学把人的问题放在世界一体化的背景下来思考全世界的每一个人的生存与发展的问题。我们

① 参见张汝伦《走向世界哲学——从雅斯贝尔斯的观点看》，载于《文史哲》，2008年第3期。

② 参见［日］中村元著，吴震译：《比较思想论》第四、五、六章，杭州：浙江人民出版社，1987年版。

在此所说的“世界哲学”还只是比较哲学发展的一个目标与方向，目前还不能对它的所有具体内涵作出明确的规定性。世界的一体化还处在生成与发展的过程之中，世界哲学也处在生成与发展的过程之中。但“世界哲学”绝对不是一个空洞的口号，而是有一些基本的原则。至少，像异质文化的通达与理解，相互之间的承认与容忍，是其中不可缺少的基本原则与内容。正是从这一点讲，谭嗣同以通释仁，在哲学精神上已经使得他的《仁学》一书具备了“世界哲学”的精神气质。

简要地讲，处在世界经济进一步全球化，文化的民族主义情结愈加浓厚的历史时期，世界哲学必须面对人类这样的生存处境：在可预见的未来，民族国家及其主权问题仍然是国际政治的核心问题。地区的不平衡与多种政治制度如何和平共存并相互沟通，是一个非常棘手的，而且将是长期的国际政治问题。各种文化传统、宗教信仰之间的相互承认，并在交流中相互吸收、改变，也是一个日益重要的问题；全球环保与打击国际犯罪问题需要世界各国采取一些比较一致的行动。上述种种要求必需要有一些基本的人性共识、伦理原则与法律文化的共识。因此，在综合各大文化与宗教传统的基础上，形成现代社会的伦理共识是当今“世界哲学”面临的首要的哲学问题。正是从这一角度看，笔者认为，谭嗣同以“通”为其“新仁学”的第一要义，实在是比较敏锐地捕捉到了“世界历史”时代的根本哲学问题。谭嗣同的《仁学》一书，通过儒家的“仁学”概念，将佛教中的慈悲精神，以及耶教中的博爱精神，现代资产阶级的人道主义混合在一起，以“仁以通为第一义”的核心命题，将中国古典的人道主义精神转换到现代的资产阶级人道主义的精神层面，而且在很多具体论述层面还包含了超越现代资产阶级人道主义的内容，带有空想社会主义与普世主义的理想光芒。而“仁学”的时代精神是“通”，这一“通”的精神即是“世界哲学”的基本含义。欧洲哲学要走出欧洲通达世界其他各民族，中国哲学也应当走出中国而通达世界各民族，其他各民族的哲学（如果有自己的哲学的话），无不要走出自己本民族的哲学而走向通达其他民族的哲学。没有“通”，就不可能有世界哲学。这是谭嗣同将“内外通”列为四通的第一通的精义之所在。

因此，“世界哲学”的第一要义即是各民族精神的相通，以一种求同存异的方式形成人类精神文明的共通底线，克服人类文明交流过程中的不可通思想与怀疑主义思想。在谭嗣同“四通”的思想原则基础上，根据当今社会的要求（亦是谭嗣同论述过的问题），兹从世界哲学的视野再增加四通，从而形成“八通”。“八通”亦即“八达”。中国成语亦有“四通八达”一词，世界哲学也就是追求一种“四通八达”的哲学。

其次，男女通。进一步消除男女两性之间的不平等、心理隔膜，使男女两性之间基于人的自我全面发展讨论两性之间的相互平等、补充、发展；尊重两性的生理与心理差异，完善自己，发展出不同的文化。

再次，人我通。即在他人与自我的关系上，形成可以对话交流的关系。人们不要将自己与他人隔离开来，形成一个自我封闭的状态。亦不能自以为是、自说自话，而要学会倾听，学会从他人的立场理解他人，立己立人、达己达人。

又次，上下通。这主要是从社会阶层与社会管理的角度而言。从社会地位与社会财富的角度说，居于上位的人群与居于下位的人群应该相互沟通。居于社会上层的领导与居于下层的群众之间应该沟通。这种沟通、交流不仅要有制度的保证，让下层人的意见无阻碍地传达到上层，而且还表现在社会利益、社会机会的公平获取，从而实现上下通的社会理想。

同时，城乡通。这一问题在当前中国的现代化过程中表现得尤为突出。以前各种阻碍城乡之间的种种有形的规章制度与无形的文化、心理习惯，使得中国的农村始终处在中国社会的边缘地带，从政策到人的心理都有一种蔑视农村的倾向。改革开放四十年来，城乡之间的“不通”状况有所改善，但有些问题还依然存在。走向世界的中国，如果自己社会内部城乡之间不通，那是非常有问题的。一种四通八达的世界哲学很难想象城乡之间的不通。

还有，灵肉通。这个问题比较好理解，即人的精神与肉体的相互通达，不以灵魂轻视肉体，不让灵魂受到肉体的奴役与束缚。以健康的肉体促进灵魂的健康，以高尚的灵魂引导健康的身体。

复次，古今通。现代社会之初，有一股强大的反传统的思想潮流。在中国，这股潮流尤其剧烈。现代性的焦虑与傲慢、偏见，使得古今关系变得非常紧张。在当今及今后的相当一段时间里，中国哲学要走向世界，中国哲学要有“世界哲学”的眼光、气质，就需要在古今贯通的方面作出更大的努力。不仅要让中国的现代与古代相贯通，而且也要让中国的现代与古代的他者文明相贯通，从而形成具有博雅气象的现代中国文明，而不是一种暴发户性质的浅薄的现代文明。

最后，作为一种理想，实现人与自然的通达。这一点比较困难。由于人在物质生活方面始终要依赖大自然提供的资源，而目前地球的自身状态是人赖以生存的根本。人还无法改变地球的自然生态状况以适应生存的需要，人只能顺应地球提供的自然条件而生存。在有限的范围内人可以改变自然的一些面貌，甚至也可以破坏大气层，但无法再造一个大气层，尤其是很难脱离太阳系而别找生存空间，至少在可见的未来 50—100 年里还做不到这一点。人与自然通在目前主要是人对自然规律的能动地遵循，从而让人类与大自然保持一种良性的循环关系。

如果将谭嗣同"通"的概念与雅斯贝尔斯的"交流"概念[①]，哈贝马斯(Jürgen Habermas，1929－)的交往理论联系起来，笔者觉得谭嗣同的"仁以通为第一义"的新仁学思想，其实就是中国近代思想家在讨论人类之间的"交流"与"交往"的理论问题。[②] 也许，谭嗣同以"通"的概念所表达的人类交流(或交往)的思想不如雅氏与哈氏深刻、系统，但他毕竟把握了现代人类精神的脉搏，从而也使他有资格跻身于现代世界哲学家之林。这样讲丝毫没有

---

① 参见张汝伦《走向世界哲学——从雅斯贝尔斯的观点看》，载于《文史哲》，2008 年第 3 期。

② 在暑期讨论会上，邓晓芒教授就此比较提出质疑，问谭嗣同的"通"有没有"通"的现代主体？这个问题非常好。谭嗣同"通的哲学"有类似于雅氏与哈氏的现代主体性的人。他对专制政治的批判，对现代自由人格的呼唤，使得他的"仁—通"哲学远离了传统儒家的仁爱思想，而具有现代哲学的精神气质。此为一大问题，需要另一篇文章深入论述，在此仅作一简单的说明。

要夸大谭嗣同哲学成就的意思，而只是借此思想个案表明：中国近代哲学所具有的“世界哲学”意识。认真咀嚼、反思中国近现代中国哲学中的“世界哲学”意识，可以为当代中国哲学走向世界提供一种近现代的思想与精神资源。

需要稍加说明的是，“世界哲学”并不是要消灭各民族的哲学，而应当是站在各民族哲学的深层根基之上通达其他民族的精神。[①] “世界哲学”观念下的“人”是世界各民族文化的“精神旅游者”，而不是“精神流浪汉”，他可以从自己民族精神的故乡作环球旅游，而最终回到自己民族的精神之中。[②] 在这一点上，笔者认为谭嗣同的《仁学》一书给我们提供了一种启示。

这是一个欧洲哲学走出欧洲，中国哲学走出中国，各民族哲学走出自己传统，走向他者、走向世界的哲学大会师，在这种哲学大会师的过程中，各民族哲学将会在与他者的对话过程中，在“世界意识”的洗礼下而回到自身，从而形成一种带有各民族精神烙印的“世界哲学”。在我们前面，老一辈哲学家如金岳霖及其弟子冯契已经作出了突出贡献，如金先生的《论道》与《知识论》；冯契先生的《人的自由和真善美》等“智慧说”三篇已经为我们作出了榜样。现在的问题是：我们如何在充分发掘中国古代哲学思想资源的同时，合理地继承中国现代哲学的思想成果，写出新的具

① 在暑期讨论会上，邹元江教授对于我提出的“世界哲学”的观念，持激烈的反对意见。他认为，越是民族的越是世界的，太通了、都通了，就没有民族性了。邹教授的观点有助于我对“世界哲学”与民族性问题关系的更加深入地思考，但不会阻止我对“世界哲学”作更进一步的思索。

② 参见吴根友编《学鉴》第二辑《跋语》，武汉：武汉大学出版社，2008 年版。

有“世界哲学”意识的中国哲学。换句话说，生产出打上中国制造印记的“世界哲学”作品。

第十三节　萧萐父先生的比较哲学思想

20 世纪中国哲学基本上是在比较哲学的视野里展开的，但将比较哲学作为一种思想的对象，则是比较晚近的事情。萧萐父先生也是这样。作为中国马克思主义哲学史家的萧萐父先生，其真正的哲学教学与研究生涯，是发端于运用马克思主义哲学的基本观点来研究中国哲学史这项工作。其早年的一些哲学文章，如《原美》，本科生时代的学位论文《康德之道德形上学》等，还只能看作是哲学研究的开始，是其哲学教学与研究的准备阶段。但即使在此阶段，萧先生也表现出了融西方哲学于中国哲学，尤其是当代中国人生哲学的思考之中的特点。真正展示了萧先生比较哲学的自觉意识，当以他与李锦全教授共同主编，于 1982 年、1983 年先后出版的《中国哲学史》教材为成熟标志，以 1983 年发表的《中国哲学启蒙的坎坷道路》一文作为集中、浓缩的表现。其后，他的比较哲学思想又透过对“诸子”观念的泛化，把当今的世界哲学看作一个整体，呼唤有志于中国哲学研究的学人，敢于参与世界范围的诸子争鸣之中。此一阶段的比较哲学思想已经俨然进入了世界哲学的新领域。除了一些学术论文之外，萧先生的比较哲学思想还体现在他的研究生培养的教育思想之中，他通过对武汉大学中国哲学史团队研究生培养经验的总结，提出了 20

字方针：德业双修、学思并进、史论结合、中外对比、古今贯通。其中“中外对比”即是“比较哲学”的思想，并将其贯穿于研究生教育与培养的过程之中。本节将集中讨论他的比较哲学思想，暂不涉及他的比较哲学思想在研究生教育中的具体表现。

一、中西哲学启蒙的异同比较研究及其理论贡献

毋庸讳言，萧萐父先生是马克思主义哲学史家，其直接的思想资源之一便是侯外庐先生的思想。萧先生关于中国哲学早期启蒙思想的论述，是从侯外庐那里继承过来的思想遗产，但同时又有他自己的新认识。这种新认识主要表现在三个方面，一是将中国早期启蒙思想直接上溯到16世纪中后叶，将李贽既看作是中世纪的“异端”思想家，又看作是早期启蒙思想家。这一点在其与李锦全共同主编的《中国哲学史》(下册，1983年版)有明确体现。他这样说：“李贽的异端思想具有新的时代特征。他是在对封建传统思想进行自我批判的过程中，敢于首先摆开‘堂堂之阵’，举起‘正正之旗’，具有‘正兵在我’，‘交战而不败’的英勇斗争精神的重要启蒙思想家。”[①]又仿照恩格斯对欧洲文艺复兴时期启蒙人物的评价，评价李贽道：“李贽以他‘所特有的那种勇敢冒险者精神’，用笔和舌参加了当时反封建黑暗统治的斗争。他的具有批判、揭露性的战斗理论，证明他是具有‘那种完满的与坚强的性格’的启蒙思想家”[②]。侯外庐虽然也这样说：“中国启蒙

---

① 萧萐父、李锦全主编：《中国哲学史》(下)，北京：人民出版社，1983年版，第173页。
② 同上书，第183页。

思想开始于十六、十七世纪之间，这正是‘天崩地解’的时代”①，也明确地说道“中国的启蒙者如何心隐、李贽以至王夫之、黄宗羲、顾炎武和颜元等人”，②但在实际上，他基本上将中国早期启蒙思想的发生时期放在17世纪，以王夫之等17世纪的思想家为其典型代表。在其与他人合作主编的《中国思想通史》第四卷里，将李贽列为异端思想家，从而与王夫之、黄宗羲、顾炎武等17世纪的启蒙思想家区分开来。

二是在中西比较的哲学视野里，他将中国哲学早期启蒙任务规定为反“伦理异化”，从而与西方文艺复兴以来近代人文主义思潮反对“宗教异化”形成鲜明的对比。他还认为，相对于文艺复兴以来西方的人文主义思想而言，宋明理学发展出的一套哲学思想并不是什么儒家人文主义，而只是伦文主义：“这种伦理至上主义，绝非人文精神，相反地，乃是一种维护伦理异化、抹杀人文意识的伦文主义。它不仅取消了人的主体性，尤其抹杀了人的个体性，把个体消解于异化了的群体人伦关系之中。只有冲破伦文主义的网罗，才可能唤起人文主义的觉醒。”③

三是对中国哲学早期启蒙思想性质的规定不同于侯外庐先生。他借用马克思的基本哲学思想，将中国哲学的早期启蒙思想规定为一种特定历史条件下的“历史自我批判运动”。

萧先生关于中国哲学早期启蒙思想的三点新认识，得力于他

---

① 侯外庐著：《中国思想通史》第五卷，北京：人民出版社，1956年版，第3页。
② 同上书，第27页。
③ 萧萐父：《吹沙集》，成都：巴蜀书社，1991年版，第141页。

对中国哲学自晚明以来与西方哲学交流、对话的历史认识而自觉地从事“求同异”“别共殊”的理论追求有关。他认为，从中西哲学、文化的比较研究历史来看，晚明以降到20世纪80年代，大体上有过五次大争论，第一次大争论在明末清初，这一次论争所涉及的问题，“主要是表层文化中的某些异同和科技应用方面的问题。”①第二次大论争发生在鸦片战争以后的社会动荡和民族危机之中。而这一次争论中，无论是造成吸收西学的，还是主张抵制西学的，“都异口同声地认为所有西学，都是我国古已有之。”②而这两次的中西文化异同的论争中，共同表现了一种思想倾向，即“中国知识分子或从天朝上国的心态出发，或仅为了满足‘以西为用’的需要，于是流行着一种‘西学中源论’的思潮。”③第三次争论是五四时期。这一时期的论争大体上可以分成三派，一是国粹派，这一派“主张中国文化自有其主体精神与发展走向”；二是全盘西化派，这一派认为中国“百事不如人”。这两派在具体的观点上是截然相反，但实际上“都认为中西文化根本不同，是两种异质的文化”④；三是马克思主义派。他们也强调“中西文化的根本差异，但突出的是社会阶段不同的时代性差异；也有主张中西文化可以‘互补’而孕育出‘第三种文化’，实指社会主义文化。李大钊就是有这样的主张。”⑤第四次大争论是五四以后至抗战后期。

---

① 萧萐父：《吹沙集》，成都：巴蜀书社，1991年版，第68页。
② 同上。
③ 同上。
④ 同上书，第69页。
⑤ 同上。

这一次争论从总体上看，对中西文化的认识“已不再是肤浅地认同或笼统地立异，而是力求在较深入地比较研究的基础上，察异观同，融会贯通。”[①]在这一历史时期，产生了一批新的理论体系，如“金岳霖的新玄学体系、冯友兰的新理学体系、贺麟的新心学体系、熊十力的新佛学体系、朱谦之的新文化哲学体系、朱光潜的新美学体系，以及顾颉刚等一批史学家为代表的新史学体系，特别是把马克思主义学说与中国革命实践相结合的毛泽东的‘新民主主义’理论体系。”[②]

萧先生将自己所处的20世纪80年代看作是“中西文化的第五次论争”，并对这次论争的具体历史情境作具体的分析，一是“主体变了，抗日侵略、抗美封锁、抗苏断交，毕竟抗过来了，虽然屡遭挫折，依旧贫穷落后，但中国人民毕竟站起来了，不再是东亚的‘睡狮’和‘病夫’了。”[③]二是“客观形势也变了，不仅西方学者自己惊呼‘西方的没落’，而且社会主义的经济、政治、文化模式和马克思主义的理论模式也正趋于多样化。人们在变换视角，寄希望于东方文化的复兴。”[④]他认为，在这样新的历史条件下，中西文化异同比较研究，要有“一个新的思想高度，来总结以往在中西文化论争中的一些经验教训，包括马克思主义中国化这个问题里的经验教训。”[⑤]他认为，要“进行严肃的历史反思，总结经验，避

① 萧萐父：《吹沙集》，成都：巴蜀书社，1991年版，第69页。
② 同上。
③ 同上书，第70页。
④ 同上。
⑤ 同上。

免洄流，认清去向，把我们民族近四百年融合中西，走向现代化的文化发展历程往前推进。”[①]在20世纪80年代的中西文化论争的过程中，萧先生得出的基本结论是：“中国的现代化，决不是、也决不可能是什么全方位的西方化，而只能是对于多元的传统文化和外来文化，作一番符合时代要求的文化选择、文化组合和文化重构。”[②]进而在自己民族文化的内部找到“活水源头”，也即是说，“要找到传统与现代化之间的文化接合点”。[③] 之所以是文化的“接合点”而不是“结合点”，萧先生对此有特别的思考。他说：“至于历史的接合点，我用的是‘接力赛’的‘接’，因为主体参与的文化代谢发展，有一个如何‘接力’的问题。任何人研究历史文化，清理思想遗产，无论他自觉与否，实际上都是在参与民族文化的接力赛，都是在寻找最佳、最近的接力点。只是由于各种原因，人们对多元的传统文化各有选择，对历史的接合点各有取舍而已。”[④]

通过对近四百年来中西文化争论的理论总结，萧先生的比较哲学、比较文化研究带有强烈的现实关怀，他要在理论上寻找当代中国现代化与传统优秀文化的“接合点”，从而为中国特色的现代化道路提供理论与学术上的支持。

另外，萧先生的比较哲学研究不只是局限于中西印哲学思想的比较，对于现代中华民族内部汉民族哲学与少数民族哲学，如蒙古族哲学之间的比较研究，也有所涉猎。在《马克思主义哲学

① 萧萐父：《吹沙集》，成都：巴蜀书社，1991年版，第70页。
② 同上。
③ 同上书，第71页。
④ 同上书，第55页。

史观与蒙古族思想史研究》的文章当中，初步涉及汉民族哲学与蒙古族哲学的异同问题，他认为，“整个中华民族的哲学从史料上看，大都处于前资本主义阶段，近代很短。这里有一个共性，就是诸意识形态混杂在一起。”①因此，研究汉民族哲学与研究蒙古族哲学，都面临着一个共同问题，即如何将一些非哲学的内容从哲学的内容中清除出去。该文虽然还没有来得及具体讨论中华民族内部汉民族哲学与其他少数民族哲学的异同关系，但已经触及了这一问题，为我们研究中华民族内部的少数民族哲学提供了思想的启迪。

二、参与世界范围内的诸子百家争鸣

晚年的萧先生，在发表的文章与私下的谈话中，多次提到要敢于参与世界范围内的“百家争鸣”，他将中国传统的“子学”概念加以泛化，用以描述当今世界范围的诸子百家争鸣的现象。在《世纪桥头的一些浮想》一文中，萧先生要求我们把“‘全球意识’与‘寻根意识’结合起来，通过‘两化’实现中国文化的新陈代谢、解构、重构，作出新的综合和理论创造，从而有充分准备地去参与世界性的‘百家争鸣’”。② 很显然，萧先生将当今世界范围内的各家各派的学术争论，视为当年发生在中国先秦的诸子百家的争鸣现象。这种带有比喻性质的说法，体现了萧先生深邃的学术洞察

① 萧萐父：《吹沙二集》，成都：巴蜀书社，1999年版，第391页。
② 同上书，第66—67页。同一说法，在《东西慧梦几时圆——1998年11月香港“中华文化与二十一世纪”国际学术研讨会上的发言》一文亦重新得到阐发，参见《吹沙三集》，成都：巴蜀书社，2007年版，第8页。

力与以平等的眼光对待西方，以及其他各民族思想的学术态度。

仅就中国文化的发展趋势而言，萧先生虽然赞同百家争鸣，并且要参与到世界范围内的百家争鸣的行列当中，但他对中国文化的发展方向及其前景的预测，不同于《庄子·天下》篇所悲叹的“百家往而不返”的结局，而是趋向于“同”。只是这种“同”是以“异”为基础的“同”。如王船山所说，“杂统于纯”“异以贞同”，而当中国文化在过去经历了一段必要的分殊发展之后，“在未来必将进入一个兼综并育的整合期”。[①] 而这一“兼综并育”的新文化，即是在中西、古今的交汇中形成中国传统文化的现代性转化。这时的中国化文化将是一个“矛盾、杂多的统一”的“和”的文化状态，[②]而不是单向度的纯之又纯的新文化。

他通过对“文化中国”一词的分析，对中华文化如何走向世界的问题作出了别开生面的解释。他说，“文化中国”概念的提出，开初的意图在于以中华文化的精神共性，唤起认同感，促进统一进程。但如果从更广阔的视角来看，则可以透过此概念“来观察世界华人文化这一历史现象的形成，观察世界华人文化的若干类别及其共殊关系，观察中国哲学文化走向世界的契机和历程。”[③]在萧先生看来，“从文化的角度看，世界华人过去和现在始终面临着东西（东方文化和西方文化）、古今（传统观念与现代意识）之间的文化思潮的矛盾冲突，面临着如何正确解决传

---

① 萧萐父：《吹沙二集》，成都：巴蜀书社，1999 年版，第 9 页。
② 同上书，第 5 页。
③ 同上书，75 页。

统文化与现代化的历史接合的难题和中国文化与西方文化的互补交融的难题。”[①]因此，世界范围内的诸子争鸣，其实还不仅停留于思想家之间的观念交锋，还体现在世界各地华人在西方文化的生活环境里，如何处理中西古今文化之争的问题，他们的生存方式，并且透过生存方式而体现出的中华文化特点，实际上也在参与着世界范围的文化之争。“伴随着中华文化的自我振兴和中西方化的互补交融，两者互为条件，同步进行。经过这番历史的熔铸，‘文化中国’将闪耀出新的光华，必将对人类文化的新发展作出应有的贡献。”[②]

非常有意思的是，萧先生的这一观点，在他生前好友冯契那里也有类似的表述，如冯先生说：“我们现在面临的是一个世界性的百家争鸣局面。对传统文化、对西方文化以及诸文化怎样彼此结合或冲突，将会有怎样的前途，大家见仁见智，会提出许多不同意见。只有通过百家争鸣来自由地讨论解决。”[③]

冯契先生与萧先生都是深深扎根于中国哲学传统的马克思主义哲学史家，他们以深邃的历史眼光来分析、预测当今世界范围内的民族文化、哲学思想的交流、融合的现实与趋势，不约而同地以中华固有的“百家争鸣”的历史范例来思考当代世界文化现象，对于我们今天从事比较哲学研究提供了某种启示意义，即要立足于自己民族固有的精神传统，并将其发扬光大，变成一种现

① 萧萐父：《吹沙二集》，成都：巴蜀书社，1999年版，第10页。
② 同上。
③ 冯契：《人的自由和真善美》，上海：华东师范大学出版社，1996年版，第343页。

代的、具有世界意义的精神资源。在萧先生看来，今天世界范围的“百家争鸣”，还只是一个开端，“中西文化的兼容、互补、合流还有待各方面思想理论准备等条件的成熟。”①因此，“东西慧梦几时圆”的问题，还需要经过一段相当长的历史时期。但我们现在要有准备，即“通过‘两化’，实现传统文化的解构，推陈出新，作出新的综合创造；从而有充分准备去参与‘世界性的百家争鸣’，与世界各国的学术前沿多方面接轨，多渠道对话，从而对人类文化的新整合、新发展，作出应有的贡献。”②由此论述看来，当代中国的比较哲学研究，其主要目标不在于建立一个所谓的“世界哲学”或“全球哲学”，而是创造出真正的中国哲学，进而对世界新文化作出自己的贡献。

三、“中国哲学最终归宿是诗化的哲学境界”

通过比较哲学与比较文化的研究，萧先生更加关心的是中国哲学在未来的表现形态，并通过新形态的中国哲学克服西方哲学中某些流派的极端化和片面性。萧先生多次明确地说道，在作中西比较研究时，不宜“采取简单的笼统的辨异或认同”，③因为，中西文化在实际上是“异中有同，同中有异”，故我们在作中西哲学与文化比较研究时，“应当辨其同异，别其共殊，作具体分析。”④具体说来，就中西哲学与文化中的形象思维与逻辑思维来说，中

① 萧萐父：《吹沙三集》，成都：巴蜀书社，2007 年版，第 244 页。
② 同上书，第 5—6 页。
③ 萧萐父：《吹沙三集・自序》，成都：巴蜀书社，2007 年版，第 5 页。
④ 同上书，第 244 页。

西方文化、哲学中都有这两种思维方式，不能简单地说，中国哲学与文化长于形象思维，西方哲学长于逻辑思维，而是要具体到不同的哲学家及其哲学作品上面。西方哲学与文化传统中，也有很多长于形象思维的哲学家。

不过，萧先生在对形象思维与逻辑思维之于哲学思考的作用问题上，他更倾向于一种综合，而且也在亲身实践，探索这两思维相结合的哲学形态。他自认为自己的《吹沙集》《吹沙二集》都试图体现“诗文并存，情理并重”的哲学致思方式。[①] 而这种致思方式与“现代价值理论中的理论理性与实践理性的关系”“科学实证与人文关怀的关系”都是相通的。他认为，“强调哲学的诗化与诗的哲学化，是中国哲学的一个好传统。”[②]像“庄周梦蝶”“贾谊哭鵩”“屈子问天”“荀卿赋蚕”“万物静观皆自得，四时佳兴与人同”“我来问道无余说，云在青天水在瓶”等，“都是中国传统哲学追求诗化的典型反映。”[③]而中国哲学通过诗化的形式“追求最高价值理想的形上学思维的道路”，其优势表现在：“既避免把哲学最后引向宗教迷狂，又超越了使哲学最后局限于科学实证，而是把哲学所追求的终极目标归结为一种诗化的人生境界，即审美与求善、契真合而为一的境界。这实际上就是中国哲学的终极关怀。”[④]而这一诗化的人生境界，“对于克服西方哲学中某些流派的极端

---

① 萧萐父：《吹沙三集》，成都：巴蜀书社，2007年版，第244页。
② 同上。
③ 同上。
④ 同上。

化和片面性，不能说没有一定的启迪意义”。[①]

萧先生通过对中西印三大哲学传统的比较研究，从容涵化，在理论上将中国哲学的根本特征贞定为“诗化的人生境界”上，在实践上也遵循着这一诗化哲学的精神去从事哲学研究与哲学创作活动。晚年，他在纪念王船山逝世三百周年的会议上提交的《船山人格美颂》一文，就是一篇诗化哲学的典型论文，该文第三部分通过对船山著作梦与诗关系的哲学化解释，揭示了船山哲学对未来的理想憧憬。“船山多梦，并都予以诗化。诗中梦境，凝聚了他的理想追求和内蕴情结。”[②]细而言之，“抱刘越石之孤愤”而又“思芳春兮迢迢”，此梦实际上是一种反清复明的政治之梦。“梦未圆时莫浪猜”，以及《噩梦》一书所寻之梦，实际是“苏人之死，解人之狂”的改革设计，寄希望于未来的理想之梦。[③] 而在船山诗境中的“蟠藕修罗”的梦影，则是船山早年自拟为失败英雄而不甘心于失败反抗斗志的表现。要而言之，“船山诗化的‘梦’，乃其人格美的艺术升华。”[④]在该文第五部分的结尾处，引船山诗作以展现船山哲学的诗化特质，对船山所理想的“亭亭鼎鼎，风光月霁”的人格与襟怀，对“光芒烛天，芳菲匝地。深潭映碧，泰山凝翠”未来理想世界的向往，给予的也是诗意的回应：“对此，我们也只能神交心悟，目击道存，如船山所云：‘言不能及，眉笑而已。’”[⑤]

---

① 萧萐父：《吹沙三集》，成都：巴蜀书社，2007 年版，第 244 页。
② 萧萐父：《吹沙二集》，成都：巴蜀书社，1999 年版，第 429 页。
③ 同上。
④ 同上书，第 430 页。
⑤ 同上书，第 432 页。

在《〈王夫之评传〉弁言》之中，他通过对司马迁《史记》诗性特质的发掘，并对罗曼·罗兰“三大巨人传”(《贝多芬传》《托尔斯泰传》《米开朗基罗传》)的分析，对自己与许苏民教授合著的《王夫之评传》提出了极高的要求，即如何达到“契入船山精魂”[1]的传神层面。为了达到这一“传神”的境界，他在《王夫之评传》的《弁言》部分，精选了自己以往有关船山思想、人格的十首诗作放在评传之首，希望能对该《评传》起到“体物以传神”[2]的补苴作用。

萧先生对“诗化哲学”境界的追求，在《傅山三百年祭》的组诗中就已经得到了较明确的体现。该文作于 1984 年 8 月，正值他 60 岁之际。全文由十四首诗构成，每首诗后面附上简短文字，或介绍生平，或概述傅山平生所做的典型事件，或例举傅山的典型哲学思想，或刻画傅山的典型性格，最后一首将傅山放在明清之际大的历史背景之中，对傅山的早期启蒙思想的历史意义作出生动的评价：“船山青竹郁苍苍，更有方、颜、顾、李、黄。历史乐章凭合奏，见林见树费商量。”[3]青竹即傅山的号傅青主的谐音，船山与青竹构成一和谐的诗境，象征着明清之际早期启蒙思想的生命活力，方、颜、顾、李、黄分别是指方以智、颜元、顾炎武、李颙、黄宗羲。这些早期启蒙思想家共同合奏了一曲明清之际中国早期启蒙思想的乐章，而对这些乐章的总体性质与具体思想家特征的评论，可以是见仁见智，需要认真地讨论。

---

① 萧萐父：《吹沙三集》，成都：巴蜀书社，2007 年版，第 271 页。
② 同上。
③ 萧萐父：《吹沙集》，成都：巴蜀书社，1991 年版，第 312 页。

目前流行于市面的《吹沙集》《吹沙二集》《吹沙三集》，都有萧先生自己精选的部分诗作附于文集之末，《吹沙集》里有“滴水吟稿”，又分作“劫余忆存”与“火凤凰吟”两部分。《吹沙二集》里有“滴水吟稿”。分为“风雨忆存”“湖海微吟”“联语”三部分。《吹沙三集》有“湖海微吟”部分，分为“湖海微吟（续）”和“联语”两部分。这种文集的体例亦体现了萧先生对中国哲学诗化境界追求的遐思。

结语

在现代西方哲学的传统里，比较哲学只占非常次要的地位。然而，在现代中国哲学传统里，比较哲学则是重头戏，因为我们所理解的哲学就是广义的西方人所擅长的一套理论思维方式。就现代中国知识分类的角度来看，哲学也成为人文社会科学的首要学科。其重要性虽然比不上传统经部学问在四部中的位置，但就现代的人文学来说，大家基本上默认哲学思维能力对于整个人文学科的意义。如何建立具有中国特色，同时又能被世界哲学界承认的中国哲学，一直是现代中国哲学界，也是现代中国知识界的共同梦想。如何实现这一梦想，可能有不同的路径，但比较哲学的研究无疑是通向这一梦想的重要途径之一。当代中国哲学界已经有一些哲学家在尝试着中国哲学的创作工作，笔者认为，通过对 20 世纪以来比较哲学研究思想传统的清理，可以有助于当代中国哲学的创造工作。本节文字仅是作为此项工作的一个开端，希望有更多的学人加入现代比较哲学的研究工作之中，从而在现代比较哲学研究的过程中创造当代的中国哲学。

第十四节 “进入澄明之境”，还是“曲径通幽”？——张世英先生《进入澄明之境》读后

在当代中国哲学界，张世英先生是通过西方哲学的研究而进入比较哲学研究，然后再从事哲学创造的代表人物。这一学思并进的心路历程对于哲学研究者来说，尤其具有启迪意义。要将哲学研究变成哲学创作，要从哲学史的研究走向哲学创造，是当代中国哲学的一项神圣使命，是让哲学说汉语，或者说要创造汉语哲学的有益尝试。传统中国知识体系中，有哲学之思而无哲学之形，有经学与子学，而没有哲学。当思想成为一独立的认知对象而变成一门学科门类时，哲学就慢慢地在中国的各门知识与学问中独立出来了。中国现代哲学的主流是依傍西方哲学模型建构自己民族哲学思想的历史过程，现在应当是尝试着用汉语的形式创造汉语哲学的时候了。如此的道说并不隐含着要排斥西方的哲学传统，而按照目前东西方文化交流日益频繁的现实及其趋势来说，恰恰是要在东西方哲学的比较研究过程中创造当代的中国哲学。张世英先生从哲学史研究到哲学创作的道路，或许能给我们一种启示。他自从出版《天人之际——中西哲学的困惑与选择》(1995)以后，接着又出版了《进入澄明之境——哲学的新方向》(1999)，通过中西哲学比较的历程而进入哲学创作的新境界。随后，他出版了《哲学导论》(2002)，以教科书的形式比较系统地阐

述了他的哲学史观与哲学观，并提出了以“希望的哲学”代替黑格尔式的“猫头鹰哲学”。本节仅就其《进入澄明之境——哲学的新方向》一书发表一点个人读后感，一方面求教于张先生，[①]一方面求教于时贤，进而对中西哲学比较的问题展开一点探索性的思考。

一、“在场”“不在场”与“横向超越”

“在场”(presence)与“不在场”(absence)两个概念，本是现代西方哲学现象学中的一对重要范畴，胡塞尔、海德格尔通过此对哲学范畴，彻底地颠覆了西方自柏拉图以来直到黑格尔为止的主流哲学传统以追求永恒不变的真理为目标的哲学思考方式。当代中国哲学家张世英将此对现象学范畴与中国传统哲学结合起来，通过对中国传统哲学中阴阳、显隐、古今等范畴的新解释，使中国传统哲学观念获得了新的思想意义，焕发了新的生命力。同时，张先生也在中西古今的思想比较过程中，建立了既属于他自己的，又属于我们时代的新哲学体系。

张先生认为，西方现代哲学的人文主义思潮如尼采、海德格尔、伽达默尔(Hans - Georg Gadamer, 1900 - 2002)等人的哲学，“不满足于追求旧形而上学的本体世界，追求抽象的、永恒的本质，而要求回到具体的、变动不居的现实世界。”“从当前在场的东西超越到其背后未出场的东西，这未出场的东西也和当前在场的东西一样是现实的事物，而不是什么抽象的永恒的本质或概

① 为行文方便，称全名时省去先生两字，称姓氏时称先生。

念，所以这种超越也可以说是从在场的现实事物超越到不在场的（或未出场的）现实事物。”[①]张先生将传统哲学的超越称为“纵向的超越”，将后一种超越称为“横向的超越”。这里所谓的“横向”绝不是日常经验生活中空间意义上的横向，而是指“从现实事物到现实事物的意思”。[②] 张先生举例说，海德格尔从显现的东西追问到隐蔽的东西，就是横向超越的例子。

通过对胡塞尔与海德格尔关于在场与不在场思想的阐释，张先生对“在场”与“不在场”的关系作了如下的解释。他说：

> 哲学在“横向”转向以后，它所追求的是隐蔽于在场的当前事物背后的不在场的、然而又是现实的事物，它要求把在场的东西与不在场的东西、显现的东西与隐蔽的东西结合在一起。哲学的最高任务不只是达到同一性或相同性，而是要达到各种不相同的东西相互融为整体、亦即达到天地万物之相通、相融。[③]

张先生还说：

> 事物所隐蔽于其中或者说植根于其中的未出场的东西，不是有穷尽的，而是无穷尽的。具体地说，任何一个事物都

---

① 张世英：《进入澄明之境——哲学的新方向》，北京：商务印书馆，1999 年版，第 8 页。
② 同上。
③ 同上书，第 12 页。

与宇宙万物处于或远或近、或直接或间接、或有形或无形、或重要或不重要的相互联系、相互作用、相互影响之中，平常说的普遍联系的观点实际上从某个角度看也就是说的这个意思，只不过平常讲相互联系时讲得太一般化、太简单了，而未从隐蔽与显现、在场与不在场以超越当前的角度对普遍联系作更深入的分析和发挥。①

上述所引张先生对“在场”与“不在场”之间关系论述的两段文献，既是他对现代西方哲学“在场”与“不在场”关系论述的理解与解释，在一定程度上也把他自己的思想带入其中了。如何能做到把在场的与不在场的不同万物融为一个整体呢？在现象学的思路下，张先生进一步论述了“想象”的功能及其作用。张先生借用康德意义上的“想象”，即“想象是在直观中表现一个本身并未出场的对象的能力”来实现他对“在场”与“不在场”的整合，他说：“这种意义下的想象，不是对一物之原本的摹仿或影像，而是把不同的东西综合为一个整体的能力，具体地说，是把出场的东西和未出场的东西综合为一个整体的综合能力。”②对此种“想象”能力，张先生又进一步举例说道，如昨天的事物已经过去了，如何把它与今天的事物结合为一个整体呢，那就是要把昨天的、已经不在场的事物“再现”出来，而这种“再现”就是一种“想象”，通过此

① 张世英：《进入澄明之境——哲学的新方向》，北京：商务印书馆，1999 年版，第 11 页。
② 同上书，第 12 页。

种“想象”就可以把昨天的事物“与今天当前的在场的东西结合为一个‘共时性’的整体，正是这个整体构成我们想象的空间，它使不同的东西——在场的与不在场的，显现的与隐蔽的，过去的与今天的……——互相沟通、互相融合。所以要把握万物相通的整体，就要靠想象；否则，在场的与不在场的之间、显现的与隐蔽的之间、过去的与今天的之间就永远只能相互隔绝，我们又如何能由此及彼，达到当前事物之背后隐秘（隐蔽）的根底或根源呢？”①

透过对“想象”作用的分析，张先生还批评了以往依靠思维进行抽象的哲学，认为这种哲学的思维抽象结果，“最终得到的只不过是撇开生动的差异性的干巴巴的同一性”，要求我们“超越（不是抛弃）思维，不停留于抽象概念的‘阴影王国’，不受永恒在场的理念的统治与束缚，而把想象放在首位，不断地从在场的当前事物奔向未出场的事物，奔向无限开放、不断更新的世界。一句话，我们需要凭借想象，冲破现有的界限，在在场与不在场之间、显现与隐蔽之间翱翔。”②

张先生上述的论断对于当前中国哲学界如何学习西方哲学，学习西方哲学中哪些内容，都具有重要的启迪意义。自柏拉图到黑格尔的西方主流哲学传统都是通过思维的抽象而追求那永恒不动的理想国或绝对真理。在这种哲学面前，中国哲学简直算不上是哲学。然而，经过胡塞尔、海德格尔批判与发展出的现代西方哲学的一

---

① 张世英：《进入澄明之境——哲学的新方向》，北京：商务印书馆，1999 年版，第 12 页。

② 同上书，第 13 页。

支，倒是有很多东西与中国传统哲学有相通之处。如中国传统哲学中所讲的阴阳、显隐等范畴，就可与在“在场”与“不在场”的范畴相沟通，从而对于中国传统哲学的当代活化具有重要的启迪意义。

二、“在场”“不在场”与“阴阳”学说

在《进入澄明之境》一书的第六章——阴阳学说与西方哲学中的“在场”与“不在场”，张先生非常精辟地阐述了中国传统哲学中阴阳范畴与现代西方哲学“在场”与“不在场”范畴之间的相通之处与差异之处，在比较哲学的视野里活化了中国传统哲学的隽永之思。张先生说：“所谓阴阳正反，用西方现当代哲学的语言来说，就是在场与不在场、出场与不出场（prensence and absence）。任何一个当前出场的事物，总有显现在我们眼前的方面，通常称为正面，用阴阳学说的名辞来说，就是阳面，其隐蔽在背后的未出场的方面，就叫作反面，即阴面。阴阳正反可以互换、转化，但总有一面是出场的，另外的方面是未出场的，一面是阳，另外的方面是阴，不可能正反两面同时出场。”①

张先生在比较哲学的视野里，进一步论述了中国阴阳学说的两个显著特性：其一是否认有超感觉的理念、超现象的本质、超特殊性的普遍性，只在承认有一个实在的但不同时在场的世界；其二是强调这个实在的、综合在场与不在场的世界生生不息，无始无终。就第一个大的特点，张先生这样说：“与西方传统的‘在

① 张世英：《进入澄明之境——哲学的新方向》，北京：商务印书馆，1999年版，第116—117页。

场形而上学'相反，中国的阴阳学说一般否认有超感觉的理念、超现象的本质、超特殊性的普遍性，认为世界就是具体事物及其阴阳两面的相互转化。事物之呈现于当前，叫作正面(阳)，它必然有与之相联系、相作用、相影响的背面，叫作反面(阴)。正反阴阳的相互依存、相互转化就构成全部世界。所谓'一阴一阳之谓道'(《易系辞上》)，就是这个意思。"①

与从西方"在场形而上学"立场出发，批评中国传统哲学缺乏超越性的观点相反，张先生认同中国传统哲学"万物一体，一气流通"的思想，并进一步说道："我以为万物一体之外，别无其他任何所谓超时空的本体，那是不现实的、抽象的。"②他用了大段的文字论述了中国阴阳学说的特质，说道：

> 中国的阴阳学说一般无意另立一个抽象世界；它也要求超越当前，寻找当前事物之根，但它认为当前的东西之根就在与当前相联系的未出场的东西之中，这些未出场的、作为根源的东西，同样是现实的、具体的，而非抽象的永恒的概念。阴和阳两者并非像西方传统哲学所讲的那样，一在可感觉的具体世界之中，一在超感觉的抽象世界之中，两者实乃同样都在具体的现实世界之中。阴阳学说的最高任务就是要寻找那隐藏在显现出来的东西背后的、然而同样现实的、

---

① 张世英：《进入澄明之境——哲学的新方向》，北京：商务印书馆，1999年版，第120页。

② 同上。

具体的东西，从而把两者结合为一个整体。[①]

针对中国阴阳学说的第二个显著特征，张先生这样说道："对比西方传统哲学追求永恒不变的东西而言，中国阴阳学说之强调生生不息，认为宇宙乃一变化无疆的大洪流，乃是它的又一特点。"[②]更具体地来说，这一不同西方传统哲学的特点还有两点值得注意：其一是强调变化无止境，如《易·系辞下》说："易，穷则变，变则通，通则久。""通则久"就是变化久而不息之意。[③] 其二是承认变化的世界有自己的法则，"这就是由正而反，由反而正，所谓'物极必反'。《易传》与《老子》皆持此说。所以阴阳学说总是教人'见几而作''居安思危''知雄守雌''知荣守辱'等。这样的为人处世之道，不仅西方传统形而上学没有，即是大讲在场与不在场相结合的现当代西方哲学也未见有所阐发。"[④]

张先生进一步追问，中国传统的阴阳学说通过什么途径才能不停滞于一物之当前的阳面，以把握隐藏于背后的阴面，从而达到阴阳合一、万物一体的呢？那就是通过"想象"。《易传》与《老子》思想中的感通、会通、玄览，其实就是一种直觉、一种想象。只是"中国传统哲学不直接用想象的语词，而喜爱用'神明''知化''玄览''以明'之类的术语，实皆有非感觉经验的直觉和想象的意思。"[⑤]

① 张世英：《进入澄明之境——哲学的新方向》，北京：商务印书馆，1999 年版，第 123 页。
② 同上。
③ 同上。
④ 同上书，第 124 页。
⑤ 同上书，第 125 页。

而所谓的“会通”，即是把阴阳两方面结合起来，而“结合的关键在于，能在当前在场的东西中见到不在场的东西，能于阳处见到阴处。”[①]而中国传统哲学中所讲的“极深而研几”的“研几”，“就是审察将现而尚未现的东西，简言之，就是由阳以见阴，用西方当代一些哲学家的语言来说，就是‘让隐藏的不在场的东西从在场的东西中显现出来’。能做到这一点，就算是‘精义入神’‘穷神知化’(《易·系辞下》)。”[②]

应当说，上述张先生借用“在场”与“不在场”的一对新范畴来解释中国传统哲学中的阴阳学说，的确让中国传统哲学获得了现代性的意义，尤其是通过对中国传统哲学基本范畴的哲学解释沟通中西哲学的问题意识，使中西哲学比较有了较好的思想出发点。不过，张先生在比较哲学研究过程中所提出的一些带有个人创造的观点，似乎还有可以进一步讨论之处，提出来以就教于张先生本人及时贤，希望有益于当代中国哲学的创新。

三、“无”“无底深渊”“想象”等范畴的再思考与“曲径通幽”

张先生将海德格尔的“对存在者整体的超越”的澄明之境理解成“无”，并在与王阳明的哲学比较中得出这样一种结论：“可以说，海德格尔哲学以‘无’为最高原则，而王阳明则以‘有’为其哲学的最高原则，尽管王阳明哲学中颇多‘无’的思想和境界。”[③]而

---

① 张世英：《进入澄明之境——哲学的新方向》，北京：商务印书馆，1999年版，第124页。
② 同上书，第125页。
③ 同上书，第136页。

且，张先生在把自己的“澄明之境”与冯友兰先生的“天地境界”进行对比时又说：“冯友兰哲学所遵从的正是西方自柏拉图到黑格尔的旧传统哲学所讲的抽象的、超时空的永恒，……它与我所讲的以‘无’为最高原则的‘澄明之境’有根本的不同。”①

且不说张先生将海德格尔哲学的最高原则理解为“无”是否恰当——对于此点我没有能力加以评价（需要中西海德格尔研究专家来判断），单就张先生自己哲学的最高原则——“无”来说，似乎是有可商榷之处。就《进入澄明之境》一书而言，张先生对于自己哲学最高原则的“无”没有过多的言说。结合他在该书第二章“说不可说”的内容，张先生所说的“无”，其核心意思应当指无法言说的那部分内容。通过他对海德格尔哲学的评价，可以大体上理解张先生所说的“无”。他说：“海德格尔认为，存在的整体，或者说存在，是一般遵循‘公众逻辑’的语言所不能说的，‘存在’会因这种语言的表达而隐匿、而被遮蔽；只有在语言不能表达的地方，在不可说的地方，通过‘无’的境界，才能使‘存在’敞亮，让我们领悟到‘存在’的真谛。”②他还举例说，老子的道不可以语言来讨论它，超出名言，因而是“无”，庄子也讲“泰初有无”，王弼也讲“圣人体无”，要而言之，“无”并不是神秘主义的东西，而是人“把握人与存在合一之整体”的“哲学思考之第一要义”，只有懂得有不可说的地方，“通过‘无’的境界，才能真正把握这种整体的意义。”③

---

① 张世英：《进入澄明之境——哲学的新方向》，北京：商务印书馆，1999年版，第142页。

② 同上书，第56页。

③ 同上书，第57页。

综上所述，张先生哲学的最高原则之“无”其实不是别的什么内容，即是那“不在场”的，然而却也是现实存在的诸存在者，即中国哲学所说的“幽隐之物”。如果借用佛教的语言来进一步地阐释，这种不在场的诸存在者，不仅是在语言之外，而且也在思议之外，即是不可思议、无法思议的那种不在场。这种“不在场”的存在，与其说是“无”的境界，毋宁说是“幽”或者是“阴”的存在方式。这种“幽”与“阴”因为人的认识与行动的有限性而表现为一种幽暗、幽深、无限。这种“幽”更能显现“不在场”的“在场性”，即以巨大的背景而将所有的呈现、在场照亮。

与张先生崇“无”的最高原则有关，他将人生的家园安放在“无底深渊”。这一思想当然是直接从海德格尔而来。他说，海德格尔有关死亡的思想启发了我们：“人生的真正寓所，或者说，人的真我或本己，不是任何有限的事物可以界定的，人如果能体会到自己本来植根于无底深渊之中，体会到自己本来归属于‘无归属’之中，那就是找到了最可靠的寓所。无底深渊乃是人生真正的寓所，在这个寓所里，所谓主体、自我营造、日常生活中的归属，都可以以旷达的胸怀放置一旁。”①

上述张先生所说的“无底深渊”的意思其实就是无限，然而在汉语的语境里“无底深渊”有一种不祥的价值意味，容易引起人们朝向虚无与恐惧的方向去思想。从中国《易》哲学与儒家哲学、道家哲学的传统出发，我不愿意选择张先生的“无”与“无底深渊”的

① 张世英：《进入澄明之境——哲学的新方向》，北京：商务印书馆，1999 年版，第 263 页。

说法，而更倾向于选择中国传统儒家哲学中“幽”与道家庄子“大化洪流”所揭示的“无限”，以及《诗经》以降的经学传统中所讲的“生生不息之流”的思想，来揭示“不在场”的“在场性”。张先生曾经说得好：“无限的整体是一盏黑夜的明灯，它照亮你前进，你每迈一步，你就会感觉到人生获得了一次新的意义，达到了一种新的境界。”[①]但张先生似乎没有说明，为什么“无限的整体是一盏黑夜的明灯”，可以照亮人们前进？按照我的理解，无限的整体虽然表现为一种“幽”，但在人所拥有的自由意志，并通过这种自由意志跨越障碍，实现通达的“通性”面前恰恰表现为一种无限的可能性。正因为无限的整体在人的“通性”面前向人展示了一种无限的可能性，它才作为一盏明灯照亮人们由显明向幽隐的世界去探索。既然人的死亡可以被定义为可能性的丧失，那么，作为一种天地之心的特殊物类——人的存在，不正是在面对无限幽深的世界时领悟到了可能性的无限而拥有希望吗？因此，无限整体的世界既不是“无”的境界，也不是“无底深渊”，而恰恰是一种曲径可通之“幽”，是一生生不息的造化洪流，以不在场的方式为人类的在场提供一种巨大的背景，向人提供着永不枯竭的“可能性”。因此，从人类永恒探索，追求更广阔的生存空间的“通之道”的视角看，我们周围的无限世界并不是无底深渊，而是一个充满无限可能性，饱含着创化生机的幽隐世界，这样一个饱含着创化生机的无限幽隐世界不仅始终把在场与不在场统一起来，从而为人类提供一

---

① 张世英：《进入澄明之境——哲学的新方向》，北京：商务印书馆，1999 年版，第 256 页。

个曲径通幽的无限动态过程，而且其生生不息的创化过程似乎也能给我们提供一种带有正念的价值情怀——生生不息，刚健不已。让我们做一种更加大胆而无私的猜想：即使有一天太阳系里地球人不存在了，无限的宇宙也会以一种新的方式创造另一新的与人类相似的文明形式，从而创生“天地之心”。就此点而言，我们大可不必把我们周围的无限幽隐世界看作是“无底深渊”。海德格尔的“无底深渊”说是基于他的基督教神学立场，基于他对现代性世界里“上帝已死”的文明末路的认知。无论是从中国传统哲学的“生生不息”的乐感文化立场出发，还是从现代社会发展起来的对人的自由意志肯定的立场出发，我们似乎都没有必要将我们周围无限的世界视为“无底深渊”。就此点，也仅是在此点上，我们应当告别海德格尔，回归到中国的儒家与道家的哲学立场上来。

结语

就如何整合“在场”与“不在场”之间的关系问题，张先生直接接受了胡塞尔的“想象”说，以及海德格尔的艺术理论，十分看重人在哲学与艺术方面的“想象”力的作用，这当然有一定的道理。然而，如果我们吸取马克思“实践”哲学的观念，将“在场”与“不在场”融合为一个整体，除了思想的“想象”之外还有广义的社会实践。哲学的理性教育可以拓展人们的心胸，从理性认知方面让人觉解到无限，即幽隐而不在场的存在者。但仅凭“想象”是不够的，还必须通过具体的社会实践。当代的量子物理学与宇宙学，正是通过科学的研究活动将不在场的幽隐世界带到“在场”状态；

当代的考古学、人类学，特别是体质人类学，将不在场的远古历史带到现实社会生活之中；当代的全球化过程将不在场的其他民族生活带到自己民族的生活之中，即张先生所说的将“周边”带到“中心”。固然，这种让曾经的不在场逐渐地变成在场的过程中，始终有一不在场，始终需要我们运用哲学理性的想象。但融合“在场”与“不在场”并使之成为一整体的活动，并不仅仅是想象，而且也不应当仅仅停留于“想象”的思维之中，促成这一融合还应当有现实的社会活动，这样“在场”与“不在场”的融合就更加是一个感性与理性、真实与想象相结合的人类自由自觉的劳动过程，也即是人类不断克服障碍，追求自由，实现与万物的沟通、联系的曲径通幽的过程，而不仅仅是在思想中进入“澄明之境”的状态。当然，张先生在《哲学导论》一书的结束部分又提出了“希望的哲学”，改变了《进入澄明之境》的某些说法。张先生从六个方面勾勒了“希望的哲学”的基本轮廓：① 以希望哲学代替猫头鹰哲学；② 希望就是虚拟；③ 希望即是战斗；④ 希望与命运；⑤ 希望与失望；⑥ 希望与无限。而这六个方面的基本内容，可以概括为人不断地克服局限性与束缚，向着无限的世界去探索，并保持“万物为一”的人生境界。很显然，这些观点在很大程度上已经超越了《进入澄明之境》中的一些说法，摆脱了胡塞尔、海德格尔的影响而在更高的层次回到了中国《易》哲学刚健不已的精神传统之中了。他说：“人生的‘生’就是生存、生活，而生存、生活是一种行动、一种活动，行动、活动就意味着不断地突破有限。人如果停滞在现实性中而思突破其有限性，或者说，安于现实而思前进，那就是死亡而不是人生：停滞于感性中有限的东西，固然是死亡；停滞于一些固定的概念，那就叫作思想僵化，也是一种死亡。所以人生应是一种不断突破现实的有限性的活动，这种活动就是人们通常所说的希望。”[①]这种希望当然不是空想，“希望总是希望把尚未现实的东西转化为现实的东西，把尚未在场的东西转化为在场的东西，这种转化就是劳作。”[②]因此，“希望意味着冲破界限，意味着从既定的现实框架挣扎出来。”“希望就是痛苦与幸福、黑暗与光明的转换，所以，一次希望就是一场不平静的战斗。”[③]人有希望就有失望，并不是所有的希望都能变成现实的，但人能克服重重阻力，平息各种叹息，而人也“只有以勇敢的态度面对现实和有限，这才是真正超越了现实和有限性，才是真正从现实和有限性的束缚中解放了出来，这也就是一种人与万物为一的人生最高境界。”[④]

这一“希望的哲学”才是张先生从比较哲学走出来，实现了自己的哲学创造的新哲学。这一新的哲学将引领人们不断地克服各种障碍，在真实的世界里通过“劳作”向着更加幽深的无限世界探索、迈进，因而也是一种“曲径通幽”的哲学。

第十五节　历史与人性的二重变奏曲

在现代哲学的广阔视野里来考察古老的哲学问题——人性

① 张世英：《哲学导论》，北京：北京大学出版社，2002 年版，第 406 页。
② 同上书，第 408 页。
③ 同上书，第 409 页。
④ 同上书，第 411—412 页。

问题，可以有不同的角度。从认识论的角度看，人性问题至少可以有三个层次去认识，如人的感性认识、理性认识与超理性（德性之知）认识的认识能力；从人性的发展历程看，人性中包含着动物性、前文化性和文化性；从实践能力的角度看：人性中包含着用物能力、造物能力与虚构能力。中国传统哲学的主流是从道德的角度考察人性的善恶与不善不恶，以及善恶混等问题，可以看作是“道德论”范式的人性论，道家的自然人性论，其实也是一种“自然的就是好的”自然人性善论，仍然可以纳入“道德论”的范式之中。中国化的佛教，在人性论的问题上比较复杂，有性空论、性本寂论、自性清静论、种子论等多种学说，很难一言以蔽之。在今天，这些传统的人性论思想，可以作为哲学史上诸种人性学说，能丰富并启迪我们对于人性问题的思考。杜维明先生在讨论中国哲学的“体知”问题时，从身心灵神四层次来考察儒家的人学[①]，虽不是直接讨论人性问题，但丰富了儒家有关人性问题的认识。本节仅从雅斯贝尔斯《历史的起源与目标》一书出发，简述雅氏从历史学角度讨论人性的观点，以丰富当代中国哲学对于人性问题的认识。

一、人性与历史的开端和未来的关系

在《历史的起源与目标》一书中，雅氏对人性问题给予了高度的关注，他说：“在历史的开端，仿佛存在着从史前获得的人性的

① 郭齐勇、郑文龙编：《杜维明文集》第五卷，武汉：武汉出版社，2002 年版，第 329—336 页。

资本。它在生物学上不能遗传，然而却是历史本质，是可以增长或浪费的资本，它是某种真正早于一切思想的东西，它不可能被伪造成有意识地创造出来的东西。”[①]这即是说，人性是早于人类历史而形成的，但又在漫长的人类历史过程中增长或消解。自从人类有了自己的历史以后，人性就使得人类社会的历程进程与自然事件构成了明显的区别，因而从未来的角度看，“人性的未来并不能像自然事件那样来临。人们今天每时每刻的所作所为，他们的思想期望，立即变成未来的根源，未来掌握在人们手中。”[②]因此，“人性之路取决于人类自己。”[③]

在该书中，雅氏并没有从理论上规定何为人性，但从他的一些论述中我们似乎可以帮他得出这样的结论，人性就是人的不断超越性，如他说：“历史可能性的界限在人性中有其深刻的基础。在人类世界中，永远不可能达到完美的最终状态，因为人类是不停地努力超越自己的生物，他不仅不完美，而且是不可能完美的。人类如果希望自己是人类，他就会在把自己限于自身之中，丧失人性。”[④]这即是说，人不会把自己局限于自身之中，他始终有一种超越自己的冲动与行动。这就是人性。而不脱离历史来讨论人性，是雅氏在著作中讨论人性问题的一大特点，他说：“如果我们不想化为虚无，而想获得部分人性的话，历史就是奠定了的基

---

① ［德］雅斯贝尔斯著，魏楚雄、俞新天译：《历史的起源与目标》，北京：华夏出版社，1989 年版，第 272 页。
② 同上书，第 170 页。
③ 同上书，第 272 页。
④ 同上书，第 242 页。

础，我们继续受它束缚。”[①]他又说，“我们对人性的认识产生于历史观创造的领域。”[②]

雅氏坚决反对从生物学的角度来理解人性，他说：“绝不能把整个人性描绘为全部人类的天生倾向。没有任何人等于或能够等于一切人，这在现实里或关于这个人的思想规划中都办不到。”[③]又说：“为了达到历史上显露的人性的统一，我们必须超出生物学—心理学的思考水平。”[④]

雅氏所构筑的“轴心时代”概念或曰历史理论框架，其目的是为了有效地阐明人性形成的历史起点，而不是说明历史本身，他说：“假若存在这种世界历史轴心的话，它就必须在经验上得到发现，也必须是包括基督徒在内的所有人都能接受的那种事实。这个轴心要位于人性的形成最卓有成效的历史之点。自它以后，历史产生了人类所能达到的一切。”[⑤]而具有历史意义的事物要有两个特征，一是在整体的人类历史进程中清清楚楚地占有它的位置，二是“具有交流人性和延续人性的现实性和必要性。”[⑥]

雅氏在描述轴心时代的新特点时，也是以人性的变化为其主要特征的。他说：“这个时代的新特点是，世界上所有三个地区的人类全都开始意识到整体的存在、自身和自身的限度。人类体验

① ［德］雅斯贝尔斯著，魏楚雄、俞新天译：《历史的起源与目标》，北京：华夏出版社，1989年版，第265页。
② 同上。
③ 同上书，第286页。
④ 同上。
⑤ 同上书，第7页。
⑥ 同上书，第6页。

到世界的恐怖和自身的软弱。他探询根本性的问题。面对空无，他力求解放和拯救。通过在意识上认识自己的限度，他为自己树立了最高目标。他在自我的深奥和超然存在的光辉中感受到绝对。”[①]而这种人性的变化即是“反思”的产生。“意识再次意识到自身，思想成为它自己的对象。人们试图通过交流思想、理智和感受而说服别人，与此同时就产生了精神冲突。人们尝试了各种最矛盾的可能性。讨论派别的形成，以及精神王国分裂为仍互相保持关系的对立面，造成了濒临精神混乱边缘的不宁和运动。”[②]而这种人性的全盘变化，雅氏将其称之“精神化”，而这种精神化的具体表面可以从以下四个方面得到认识：

一是“对生命公认的解释动摇了，截然相反的事物间的平静，变成了对立和矛盾的不宁。人不再封闭在自身之中。他变得不能确定自己，因此向新的无限的可能性开放。他能听见和理解以前无人探询和表明的东西。前所未闻的事物变得明显起来。”[③]

二是哲学家的出现：“人敢于依靠自身。”“人证明自己有能力，从精神上将自己和整个宇宙进行对比。他在自身内部发现了将他提高到自身和世界之上的本原。”[④]

三是“人在理论思辨中把自己一直提高到上帝本身，他把这理解为双重性因主客体的消失而对立面的相合而复存在。”[⑤]

---

① ［德］雅斯贝尔斯著，魏楚雄、俞新天译：《历史的起源与目标》，北京：华夏出版社，1989年版，第8页。

② 同上书，第9页。

③ 同上书，第9—10页。

④ 同上书，第10页。

⑤ 同上。

四是“特殊的人性束缚和藏匿在人的躯体之内，它被本能所羁绊，只能朦胧地意识到自己。它渴望解放与拯救，它向着理念飞升，它平心静气地顺从，它全神贯注地反思，它了解作为大我的自身和世界，它体验‘涅槃’，它与‘道’相一致，它服从上帝的意志。”①而这一切导致人性变化的特征集中这一点：“在轴心期，首次出现了后来所谓的理智和个性。”②

雅氏从多个侧面讨论了轴心期文明与人性的内在关系，他说：“在我看来，轴心期同时发端的奥秘，比起古代文明诞生的问题来，所处的水平要深刻得多。首先，其同时性更加准确；其次，它与人性的整个有意识的思想方面的精神的历史发展有关。”③而这种关联性表现在：“人类精神的全部历史从此所依赖的创造成果”都在轴心时代产生了。④ 因此，“轴心期成了一种酵素，它将人性引进世界历史唯一的脉络中。”⑤而雅氏所说的“哲学的突破”，其实就是从人性的突破开始的。他说：“伟大的突破就像是人性的开始，后来同它的每一次接触就像是新的开始。在它之后，只有开始展现人性的个人和民族才是在正史的进程之内。不过这种人性的发端不是藏匿的、精心谨守的秘方，而是迈到光天化日之下。它充满了对交往的无限渴望，将自己展示给一切人，

---

① ［德］雅斯贝尔斯著，魏楚雄、俞新天译：《历史的起源与目标》，北京：华夏出版社，1989年版，第10页。

② 同上。

③ 同上书，第22页。

④ 同上。

⑤ 同上书，第62页。

把自己暴露在任何检验与核实面前。”[①]

（一）人性的两个基础："史前"与"历史"

对于人性问题的关注，是《历史的起源与目标》一书的重要内容之一，也是很多阅读该著作的人不太注意的一个方面。雅氏认为，人性有两个基础：一是史前，一是历史。就"史前"而言："人类在史前的进化，就是构成人性之基本因素的发展。"而且，"在史前逐渐形成的人性，今天仍然是真实的。"就"历史"而言："人类的历史进化，就是精神性和技能性的遗传内容的展现。"相对于"史前"而言，"历史进化具有某种外貌，它以深刻开阔的人性为基础，采取了著作、观念、思想和精神形态等暂时形式"。[②] 要而言之，"史前与历史相继创造了我们人性的两个基础。史前的形成过程构成了我们生命的根基，这一形成过程是人之基本结构的成长过程。人的基本结构具有自然的冲动和自然的特性，具有我们人的构造中所有无意识部分。历史进程是人类有意识地接受过去，并在此基础上加以改建扩展的过程。它向我们显示，什么是人所能做到的，什么是我们教育、信仰、知识、能力的根源及其内容——这第二种基础就是覆盖在火山核心上的一层薄壳，而人就是火山。解脱这层表皮是可能的，但史前时期形成的人之生命的根基却永远不可能抛弃。"[③]

---

① ［德］雅斯贝尔斯著，魏楚雄、俞新天译：《历史的起源与目标》，北京：华夏出版社，1989 年版，第 67 页。

② 同上书，第 37 页。

③ 同上。

“史前”与“历史”这两个人性的基础，其对于人性的作用是通过不同途径来实现的，“史前过程形成了在生物学可遗传的某种结果，它达到了经过所有历史大变动仍然保证连续的程度。”但是，“历史成果必须在意识上被传递下来，它可能会丢失。一切根植在人性领域中并突然绽放的创造之花，一切在人身上留下烙印、并因成为文化传统而改变了人类外观的东西，都如此密切地与这种传统结合在一起，以至于没有传统，历史就会完全消失，因为传统在生物学上是不能遗传的：我们会带着赤条条的原始躯体而退回去。”[①]所以，雅氏断定：“人性由生物实体和历史实体构成，它们实际上是不可分解地结合在一起的。”[②]

雅氏以一种非常思辨的、形而上学的哲学语言说道：“人完全变成人的时刻是最深奥的谜，它直至今天仍难以探究，无法理解。”[③]他进一步说道：“什么是人？我们不能圆满回答这个问题，我们实际上不懂这个问题。这一事实，恰恰是我们人性的一个基本方面。将人如何在史前和历史中形成的问题具体化，同时也就是将人性的基本问题具体化。”[④]

雅氏认为，“人性的先决条件之一是人类的一致性，它在自然法则和人类法则的照耀下，不断被背弃，又永远重新提出它的要求。”[⑤]这一关于人类历史的观点，多少带有思辨哲学的循环论的

① ［德］雅斯贝尔斯著，魏楚雄、俞新天译：《历史的起源与目标》，北京：华夏出版社，1989年版，第37页。
② 同上书，第45页。
③ 同上书，第44页。
④ 同上。
⑤ 同上书，第53—54页。

色彩，而与马克思的历史唯物论与辩证法的思想是相背离的。不过，在有关人性的两个基础的问题上，雅氏高度肯定"历史"基础之于"人之为人"的绝对重要性，表明他是一个尊重人类文明传统的哲学家，而不是一个历史虚无主义者。他说："通过历史，人类变成了努力超越自身的存在。直到历史开始时，人类才着手完成这项高级任务。无人知道它将把人类引向何处，甚至灾难苦痛都能赋予它以猛烈之势，只是随着历史的开始，人才真正成为人。"[①]至于"历史"何以使"人真正成为人"，主要表现在以下三个方面：

① 在历史运动中，人们得到了启发、检验和提高，而且也被失落、铭记和重新浮现，但"合理化"被当作历史的起源与目标的媒介在起作用。② 时间的短暂被意识到。在万物之中，"只有懂得自己的死亡，在对这临终情景的畏惧退缩中，人感受到时间的永恒，感受到作为一种生命现象的历史性，以及时间的流逝。人的历史意识逐渐同他对永恒的认识一致起来。"[②]③ "历史是代表杰出的个人的不断推进，各个杰出的个人号召其余的人追随他们。"但是，"历史同时依然只是事件，不断地随大流而行"，"广大民众的惊人力量及其平庸的品质，窒息了一切与他们不一致的东西。民众当中的任何东西，若未能成为他们自己的天性，未能通过这一重要意义而赢得生存的权利，未能唤取民众的信仰，那就

---

① [德] 雅斯贝尔斯著，魏楚雄、俞新天译：《历史的起源与目标》，北京：华夏出版社，1989 年版，第 59 页。

② 同上。

必定灭亡。”①

基于上述对人性的理解，雅氏断言：“在人性最深刻的要求面前，所有断言人与人绝对相异、人类永远不可能相互理解的主张都只剩下一副无精打采和无可奈何的失败表情——这种主张把暂时的不可能性夸大为绝对的不可能性，从而扼杀了人类的内在准备。”②

因此，基于对人性的某种不可名状的信任，雅氏对于人类未来的前途是充满着一种信任与期待，尽管这种信任与期待的内容与目标都是比较模糊与不清晰的。

（二）“历史的统一”即是“人性的统一”

对于人类历史未来的方向性问题，雅氏的观点是：人类最终将走向统一的历史。但是，“历史的统一”并不是某种制度化的世界联合政府，这种“统一”也只是一种“崇高的人性统一”，而这种“人性的统一”是不存在于任何现成的、僵化的制度之中的。他说：“这个崇高人性的统一不存在于知识和工具的传播中，不存在于帝国权限和征服的范围之中，不存在于那种置人于死地的禁欲主义和对近卫军进行强迫训练的极端产物之中，不存在于制度和决定的稳定与持久之中，而是存在于最清晰深刻的意识和显示本

---

① ［德］雅斯贝尔斯著，魏楚雄、俞新天译：《历史的起源与目标》，北京：华夏出版社，1989年版，第59页。

② 同上书，第304页。

质的光彩四射的瞬息时刻之中。”[1]他还提醒我们，“所有统一的事实都是历史内部的简化物”，最重要的事情是领悟历史统一形式与道路的多样性，以及多样的现象在整体中发生的道理，“我们要对超出多样性的整体保持开放，对人类和永远是现存的人性整体保持开放。”[2]因为“这个人性包含一切。它在自身中孕育的奇迹不管有多么宏伟壮丽，永远只是其他现象中的一个现象。”[3]

对于人类未来的信心，雅氏还是从欧洲的基督教文化传统来思考问题的，他说：“面对未来的全部情景，我们敢断言，人类不会全部迷失，因为他是以‘上帝的形象’创造的，他不是上帝，但与上帝有着经常被忘记的、总是难以察觉的、但根本无法割断的联系。人类不会全部不是人类。”[4]

二、人性与其他问题的关联

在《历史的起源与目标》一书中，雅氏还从多维度思考人性与技术、自由、秩序等问题，在思辨的哲学的形式里拓展了人性问题的广度。

(一) 技术与人性的关系

在当代科学技术突飞猛进的情景下，人类是否会被自己创造

---

① [德] 雅斯贝尔斯著，魏楚雄、俞新天译：《历史的起源与目标》，北京：华夏出版社，1989 年版，第 295 页。
② 同上书，第 300 页。
③ 同上。
④ 同上书，第 169 页。

的技术所统治？这是当代技术哲学的重要问题之一。技术是否异化为人类的主宰，这是当代技术社会给当代哲学提出的现实问题，古典哲学无法触及这一问题。对此问题，雅氏在半个多世纪以前就已经思考过了。他的思考对于今天的技术哲学来说，或许仍然具有启发意义。雅氏认为，“人类的人性引导他所要求的东西将决定，在达到限度时，他是否不再希望活下去，或是否冒生命危险而抗争。那时技术机器的管理是被倾覆，还是暂停，或是由人类在类似的条件下重建。”①这一点是不确定的，但从整体上看，由于“尚未识透技术的奥秘，所以技术可能发生的事件不仅是命运，而且也是一项任务。同时幻想的计划像邀请人性成为它们的主宰。个人的全部潜力是否停止？沉思是否要从地球上消失？人类是否拥有一个根源，它使一切变为人的最终技术条件，而不是人变成技术的奴隶？”②这些问题，都是开放性的问题。

不过，雅氏深信，技术不可能自动、自主地成为人的主宰，他认为，“我们人性的意识将永远说：这在整体上是不可能的。”③他甚至认为，技术造成了一些新因素，但这些“新因素决非精神上的新的人性”，将这些新因素看作是新的人性，将“是一个巨大的错误”。④

对于技术时代所形成的“绝对普遍的”世界而言，雅氏认为从两个方面让人性进入了新的急剧质变。从外部的情形来看，技术

① [德] 雅斯贝尔斯著，魏楚雄、俞新天译：《历史的起源与目标》，北京：华夏出版社，1989年版，第138页。
② 同上书，第142页。
③ 同上书，第142—143页。
④ 同上书，第154页。

使我们在不断的互相交往中形成了一种单一的整体，因此，“今天，普遍性意识已经形成。它对人性一定造成了与已有人性不同的新结果。”[①]从内部看，轴心时代在精神方面是丰富的，而现在是空虚的，“现在的时代是一种真正的技术和政治的改造，还不是永久的精神创造。”[②]因此，我们面临着一个一个巨大的任务，即“正在完成从根本上重建人性的重大任务”，[③]正是要完成此一重大的任务，人类通过对轴心期的借鉴，而增加我们对自己来自何处的理解。

（二）人性与自由、信仰的关系

对于自由与人性的关系，雅氏说道：“自由的思想是人性的真实的基本因素。但我们也看到人类中的其他因素的力量和自信，不自由存在的力量。”[④]这就表明，人性中还潜藏着其他危险的因素，需要我们随时都能反思，并克服这些不利用人类发展的其他因素。他这样说道：“当我们唤醒我们的人性时，信仰会重新复苏。我们会更加信任清醒地认识危险的人，自由的人都能认识危险，只有那些把人性的无能看作是决定性的人，不理解自己处于蒙昧的活力与教条的野蛮的重负之下，才不能认识危险。”[⑤]因此，雅氏恰恰是把人性中潜藏的自由因素看作是人自己拯救自己

---

① ［德］雅斯贝尔斯著，魏楚雄、俞新天译：《历史的起源与目标》，北京：华夏出版社，1989 年版，第 159 页。
② 同上书，第 160 页。
③ 同上。
④ 同上书，第 218 页。
⑤ 同上。

的积极因素，只有通过发挥这种自由的因素，人类才不被自我的教条所束缚，才不会让自己陷入困难与危险之中。他说："只有信仰才发动了各种力量，它们控制人类的基本的动物本能，剥夺了本能力量的主宰地位，把它们转变为提高人性的动力。本能力量渴求统治的兽性的力量：以暴力、残忍为乐，渴求声望的空虚的意愿，对财富和快乐的追求，性欲的本能，只要一有机会，它们便意图暴露出来。"①而且，人类的历史正是通过信仰让人走向了自由的道路，他说："历史是人类通过信仰的培育而走向自由的进程。出于信仰，人们发明了制服暴力的法律，规定了合法性，没有它人们便不能依赖任何东西，人类通过服从绝对命令而变成了人类。"②而雅氏在此处所说的"信仰"，其实也正是"人类的精神"，是人类区别于自然界一切其他动物的根本性标志，因而也可以视为人性的标志。

（三）社会主义与人性

自由与秩序，是现代社会最为突出的问题之一，也是贯穿人类历史的主要问题之一。雅氏还将人性问题与社会主义的关系转化为自由与秩序的问题，这是一种比较有意义的观点，他认为，"存在的秩序是时代的未解决的巨大任务"，而"社会主义是所有趋于秩序的倾向的代言人。"他认为，当人类追求秩序的目标只能

---

① ［德］雅斯贝尔斯著，魏楚雄、俞新天译：《历史的起源与目标》，北京：华夏出版社，1989年版，第252页。

② 同上。

以“不用暴力”的方式达到，才“不会堕入历史终结的深渊”，“如果人类虽然发现了一切，却没有再次从人性深处发现新的途径，那么历史必定会终结。”[①]因此，“秩序”如何不变成一种束缚人性自由的教条，就是一个十分重要的问题。他认为，“所有的秩序，连同产生它们的精神，毫无例外都是脆弱的，因此有充分的理由认为未来是不能肯定的。幻想与乌托邦当然是历史上的有力因素，但并不属于那种为自由和人性而建立秩序的思想。”[②]因此，只有为了人的自由而建立的秩序，才是人类所需要的秩序。从这个意义上说，人性的自由因素优先于人类的所有秩序，以及将要建立的秩序。而秩序的存在与需要的理由不是它自身，当且仅当它服务于人性的自由目标时，秩序才是可欲的。因此，“秩序化”永远只是一个相对的过程，雅氏从自然法的角度论证道：“自然法只限于安排存在，其最终目的永远是相对的存在的有序化，但它是从世界上真正的完全的人性的绝对最终目标的动机出发的。”[③]

雅氏还从普遍人性的角度思考了世界秩序与人性的关系问题，他说：“世界秩序必定是国内政治自由的延续化和普遍化。而二者只有通过把政治秩序限制在存在的问题上才有可能。在存在的水平上，问题不是发展、铸造和总体上实现人性，而是或可能是所有人天生所共同的东西，它是超乎所有差异、信仰和世界观

① ［德］雅斯贝尔斯著，魏楚雄、俞新天译：《历史的起源与目标》，北京：华夏出版社，1989年版，第217页。
② 同上书，第242页。
③ 同上书，第226页。

的分歧之上的把人们联结在一起的东西，那就是普遍的人性。”[①]

由这种普遍的人性出发，他对康德以来近现代哲学发展出的一些观念进行了新哲学反思，他说：“人类有可能发展一些原则，这些原则对于确实成为人类的人是明智的（例如康德的永久和平原则）。自决权、权利平等、国家主权这些概念保留其相对的意义，但失去其绝对意义。总体国家和总体战争能被证明是与自然法矛盾的，因为在它们中间，实现人性的手段和前提变成了最终目的，或者因为通过手段的绝对化，破坏了整体的意义和人类的权利。”[②]

三、感想与评论

《历史的起源与目标》一书，可以从多方面加以解读，人性与历史的关系问题仅是该书讨论人类历史起源与未来发展方向的一个维度。作为一部思辨的历史哲学著作，该书以深广的现代科学知识为基础，以真正的世界历史眼光来考察人类共同体的命运。雅氏以现代宇宙科学为知识背景，对人类的渺小毫不讳言，他说：“这个思想意识和贯穿人性的奇妙的历史现象，完全是宇宙中昙花一现的事件，它实际上完全是转眼即逝的现存的新开端。然而对它自己来说，从它内部来看，仿佛它了解宇宙有多长久，它就有多长久。”[③]这种对于人类在宇宙中的渺小感的体认，在黑格

---

① ［德］雅斯贝尔斯著，魏楚雄、俞新天译：《历史的起源与目标》，北京：华夏出版社，1989 年版，第 225 页。
② 同上书，第 226 页。
③ 同上书，第 276 页。

尔的历史哲学中是很难找到的，在中国古典哲学中也难以找到。但是，我们又不能说雅氏对于人类的前途是持一种悲观主义的态度，他基于对人性的认识，对于人类的前途持有一种审慎而现实的态度，如他说："对于人类特性在几千年历史中是否改变了，或人类本性在全部这段时期是否保持不变这一问题，我们必须回答说，没有任何事实可用来证实任何这种改变。我们毋宁按照人性中已经存在的精选部分来理解任何发生了的变化。"①他甚至认为，"有一样东西看来能永远坚定不移：人性及其在哲学活动中的自我反思。甚至在崩溃的时期，仍可能存在高级的哲学，历史向我们显示了这一点。"②他对人类未来的统一性，人类之间相互理解的一致性也是充满着希望，说道："使我们相互间的理解和我们的一致完全成为可能的，唯有人类持久的本性。"③又说："我们具有某种关于历史的人性的通俗观念：人类的天生倾向是全体性。"④

通观《历史的起源与目标》全书，我们很难确定雅氏对人性有何种明确的规定。这既是该书让我们感到困惑的地方，也是引起我们深入思考的地方。马克思、恩格斯共同创立的历史唯物主义与辩证唯物主义哲学体系，通过苏联教科书体系的简化与误解，在今天中国教科书体系中的教条化，使我们对于历史的起源与未来的发展方向问题的思考变得实证化与浅薄化。"人性"这一巨

---

① ［德］雅斯贝尔斯著，魏楚雄、俞新天译：《历史的起源与目标》，北京：华夏出版社，1989年版，第285页。

② 同上书，第266页。

③ 同上书，第286页。

④ 同上书，第285页。

大的奥秘与思想的深渊，使很多人在思考人类自身的问题时将它视为唯心主义的问题，或简单地放弃了对它的思考，或在它的面前止步不前。涉及人的问题，如果我们不从人性的角度去思考，将可能永远与人类自身真实的生存与活动失之交臂，因而也很难找到更为恰当的答案。作为一种特殊的动物，人类所具有的不完满性与超越性，是人区别于所有动物的综合特性，而超越性是人类所特有的精神化现象。正是这种精神化现象，使人与一切动物界的距离越来越大，同时也是人类不断给自己制造麻烦的内在动力要素。当然，人类的希望也正是建立在这种精神化的基础之上。因此，对于人类的未来而言，任何夸大其词的危机意识与任何信心满满的预言，同样都是不合人性的观念。基于人类历史经验的考察与基于对历史上人性所表演的丰富性故事来看，我们对于人类的未来只能持有一种审慎的乐观态度，那就是希望人类能战胜由自由意志的运用而带来的各种危机。除此之外，我们并不能给出更多实质性的预言。

第十六节　一幅壮丽的比较哲学史的画卷——读许苏民《中西哲学比较研究史》

20世纪的中国哲学研究一开始就是在比较哲学的视野里展开的，因为作为学科建制下的哲学学科或曰知识门类是来自西方的知识分类传统，中国人要做哲学研究，一开始就要理解何为哲学，并将与西方意义上的哲学知识门类相似的知识与思想纳入这套话语系统之中，但将比较哲学上升为一种自觉的学术研究活动，则是比较晚近的事情。仅就中国学术界的哲学研究现状而言，目前还没有一本会通中西哲学比较研究历史的著作，如有，则是从许苏民的《中西哲学比较研究史》开始。该书分上下两册，版面字数近 130 万字，上卷在章或节提及的哲学家、学者、文学家共 31 人；下卷在章或节中涉及的哲学家、学者有 28 人，全书近 60 人，再加上两卷中附带提到的学人大约还有十几位之多。其中有些学者的材料是直接从拉丁文、英文中提炼出来的，如门肯（Johann Burkhardi Menckenii）的《中国哲学史》是拉丁文，诺斯罗普（F.S.C.Northrop，1893－1992）的比较哲学研究的材料是英文，这些材料都是第一次以比较集中而相对完整的思想形态呈现在汉语世界面前。这当然要感谢该课题的翻译团队，但就全书的整体构架、写作与修改而言，主要是凭一人之力完成了如此卷帙浩繁的巨著，填补了当代中国哲学研究的一个空白，居功甚伟，令人敬佩！

一、从比较哲学史的角度揭示中国哲学对于世界哲学的贡献

许著从比较哲学史的角度，阐述了中国哲学对于世界的贡献。具体说来，至少可以从如下四个方面来考察这一问题。

第一，以生动而丰富的哲学思想史材料证明，18 世纪以降欧洲的启蒙思想运动中，中国传统的优秀思想精神参与了其中，莱布尼兹、沃尔夫、伏尔泰、狄德罗、卢梭、康德、谢林、黑格尔等人的思想体系中，都有不同程度的中国思想因素。中国思想的因素在 18 世纪的莱布尼兹、沃尔夫、伏尔泰等人的思想体系中，主要是

作为正面的思想因素而起到了反对中世纪基督教神学的进步作用，而在卢梭、康德、谢林、黑格尔等人的思想体系中所起的作用，则显得要复杂得多。卢梭主要是以否定的方式表现出中国传统思想，尤其是道家重视自然的思想对他的影响；康德对于中国儒家道德哲学的吸收与改造显得极其隐晦；黑格尔在他那对中国哲学与思想充满着矛盾的心态与陈述之中，深深地受到了老子哲学、《周易》哲学精神的启发。中华优秀的精神传统实际上参与了世界范围内的现代化的建设活动，然而其价值却被严重低估，甚至在 18 世纪的康德哲学里，在 19 世纪的黑格尔、赫尔德等人的思想中受到了严重的侮辱与诋毁。

第二，通过深入地发掘明清时期中国思想家的材料，揭示了当时先进的中国知识界人士尽其所能吸收耶稣会士传来的西方科学与哲学的知识，以丰富中国固有的精神传统，展示了晚明时期中国传统社会在精神上的开放性。同时，通过对当时进步知识人士对西方文化态度的揭示，显示了当时中国哲人所具有的民族文化自信，对于西方哲学存在的不足敢于提出尖锐的批评。如通过比较哲学的途径，反省、总结了现代文化，尤其是德国古典哲学之缺失，对康德、黑格尔、费希特哲学与德国军国主义的内在深刻联系，作了比较深入的分析（见许著诺斯罗普一节），并对康德、费希特、黑格尔三人哲学的负面因素进行了深刻批判。作者写道："与赫尔德终其一生的阳光气质不同，康德、费希特、黑格尔在经历了他们早期精神上的阳光明媚时期以后，就有逐渐变得阴郁而沉闷，宛若北欧寒冬彤云密布的天空，而阴郁的气质下隐藏着的则是恩格斯所说的 19 世纪德国人的‘被压抑的利己主义’，这就使得他的哲学更多地具有为马克思所批判的中世纪‘人的依赖关系’和‘权威主义原则’的印记。而其中深藏着的‘被压抑的利己主义’，正犹如地下沸腾的岩浆，一旦喷发，就会化作黑格尔所谓‘踏着千百万尸首前进’的迷狂。生活在阳光明媚的东方大地、性格开朗而温和的中华民族，是不应该崇拜这种阴郁而冷酷的哲学的。”[①]

作者在这里已经不是在作哲学史的叙述了，而仿佛是在写一首抒情诗，既用浓烈的感情表达了对中华民族哲学精神的肯定，同时也批判、反省了德意志民族在 19 世纪所表现出的缺陷，尤其后面一点是现当代中国的德国古典哲学研究专家们相对忽视的一个面向。

第三，通过对 18 世纪以降欧洲哲学家对于中国哲学的肯认与批评的双重论述，以有力的思想史材料证明中国哲学是哲学，中国自古就有哲学这种性质的知识或学问，坚决地回应了当前西方哲学界、中国哲学界的一些似是而非的论调：中国哲学不是哲学，中国没有哲学而只有思想，哲学只是古希腊独有的产物等种种错误的哲学观。而且通过发掘的大量史料，对于现代欧洲、美国学者一系列比较哲学研究成果的整理、分析与批判，一方面显示了欧美哲学家、学者对于中国哲学认识的深化；另一方面也通过这些现代欧美学者的眼光，进一步发现了中国哲学与中国文化

① 许苏民：《中西哲学比较研究史》(上卷)，南京：南京大学出版社，2015 年版，第 511 页。

的优点与缺点。

第四,通过对现代中国哲学家、学者对于中西哲学特点认识成果的总结,对中西哲学的共通性及中国哲学的自身特质,作出更加明确的理论阐述,深化当代中国人对于哲学与中国哲学认识的同时也将有助于世界上其他民族的学人对于世界历史条件下的“哲学”学科有一个新的认识。该书通过丰富而又有说服力的思想史材料,通过比较哲学史的途径确立了中国哲学与中国文化的自身特点、优点,当然也更清晰地揭示了中国古代哲学、中国古典文化自身的不足之处。

从哲学史观的角度看,该书暗中采用了萧萐父先生“泛化的哲学史”观,将历史学家、文学家、科学技术史的学者,以及一些哲学教授的哲学思想观点,均纳入了哲学比较的历史过程之中,其中对法国文学家罗曼·罗兰(Romain Rolland, 1866 - 1944)的哲学思考,历史学家汤因比(Arnold J. Toynbee, 1889 - 1975)的文化哲学观,中国科技史专家李约瑟(Joseph Needham, 1900 - 1995),中国科学家、官员徐光启等人的一些思想,统统纳入中西哲学比较的历史视野,显示了本书开阔的学术视野与思想视野。

二、通过比较哲学史的途径阐述当代中国哲学的问题

从哲学思想创作的角度看,许著在相当大的程度上也可以看作是作者对现当代中国哲学家与中国人提出的时代哲学问题的一种理论性的回答,因而可以视之为作者“借比较哲学史研究而讲当代中国哲学”的精神祈向。具体说来,可以从如下三个方面

得到印证。

其一，对于现代中国哲学史上的古今、中西之争，可爱与可信的问题，从哲学比较的角度，给予了新的回答。如关于“可信”与“可爱”的关系问题，作者借诺斯罗普的观点给予了回答：“诺斯罗普告诉人们，德国古典哲学的学理失误证明，一种可以信赖的、较少危害的哲学必须具有科学知识和科学方法的基础，决不能把科学与人文人为地加以割裂，决不能只追求‘可爱’，决不能把道德和信仰的实践意志凌驾于经验事实和实验科学理论的唤醒作用之上，也决不能以所谓‘必须的实践需求’为基础把所有的哲学都化约为道德哲学。而应像英美经验论一样把道德建立在‘可信’的基础上，像中国哲学一样把‘格物致知’作为‘诚意正心、修身齐家、治国平天下’的必要前提。也就是说，一种健全的人文哲学理论，必须含摄真善美并且对三者之关系作出合理的论说。”①

在本书的下卷，作者通过对谢无量在《中国哲学史》以及在中西哲学比较方面所作出的开创性的贡献给予了高度肯定之外，也对“可爱”与“可信”的问题进行了阐述。他认为，谢无量对于孔子的“智仁勇”三者关系的阐述，或许能为解决王国维的“可爱”与“可信”的矛盾提供妙解。谢氏认为：“以今世心理学言，心之作用，有知情意三种，而仁者之存心，必不偏于知，不偏于情，不偏于意，孔子尝论智仁勇三达德，正可当心理学上之知情意（情主仁，意主勇），然知勇之二德，又无非自仁之一德之全体而分之者也。

① 许苏民：《中西哲学比较研究史》（上卷），南京：南京大学出版社，2015 年版，第 508 页。

孔子备此三德，而后能仁。弟子之中，于三德往往有所偏，不能无憾，此孔子所以不以仁轻许之也。"许氏认为，"或许，只有以'仁'——普遍的人类之爱（我们今天所理解的仁）——来统摄王国维所说的'可爱'与'可信'的两大派哲学，人类的文明才可能有光明的前景。"①

第二，对于当代中国哲学史研究中的"亲亲互隐"问题，从哲学比较的角度给出了新的回应，表明作者是赞同"亲亲互隐"这一儒家式的道德与伦理命题。作者指出，康德的崇拜者强调"为了维护道德，互相揭发乃是更为'高尚的道德境界'"的观点，"正是典型的德国哲学观念的中国翻版。对于康德哲学的盲目崇拜使某些研究者忽视了一个基本的事实，——纳粹时期之所以有那么多的德国人充当线民和告密者而不愧不怍，很大程度上就是这种所谓'高尚的道德境界'使然；——不仅如此，对德国哲学的盲目崇拜也使某些研究者在康德的灵光面前丧失了反思精神，忘记了问一句：这种强迫人做违背人性的事的所谓'道德境界'真是那么高尚吗？"②作者还引出了美国电影《闻香识女人》（*Scent of a Woman*）的例子，说明朋友之间的保密，正如亲人之间的"互隐"类似，都是合理的。而在反法西斯战争中被炸瞎双眼的史法兰上校来到学校为守密的学生辩护，恰恰是对儒家"亲亲互隐"的伦理原则作了一个意义绝妙的现代西方的注解。③

① 许苏民：《中西哲学比较研究史》（上卷），南京：南京大学出版社，2015年版，第972页。
② 同上书，第510页。
③ 同上。

第三，作者花费相当大的笔墨回答了中国哲学中系动词“是”的问题，并以丰富而有力的语言学与思想史材料证明，中国哲学同样有“是”，可以表达 Being，to be 等来自古希腊的哲学问题。作者对邦文尼斯特（Émile Benveniste，1902 - 1976）、谢和耐（Jacques Gernet，1921 - 2018）、海德格尔等一批西方语言学家、汉学家、哲学家否定汉语中有系动词“是”，以及汉语不适宜从事哲学思考的观点，进行了认真的回应与批驳，证明古代汉语既有大量的类似于古希腊及印欧语系中的“是”，而且也有“求是”的哲学传统。从文字、语言的角度，作者引用了当代中国文字、语言学者的研究成果，认为“是”字本身就包含有直、法则的意思。而“求是”的哲学精神，自孔子讲“阙疑”、墨子“论三表”、荀子“解蔽”、王充“疾虚妄”，到戴震明辩“真理”与“意见”的不同，无一不是“求是”的表现。《汉书》称河间献王“修学好古，实事求是”，唐代颜师古注“实事求是”云：“务得事实，每求真是也。”这些典型材料均表明，中国古典哲学亦有丰富的“求是”传统。而汉晋以降的中国古代汉语以“是”作为系动词的例子，更是不胜枚举，董仲舒论人性时说：“曰性善者是见其阳，谓恶者是见其阴”。王充批评灾异谴告说道：“是有为，非自然。”《坛经》：“身是菩提树，心是明镜台。”陆九渊说：“宇宙便是吾心，吾心即是宇宙。”王阳明的四句教：“无善无恶是心之体，有善有恶是意之动，知善知恶是良知，为善去恶是格物。”[①]这些生动而丰富的思想史材料表明，中国古代汉语绝

① 许苏民：《中西哲学比较研究史》（上卷），南京：南京大学出版社，2015 年版，第 597—600 页。

对不缺乏作为系动词“是”的实际用法，只是很多西方学者不熟悉这些语言学材料与思想史材料而已。否认汉语中有系动词“是”，以及认为汉语不适宜从事哲学思考，这些观点都与19世纪以来“欧洲中心主义”的思想倾向有关。“欧洲中心主义”的幽灵一直在欧美的文化上空徘徊，一些欧美学者不自觉地受这种思想的影响，他们对于他们本来就不熟悉的中国文化敢于妄下断言，可以理解。但尤其可笑的是，一些留学欧美的中国学人，对于自己民族的文化也无意于了解，跟着一些欧美学者的观点跑，而且还自以为是，实在是可悲可叹。这正印证了王阳明的一句诗：“抛却自家无尽藏，沿门持钵效贫儿。”（王阳明《咏良知示诸生》四首之一）许著在此问题上义正辞严地予以回应与批驳，恰是通过比较哲学的途径，为中国哲学在世界哲学的舞台上争取本来就属于自己的位置，作出了独特的贡献。

三、中西哲学比较的地图及其有待丰富的一些细节

从比喻的意义上说，许著为我们提供了一幅中西哲学比较的地图，按图索骥，我们大体上能够知道中西哲学比较的基本路向。但作为一本具有拓荒性质的鸿篇巨制，该书也存在着一些不足之处，需要更多的后来者加入中西比较哲学研究的行列，丰富其中的一系列具体细节，以完成其未尽之事业。

其一，由于该书是通史的体例，不可能对众多的哲学家、学者、文学家的中西比较哲学与比较文化的论述作深入系统的研究。因此，接下来的工作就需要有更多对此领域有兴趣的后来

者，选择一些自己感兴趣的大家进行个案研究，深入发掘他们的比较哲学思想，进而丰富本书的论述。

其二，由于时间与个人精力的缘故，许著对于当代中国的比较哲学研究的成绩还没有来得及给予足够的关注，像冯契、萧萐父、张世英、李泽厚、王树人等一批哲学家、学者的比较哲学研究的成果还没有纳入这本著作的视野之中。这一点不能苛求，因为所有人的精力与阅读都是有限度的。

其三，该书对中西哲学比较研究的客观思想史的叙述是极其成功的，但对于哲学比较研究的得失评价工作，略显不足，很多地方只有画龙点睛式的评点，来不及作比较深细的讨论、辨析。这当然与著作的篇幅限度有关，而且也可能与作者的交稿时间有关。

其四，该书的书名是中西哲学比较研究，对中印、中日、中国与伊斯兰等的哲学思想比较研究当然就不可能纳入其中。如果有更多的学者致力于比较哲学与比较文化的研究，则更大范围的中外哲学的比较研究史，将是更为宏伟、壮丽的比较思想史研究的画卷。

其五，从全书的结构来看，如果能用一定的篇幅来对全书作一次总结，对于中西哲学比较的得失从理论上作进一步的提炼性的说明，则全书就真正达到了萧萐父先生提出的“由史出论，史论结合”的理想境界了。

附录

吴根友与刘素民关于“理想人格”的对话

吴根友教授（以下简称“吴”）：刘老师，非常高兴。您是武大毕业的学生，现在在中国社会科学院任职，在基督教方面有长期深入的研究。我们今天就基督教文化和儒家文化中对理想人格的不同论述作一个比较。在全球化过程中，对儒家文化圈和基督教文化圈中“人应该成为什么样的人”这个问题，我们其实可以作一个更深入的讨论。

刘素民研究员（以下简称“刘”）：非常荣幸，感谢吴院长的精心策划！

一、儒家人格理论与基督教人格理论

吴：在儒家思想中，从孔子开始，特别提倡人要成为君子，然后在君子之上呢，可能更高的境界是要成为仁者，仁者爱人嘛，最高的境界当然是圣人，这是孔子提出的理想人格。孟子特别提到要成为大丈夫，这很重要。当然，他也提倡“圣”，认为“圣”是人伦最高的境界。荀子也提倡君子，继承孔子“君子儒”“小人儒”之分的思想，特别批评“贱儒”。在荀子思想中，不仅讲“圣”，还讲“圣王”。“圣人”要“尽伦”，“圣王”要“尽制”，“制”就是在制度中把最好的东西体现出来，所以，“圣王”是荀子思想中最高的理想。除此之外，在《易传》传统里面也讲“大人”，这个“大人”在德行、知识这两个方面都达到了一个完美的境界，所以在《易传》里，专门有一个说法，“大人者，与天地合其德”，就是大人的德性跟天地的德性是一致的。所以，他既不违背天地的规则，又能够根据天地的精妙的规则来实现人的理想。关于这种理想，后期儒家如宋明儒学把整个前期儒家的这一思想作了一个非常好的概括，构成了一个图示，比如说，一般人，就是庶人，要向君子学习；那君子要向谁学习呢？君子要向贤人学习；贤人向谁学习呢？要向圣人学习。圣人是不是最高呢？不是，圣人要向天学习。所以宋代的哲学家周敦颐，就有一个阶梯式的说法，叫“圣希天，贤希圣，士希贤”，“希”就是希求，希望的意思。宋儒对整个前期儒家的理想人格作了一个阶梯推进的论述。所以我想了解，在基督教的文化传统中，对“要成为一个什么样的理想的人”有没有一整套类似的说法？比如说，从普通人到教士，到信奉上帝者，再到能够进入被上帝拯救的天国。我想就此问题求教于您。

刘：谢谢吴教授。刚才听您讲儒家理想人格的建构过程当中，从孔子到宋儒整个这样一种设定或者说诠释，我们可以从中发现丰富的内涵。从您刚才的介绍来看，我觉得儒家理想人格的建构讲求“内圣”，同时也讲求“外王”，但理想人格最终指向“天”，恰恰这一点让我觉得儒家的理想人格跟基督教的理想人格是有可比性的。为什么？因为一旦儒家理想人格最终指向“天”的时候，那么它的这个超越性就出现了，它不仅仅是世俗层面的一维，而是有超越的维度的。《论语》中孔子谈“天”之处比比皆是，且多有“天道”之意，如“四时行焉，百物生焉，天何言哉”（《阳货》），“子在川上,曰:‘逝者如斯夫,不舍昼夜’”(《子罕》),这里说的是自然法则;“获罪于天,无所祷也”(《八佾》),君子“畏天命”,“小人不知天命而不畏”(《季氏》),此处说的是惩恶扬善的天;然而,孔子谈得更多的是与个人命运息息相关的有意志、有人格的天,如,“天生德于予,桓魋其如予何?”(《述而》),“天之未丧斯文也,匡人其如予何?”(《子罕》),“五十而知天命”(《为政》),“不怨天,不尤人,下学而上达,知我者其天乎!”(《宪问》),“颜回死,子曰:‘噫! 天丧予! 天丧予!’”(《先进》),“予所否者,天厌之,天厌之”(《雍也》),如此等等。无论是孔子的“自然之天”(不等于自然界)还是“义理之天”(不是抽象的原则),两者基本上是一致的,即以上观下或由下达上——以上观下,则万物一体,人事亦不例外,也服从自然法则;由下达上,则人与天相通,天也有道德属性,正所谓“天与人离形异质,而所继者惟道也”(王夫之《尚书引义》)。虽然天与人是两个相互独立的领域,但“天道”与“人道”却不是表示两个独立实体的范畴,而是一种你中有我、我中有你的关系范畴。以天道观人,人有天性;由人道达天,天也有人性。因此,我们可以在此找到针对儒家理想人格与基督宗教对话的可能性。我们知道,基督宗教是一神教。先说“人格”,“人格”这个概念,在英语当中就是“personality”,“personality”如果从词源上来说,应该是希腊语当中的“persona”,“persona”这个词的原意就是舞台上演出所戴的面具,它在词源上是这样一个意思,这个面具就类似于京剧当中的“脸谱”。所以从这个意义上我们就可以引申,“persona”的“角色”的意义来源于最初的“脸谱”的意义。

“personality”就是由这个词而来的。在基督教文化当中有一个很重要的前提或者说设定，就是说，人是有罪的，人从受造那一刻，就是罪孽深重的。我们看《圣经》的时候，无论是《旧约》还是《新约》，都可以看到它记载了很多的小故事，都是在讲人的罪孽深重。有一些故事，比如说，亚伯拉罕，他曾经拉皮条；还有雅各，他爱上了他的妻妹，就是他老婆的妹妹；还有大卫王曾经欺凌下属之妻以及彼得三次不认上主；还有耶稣在客西马尼（Gethsemane）园祷告的时候，就是为即将到来的死亡感到极度悲哀的时候，门徒们却都犯困睡着了。这些记载中的人物都是很关键的，都是后来了不起的圣徒，对吧？但是呢，他们也确确实实犯了这样的错误，这样的罪。也就是说，《圣经》中所记载的这些事情，它所涉及的人物都是后来成为圣徒的人物，但是在当初他们的罪过跟普通人没什么区别，比如说，懦弱啊、好色啊、肉体战胜不了自己的意志啊等。这都说明在基督教文化当中所强调的一个设定，就是人是有罪的，是吧？因为人是有罪的，那就需要对人进行救赎。于是，基督教就利用希伯来信仰和希腊哲学，尝试建构一种叫“道成肉身”（Incarnation）意义上的神人之间的一种关联，这样就把既是神又是人的上帝作为人生的最终追求目标。那么对人来说，人的理想人格的追求，就以“神人合一”为最终目的，就是这样一个指向。所以，基督教理想人格的最终指向就是“神人合一”。“神人合一”在基督教中有一个词叫“vision”，它是以这样一个目标来设定人格的。我刚才说“personality”有一个希腊文的词源“persona”，那么，在基督教的神学当中呢，我们也可以见到另外一个跟它相关的词，也就是说，当我们谈到基督教理想人格建立的时候，我们不能不说，“personality”这个词的神学来源就是“person”。“person”这个词在基督教神学中有一个很特殊的含义，叫“位格”，它指的是上帝三位一体的神格。基督教在强调人是罪孽深重的同时，也有一个前提，就是人是受造的，人在受造的那一刻其实是具有一点点的神性的。“person”“位格”的特性当中的一些东西，在上帝创造人的时候就赋予了人一部分。但是人的“personality”跟上帝的“person”相比在量上是不一样的。因为，对神来说、对上帝来说，“person”“位格”是一个“perfection”，是一个“完满”。但是人的“personality”——也就是人的“人格”，在分有“上帝”这个“perfection”的意义上存在，所以人的“personality”是不完满的。那么，在这个意义上，人才有可能去追求最终的理想人格目标“神人合一”。基督宗教哲学中与儒家“天道”最接近的概念大概是“自然法”（natural law）。这里的“自然”不是指一个独立的实在即所谓的自然界，而是指万物的本性，首先是人的本性即“human nature”；自然法也不是后来所谓的统摄自然界的自然规律（law of nature），而首先并主要指道德律，是在人心中起作用的神圣命令。这与中国儒家的天道和人道合一的传统极为相似，为我们比较中西思想传统提供了一个新的切入点。

吴：非常好。圣人要跟天达到“合一”，那么在基督教神学里也有一个“人神合一”，但是这两个“合一”之间是不是有一些细微的差别，譬如说，“圣希天”，圣人希望能够跟天合一，但是他不是希望成为跟天一样那么有能量、能够造化万物，他可能在价值层面上能够更有涵盖性和包容性，比如说，他超越一种很狭隘的是非判断，对各种各样的价值采取一种包容的态度，对吧？圣人在人格上能够跟天合一指的是这样一个意思。另外一方面，圣人与天合一还有另一个意思，那就是人在整个精神境界上保持着一种刚健不已的状态，所谓"天行健，君子以自强不息"。所以，"圣希天"里头包含着一种刚健不已，没有消极啊、被动啊、死亡啊等这样一些东西在里面。所以我觉得，儒家"圣希天"的内涵里有很多很多的主动性和胸怀上的包容性。用我们今天非常通俗的话来讲，就是圣人能够达到天的高度，他既是一个有情怀的人，对这个世界保持着一种高度的关爱，像慈母、慈父对孩子那样；另一方面有胸怀，对各种价值都采取一种包容，不是讲此是彼非，此非彼是。所以我觉得，在整个中国的儒家文化传统里，"圣希天"这样一个"天"的境界，可以说接近于一个完美的状态。那么，我觉得在基督教的"人神合一"里头，据我对基督教的粗浅的理解，人总是被拯救的，受上帝启示的。当人如果被上帝拯救、回到伊甸园的状态的时候，我不知道在这样一个位格上人跟神之间的关系是怎样的？尽管在整个基督教中也讲，人是按照上帝的形象塑造的，但是它能不能像中国人讲的，能不能达到像"圣人"这么高的境界？我提这样一个问题。

二、狂狷、中道与救赎

吴：那在这里头，其实我接下来还有第二个问题。就是我觉得儒家的文化中除了这个圣人啊、君子啊，还有一些很有意思的，跟圣人君子之间稍微有偏离的人格，但这也是很不错的，比如说“狂”和“狷”这两种人格，是吧？狂狷人格，其实除了有些瑕疵之外，它还是得到肯定的。比如说孔子就有限度地肯定过“狂者”。所谓“狂者”，即这个人老是讲“古之人、古之人”，意思是说，我虽然做不到某些事，但古代有那么一个理想的人是我们要模仿的。按照口语讲，就是这个人老是喜欢讲大话，但其实他是有所进取的人。“狷者”呢，他这种人，心胸可能狭隘一点，但是他持守一个原则，绝对不后退，就像我们今天讲的底线伦理一样，他有一个底线，超越这个底线，他宁愿死，都不会去做。这种人虽然没有达到君子的“中道”“中行”“不偏不倚”的状态，但也是非常值得肯定的。不知道在基督教文化传统里，有没有类似“狂”和“狷”这种中间的类型，这个也希望您能给我们讲一讲。

刘：嗯嗯，我先顺着吴教授说这个“中道”。在基督教伦理学当中特别强调中道。中道不是机械论意义上的，它是一个“三思”之后非常审慎的斟酌，所寻求的是一个黄金分割的点。所以，中道毋宁说是人之行为选择过程中的一个最高的目标。亚里士多德也强调中道，而正是因为承袭了亚里士多德的哲学传统，中世纪基督宗教的伦理学特别强调中道。

现在回到吴教授刚才的话，在基督教里面，究竟怎么样去达到它的理想人格，有没有主动性？从基督宗教创造观的角度说，作为受造物，人是罪孽深重的，那么，我要想建立跟上帝的神人关系的话，我究竟有没有主动性呢？我是否就是完全被动地等着被救赎、等着弥赛亚的到来才是正确选择呢？从基督宗教的角度讲，是有主动性在此的。为什么？基督教讲人是受造物，上帝按照自己的形象造人，人是上帝的肖像，即“Image of God”，基督教特别强调这个“Image of God”。那么，有了这样一层关系之后呢，人和神在本体论上就形成了一种关联性。这种关联性就是通过从希腊哲学借鉴来的一种方法来建构的。这种方法是什么？刚开始我在讲的时候，我说基督教利用了希伯来信仰和希腊哲学方法来建构它的理论体系。那么，这种方法就是从希腊哲学、特别是从柏拉图那里借鉴来的一种方法，这个方法叫“participation”，意思是“分有”。人与神之间是通过“participation”这样一种关系建构起来的。也就是说，人在受造的那一刻，分有了上帝的神性，分有了上帝的理性和善性，这样一来，人与神就在本体论意义上建构了一种关联。从这种关联性出发，既然人是上帝的肖像，既然存在着这样一种本体论的关联，那么，在基督宗教的语境中，人整个的人生就没有办法离开对上帝神性这一完满性的追求。因此，从人的内在动力上来说，个体人生的内在动力是永远指向神的，最终目的是与神合一的，这个最终目标就是“Vision”，即得到永福。除此之外，基督宗教在建构它的理论体系的时候，在伦理学上设定了几种德性，首先我们知道的就是信、望、爱，它在基督教哲学里面叫“三主德”。作为受造物来说，为了建构神人关系，人必须去爱上帝，并且在“爱上帝”的前提下“爱邻人”，在这个过程中逐渐去放大、增强作为罪人原本有的善性和神性，这是人的主动。除了“三主德”还有“四枢德”，就是基督教强调的审慎、正义、节制和刚毅。我们想一下，这四种德性其实就可以帮助人主动地去追求理想人格，来建构自己和神之间的理想的关系。与审慎、正义、节制、刚毅相反的这些错误，就像您说的那个“狂”啊、“狷”啊，在一定程度上，它是有益的东西，但是超过了那个程度，它也是有害的，也就是说，与审慎、正义、节制、刚毅相反的也会产生一些负面的作用。所以，我觉得基督教在这些方面是可以和儒家产生类比和对话的。

吴：您刚才讲到两点，非常有意思。就是“Image of God”，是吧？（**刘：**对，对）像上帝，是吧？（**刘：**对）在汉语里头，其实在儒家里，包括在道家里也有类似的说法，人跟天地间的相似就是“肖（qiao）貌天地”。

刘：肖（xiao）天地。

吴：对，在发音上有“xiao 貌”、有“qiao 貌”，这在古音中都是可以的，以“x”声母和“q”声母发声的字在古音上其实是相通的。“不肖子孙”就是说不像天地生下来的。那么，儒家或者中国传统文化中的儒道两家，在讲作为一个个体的人，或者作为一个被天地制造出来的人跟它的本体有相像这一点上，可以说与基督教有非常类似的地方。但是，你刚才讲的有一点非常有意思的就是，在“四枢德”那里，跟神圣相反就是骄傲。我印象中，基督教非常批评人的这种骄傲。

刘：是的，基督宗教将骄傲、自大狂妄视为大忌。

吴：嗯，自大狂妄。我曾经请来过一位斯坦福大学的教授（李耶理），他专门来给我们讲过基督教传统里对骄傲的批评。在中国文化的“狂狷”里，它的负面情况恰恰都是“傲”，“狂傲”“狷傲”，就是狂、狷在一定程度上是可以接受的，但超过那个度就是“傲”，就不行了。所以我觉得在这一点上也非常有意思，就是基督教也反对“傲”，儒家和道家也反对走向极致的那种“傲”，这种“傲”也是有问题的。所以，可以说在“谦虚”“内省”的层面上，它都有可以对话的地方。

三、达到理想人格的方法

吴：那么还有一点，我觉得，在儒家人格里面，有“希天”这样的内在动力。在方法论上，儒家特别强调两点，一个是向外学习，像孔子或荀子主张学习“文”，是吧？所以讲君子“学不可以已”，这是荀子的，孔子也是讲“学而时习之”。所以在孔子、荀子这个传统里，人要成为君子，学习是一个非常重要的手段。而且，只要你不是天生的圣人，你只有通过学习才能由普通人进为君子，由君子再进为贤人，这是学习非常重要的地方。那么，另一条路数，像孟子所开创的心学的路数，它更多的强调一种向内的追求。就是追求本原，一个是向内追求，一个是向外追求。向内追求就是要追求你的“四端”“本心”，就是“求”放佚的良心，把丧失的良心找回来。这种“求”，称为得之在我。这种“求”的结果是，通过我自己不断的追求，完全靠我个人的努力是能够有效果的。另一种“求”是追求外在的功名利禄，这种“求”，你得还是不得不是完全由你自己决定的。所以孟子讲，我们君子应该怎么求，我们只能求那个通过我自己的努力，能够达到理想结果的，也就是说，只能求我内在人性的这个“善”，至于外在的权势、名誉、地位，这不是求就能够得到的。所以，他把人生整个的追求就放在内心，在这点上就非常有意思。我觉得在成就理想人格的过程中，一方面是学习经典、经文或者说文献，一方面是求人性，求内在的本体之善、“四端”之心。那么，在这个问题上，基督教要告诉我们的，除了受牧师的教化之外，作为一个普通人，我不是牧师，但我也相信基督教，那我怎么样能够变得更好？有没有一些方法？

刘：是的。我觉得刚才您提到的孟子的主张非常好。孟子以“不忍人之心”论“本心”，确立性善论。孟子看重心的道德本性，即“恻隐之心，人皆有之”，然后由本心论本性，由不忍人之心得出“四端”说，所以人才有“仁义礼智”四德，即将善这种本性看作生而有之的先验的东西。在孟子看来，人之有是四端也，犹其有四体也。(《公孙丑》上)四端是人之本性的自然呈现，是人与动物的不同之处。所以孟子认为没有四端，则不能成为人。孟子讲求“尽心”“知性”“知天”，他认为，人只要尽自己的道德本心去行事，就可以知晓自己的本性是善的，在内心上不会抗争，由此知本性与本心，而了解自己的本心是善的就知天了。孟子确认人的善来自于天，从而将人的价值源头客观化了。无论孟子还是基督宗教，在这一点是有共识的，即强调外在的、物质的、肉体的东西是次要的，人生最重要的还是在于人性的善的追求。

吴：如何追求这种善？

刘：在关于善的追求这个问题上，我觉得基督宗教有丰富的理论主张。首先，基督宗教有信仰主义的一方面，因此，一部分神学家强调纯粹的精神性而贬斥肉体，就像奥古斯丁曾经说到“肉体是禁锢灵魂的臭皮囊”，然而，另一方面，基督宗教神哲学家的理论中也有理性主义的思考成分，比如说，中世纪的经院哲学家托马斯·阿奎纳（Thomas Aquinas，1225－1274）提出“神恩成全自然”。自然意义上的东西，当然包含人的肉体，人的物质追求。在基督宗教看来，人作为受造物，其最终目的是借助于“神恩”获得救赎，而“神恩”也是为了成全这个自然意义上的价值的。也就是说，尽管肉体的快乐不是最终的快乐和最终的幸福，但是，人是一个由灵魂与肉体组合而成的复合实体，人的最终幸福即得到神恩的拯救并非只是灵魂的得救，而是整个人的得救，因此，人不必总是因为牵挂“旅途的终”而忘记当下的努力。也就是说，人可以借助于现实人生去追求最终的灵魂的快乐和精神的幸福。阿奎那把“Grace”作为最终目的，而这个“Grace”就是我刚才所说的“Vision”，就是“神人合一”意义上的最终目的。那么，在这样的追求当中，他将灵魂的幸福作为人生的最高目标，与孟子讲的精神层面的追求一样，提倡通过这个“meditation”或者“contemplation”最终达到“Vision”这样一个状态。可见，中西方这些大哲学家的想法在此有一致之处，也有明显不同，这个不同就在于，基督宗教虽然也发展了知物的物理学、知人的伦理学和知天的形而上学，然而，终究是将人得救的希望即人的最高幸福交给了超越的上帝。相较而言，孟子则讲求“尽心”“知性”“知天”，显然路径不一。刚才吴教授的说法对我很有启发。儒家在进行理想人格建构的时候，它在真真切切地倡导“内圣”的同时主张慢慢地、外在地去影响社会，就是所谓的“外王”。但同时它又提倡一种超越性，就这种超越性而言，我记得好像是孔子说，对尧舜也有可批评之处。

吴：不能称圣。

刘：对，不能称圣。

吴：他的意思就是说，如果对天下所有人都有所拯救，就是尧舜在这一点上也是有缺点的，不是完美的。

刘：是啊。这样就说明一个问题，就是说理想人格的建构其实是一个不断追求的过程，用一个词来表达，这个过程是一个“生成”的过程，一个“becoming”的过程。基督教的理想人格建构跟儒家的理想人格建构尽管路径不一，却都是包含着一个不断生成的过程，是永无止境的。就此而言，两者也是可以对话和比较的。

吴：好。除了自觉的学习之外，儒家认为在成就理想人格的过程中间，老师的作用是很重要的。这一点可以说在荀子和孔子那里都有，尤其是在荀子那里，他特别强调师是重要的，如果没有师的正确引导，你的学习就很容易走上弯路、邪路和歧路。荀子的这一思想，应该说在唐代韩愈的《师说》里得到了一个全面的理论的总结和提升。他讲“师”有三种，传道是一种，“道之所存，师之所存”，这是最高境界的“师”。授业解惑各是一种，“授业”仅仅是把知识传授给你，“解惑”可能不一定直接给你上课，但像郭沫若讲的，有时候一字之师啊，这都属于“师”的范围。所以，如果按照韩愈的讲法，“师”其实有三种类型，最高的“师”，跟“道”结合在一起，这还是儒家的，就是“道”之师。第二个就是“业师”，业师就是在学业上、知识上的老师，像我们今天的硕导、博导一样，给你培养成硕士、博士，拿到文凭。然后就是“解惑”，比如说你在任何一个地方，哪怕你是在坐火车、在路上，跟别人相处的时候，你有一个疑问，你问了别人给你解答，他也是你的“师”。所以，今天有“一字之师”这样的说法。那么，在基督教传统中的牧师里面有没有类似这样的划分？或者有？或者没有？就是这样。

刘：嗯，谢谢吴教授。这个问题非常好。同学们现在是在大学读书和研究，大家都知道大学是目前我们获得知识最理想的地方，因为这里有系统的学科设置和科学有效的讲授与学习方法；大家也一定清楚，现代中国大学的学科设置与讲学方式在很大程度上借鉴了西方大学的建制，可是，同学们是否了解，西方最早的大学是天主教的教会建立并完善起来的，特别是以经院哲学学术发展的地点即教会学校和修道院为基础建立起来的。在中世纪，“大学”(universitas，university)原意为“统一体”，原指教师与学生的行业公会。教师按授课专业分成不同学院，一般分艺学院、神学院、法学院和医学院四部分。各大学的专科各有侧重，比如说巴黎大学、牛津大学是以神学院著名。大学的艺学院和神学院成为继希腊学园之后的哲学摇篮。在此，学生要学习“七艺”，而授课与争辩则是两个重要的教学环节。毫无疑问，这些方法与教学内容也被我们现在的大学普遍所采用。在中世纪修会建的大学里面，教师是有双重身份的，即教师和神职人员。所以，他承担着两种角色，一个是在大学的课堂里教书，另外一个是在修道院里面去布道。而大学学科的设置也充分体现出一种整全人格修养或者说建构理想人格的设计与实践。师生在课堂上讨论宇宙和人生的各种问题，亦即说，他们在知识论上特别注重“知物”“知人”和“知天”的问题，在“知物”“知人”“知天”中，他们尝试从人的角度，以人为中心去理解天和物，建构“顶天立地”的大全理论体系，从而实现宗教信仰意义上人与上帝之间的关系。“七艺”的内容、授课与争辩的方法逐渐演变，并在后世各地的大学推广，最终成为我们今天学科设置和教学内容的重要组成部分。在这个意义上，儒家虽然没有像基督宗教这样建立一个系统的现代教育理论和技术，但是在方法上也是有可比较之处的，是吧？

吴：对，好！我们接着“师”这个问题讲。在宋以后，“师”已经变得在整个制度建构中有它的地位，叫天、地、君、亲、师，就是在“君”“亲”之后是“师”，“师”在整个国家的价值建构中有非常重要的位置。那么，在整个基督教的社会里，牧师在整个社会的结构中间是处于什么样的位置？

刘：“牧师（priest）”是一种职业，是在一般基督新教的教会中专职负责带领及照顾其他基督徒的人。圣经原文的用字是牧羊人之意。治疗和支持是牧师的主要职责——牧师怀着对基督教信念的忠诚，治疗并保卫他的同伴们。因此，“牧师”之师不同于“天、地、君、亲、师”之“师”。在中世纪担任大学教职的许多人是天主教神学家，其中也有不少人是神父（Father）。神父即神甫、司祭、司铎的尊称，是一个教堂的负责人，介于主教与助祭之间，属于七级神品，是罗马天主教和东正教的宗教职位。牧师也好、神父也好，在基督宗教社会制度建构中都有一定的地位，所发挥的作用是沟通教徒与上帝的关系。不过，从特定的历史时期来看，特别是在中世纪，在基督宗教价值观占统治地位的时期，神学家曾经被赋予比较高的社会地位，特别是，一旦他们因为对神学教育、对社会教育作出了特殊贡献而被封为各种称号之后，他们的地位就更是非同寻常，例如，神学家托马斯·阿奎那是巴黎大学的名师，1323年，他被教皇册封为圣徒。教皇宣布“托马斯著作的每一章节都是正确的”。托马斯还被授予“天使博士”的称号，其学说被确立为天主教的正统学说。20世纪末，英国广播公司举办了人类第二个千年最伟大思想家的网上评选活动，结果，托马斯·阿奎那力压霍金（Stephen Hawking，1942－2018）、康德、笛卡尔（René Descartes，1596－1650）、麦克斯韦（James Clerk Maxwell，1831－1879）和尼采（Friedrich Nietzsche，1844－1900），以排名第五的身份跻身于“千年十大思想家”之列，足见其非同寻常的社会影响力。再例如，9世纪爱尔兰神学家爱留根纳（Johannes Eriugena，C.800－877）是一个通晓古代语言与文化的宫廷教师，因为他的智慧而备受法国皇帝和社会名流的喜爱，因此一度被赋予极高的社会地位。中世纪时，整个社会赋予了神学家和神职人员非常崇高的地位，大到皇帝的老师，小到普通百姓去教堂，在遇到非常难以解决的问题的时候，去教堂请教神父。不过，随着宗教世俗化的加剧，基督宗教在世俗社会中发挥影响的程度逐渐减小，特别是随着世俗教育的独立化与专业化的加深，神职人员所担任的“师”的角色逐渐被限定于神学院或有限的哲学专业，因此，神职人员的社会作用与其发挥作用的程度也相应地非比从前。然而，无论牧师也好，神父也罢，其所承担的沟通人与上帝关系的核心角色无论如何都没有改变，因此，不管是从担任世俗教育的教师的角度，还是从个人信仰的角度看，他们的社会影响力和社会地位虽然有所减弱，可是，他们在西方整个社会的价值建构中曾经提出的理论已经和正在发挥着非常重要作用。

吴：我能不能这样理解，就是基督教社会中“师”的地位很高。中国人讲，天地是最高，然后国君是其次，然后就是亲人，“天地君亲”，然后就是老师。在人格的塑造中间，老师是最末端，但也是让你从一个无知者到有知者。那么在基督教传统中是不是这样，比如说我们人跟神有一个内在的关系。但是，以我对西方文化的理解，神职人员其实在一定程度上比皇帝还高，因为皇帝登基时毕竟还要教皇去加冕。这能不能叫上帝、神、国君到亲人，或者其他，有没有在类似的社会结构上来安排神职人员的这种特殊地位?

刘：这个在理论上是没有的，但是社会实践上确实曾经有过这么做的，特别是中世纪。君权神授，世俗皇帝要登基的话就必须借助于上帝的权威来赋予他合法性、合理性。因此，神职人员的价值在于赋予世俗权力跟天沟通的神圣性，这是最根本的。所以在某种程度上，他是至高无上的代表，然而，他只是代表，因为上帝才是最高权威，而无论谁，都不可以僭越上帝的威严。

吴：所以在这点上，其实他的位置比中国的老师的位置还要高。

刘：从神职人员对皇帝“君权神授”发挥影响力的角度看，你说的有道理。然而，中世纪时，作为教师的神学家一般不具有发挥如此影响力的角色担当，因此，其对当权者的影响力有时候只能是间接的。而如果同样是作为宫廷教师(皇帝的教师)，我想，中国的老师与西方具有神职身份的老师受当权者尊敬的程度也许是大同小异的。

吴：好，我接下来要问的就是上面没讲的，就是儒家的君子人格是正面的，但是与君子人格稍微偏离一点的，有“狂者”有“狷者”，那么在基督教的理想人格中间，相对于比较好的牧师而言，有没有类似“狂”和“狷”的概念，来表明这种人也还是可取的，但是只不过有所偏失而已。

刘：就是跟这个“狂”和“狷”相同的说法？

吴：类似的。“君子”是最好的，是不偏不倚的，但是“狂”和“狷”也是君子类型，不过是有疵瑕的，“狂者”代表说大话的，“狷者”代表持守原则的。这样的理想人格的概念，我们在基督教中能不能找到类似的两者？但又不是犯罪的。

刘：刚才我说过，基督教有信、望、爱“三主德”，“三主德”太抽象、太宏观、太大了，为了辅助这个大的目标的实现，基督宗教还提出审慎、正义、节制、刚毅，特别是，强调中道原则，强调“狂”而进取，而一旦进取之途被堵塞，就要学会“狷”而自守。一张一弛乃文武之道，狂狷是中庸之道的进守辩证，也是基督宗教思想在继承亚里士多德思想时的进一步发挥。

四、理想人格形成的动因

吴：类似的，好！我们进入第三个问题，对基督教文化和儒家文化中理想人格形成的动因，我们也可以做一个对比。儒家讲为什么要成为君子，这基于人之为人的本质这样一个设定。比如说，我们讲你之所以是人，而不是禽兽，你应该做到什么。所以在先秦的儒家特别讲，如果一个人不孝顺父母，那是不能成为人的。儒家文化有一个非常重要的区分，它在人跟禽兽之间划了一道界限，人不能成为禽兽。但是如何来规定人呢？儒家在讨论人向理想人格迈进，由比较低的人的品味向更高的品味迈进的时候，要寻找其内在动力。所以把仁者爱人看作是人之为人的本质，就是我们对同类要爱，如果你不爱，你就不配作为人。那你的父母当然是人，而且他是养育你的，你对他们不仅是一般的爱，还要孝，对你的兄弟要敬，所以从人的本质上讲，它使我们朝着一个理想人格奋斗，不是有一个外在的东西压迫着你，而是内在的本质召唤你成为理想的人格。在动力上，孔子开创的儒学是这样讲的。

刘：其实就是人性决定的。

吴：哎，人性内在决定的。孟子讲得更清楚，所谓恻隐、羞恶、辞让、是非，这“四端”是所有人都有的，这叫普遍本质，没有做到这些就不配称为人。所以孟子把这些视为人性固有的，而且是分为四个方面讲的。所以在这点上，儒家成为君子、成为圣贤的理想，不是别人要求的。你要成为人的时候，内在的本质召唤着你。按照海德格尔的现象学说法，它是由内在的本质召唤出来的，不是出于外在制度的压迫或者神的要求。所以这样一个人之为人的召唤，使你朝着君子、贤人、圣人这样的目标去奋斗。那么，基督教讲人是被上帝创造出来的，是“creature”，是被创造物，只有上帝是创造者。所以，在这样一个理想人格的塑造过程中，基督教传统可能强调拯救，或者强调启示，没有上帝之光的启示，你就不会开悟；没有上帝的拯救，你永远都是罪人。那么，在这一点上看，每个人的存在好像是被动性的。在儒家思想中，每个人理想人格形成的动力在于内因的召唤。那么在基督教中，人去信、望、爱的内在动力是怎么展现出来的？

刘：您讲的这些对我有很大的启发。刚才您提到孟子，他似乎是在强调人性意义上的一种内在召唤。实际上，基督宗教在建立理想人格的时候强调，人是有内在动力的，这个动力于人是有最终目标的。孟子强调内圣是发自内心的、发自人性的，是一种本质的要求。在基督教的哲学建构当中有一个非常关键的词叫“natural law”，我们都知道这个词，但是很多同学会认为它是一个近代产生的西方概念。其实不是这样的，在基督教理论当中对“natural law”有系统的论述。那么，近代的“natural right”“human right”也是从这儿生发出来的。现在回到人性问题上，“natural”是从“nature”而来的，“nature”就是自然，自然的也就是人性的，所以，自然法也叫人性之法，自然法的规定就是人性之法的规定。自然法有丰富的内涵，总的来说它的诫命就是趋善避恶，趋善避恶其实是人的本能的、本性的要求。自然法有三个诫命：第一就是保全生命，这是一种本能的要求；第二就是繁衍后代，因此需要结婚生子；第三是所谓神学意义或形上意义的追求，即对真理的追求、与上帝合而为一的追求。由此，我们看到，它的内容实际上是上下贯通的，既有世俗层面的指向，也有最终指向神人合一的目标，从这个意义上来说，人作为受造物有一个与创造者相沟通的可能性，即人天生具有主动地去追求理想人格的天性。不仅如此，作为“Image of God”，人在受造的那一刻，就被上帝赋予了这个“personality”，而这个“personality”跟上帝的“person”有一种本体论上的关联性，这就决定了人必须以上帝为最终目的，终身追求上帝的完满性（perfection）。因此，人生的追求目标根本是具有人性意义的。这一点上跟孟子的说法在内涵上是比较接近的。从基督教的角度来讲，这里首先是一个目的因的带动，而后才生成了人的动力因。否则，它就是外在的，就不是人性意义上的，所以我觉得孟子那里也应该是一个目的因，而不是动力因。

吴：但中国哲学不是从动力因、目的因上说的。

刘：对，没有四因说。如果从四因说的角度说的话，我觉得目的因更恰当，因为它是人性，发自内心的。

吴：其实在儒家这里，它把一切来自人性内部的追求看成是一个内在的动力。

刘：对，目的因的作用大概在于此。

吴：在儒家看来，如果是被制度所压迫、所驱使，则是外在的、不能成为内在动力的，所以动力在汉语里头具有自我发动的意思。

刘：自我发动。

吴：像阳明学，在讲良知的时候，它与朱子学的一个非常不一样的地方就是，它特别强调良知是内在的自我觉醒。

吴：自我发动，譬如说，西方道德哲学中特别讲到道德拖延症，我明明知道这是善事情，但我就是不去做，心里有一些内疚、亏欠，但我还是不去做，道德动因乏力。所以阳明讲我们每个人之所以在现实生活中间知行不合一，就是因为内在的动力、那个启动系统出了问题、被遮蔽了，要么被物欲遮蔽了，要么被世俗的名利遮蔽了，所以阳明一再讲我们要彰显自己的良知。

刘： 致良知。

吴： 对，致良知。所以所有的学问都是致良知，致良知之后让你的生命有了"主脑"，"主脑"就像打仗的指挥部，有了良知，这个指挥部是很灵敏的。

刘： 就是这个原则。

吴： 指挥部是灵敏的，一切就像太阳光是照着的，所以其他一切物欲啊，其他一些妖魔鬼怪，自然而然就被驱逐了，所以阳明说学问其实很简单，没有那么复杂，你把你的良知点亮，时时处在这个醒着的状态，不睡觉的状态，你干什么事都是对的。

刘： 其实这个跟启蒙说以及基督教的光照论是相似的。

吴： 但我是从人格的成长的角度讲，就是儒家有一个内外之别，内就是发于人性的，所以我把它理解为是一个动力，外就是我们要实现的一个社会目标，比如说当老师有很多硬的条件，要不是为了保持这个教职啊，其实我很懒得做的，这就是被压迫的，但是我要是觉得我有一种使命（**刘：** 使命感），对，觉得当老师要传道啊什么的，那你就会发于内心地自我驱动去做。

刘： 基督宗教的传教士的确是怀抱着使命感去传教和做事的。同学们看小说、看电视、看电影，都看到过那些苦行僧吧。苦行僧不光是佛教当中有，基督宗教当中也是很多的。有些隐修士苦修的程度不得了的。像托马斯·阿奎那，他家是贵族，他原本是富家子弟，可是他就要实践一下托钵僧的滋味，以此修行，这其中就包含了一种使命感。还有一些历史上去偏远贫困地区传教、帮教的传教士，如果不是使命感驱使而生成的意志力的坚守，面对穷山恶水和无知暴民，就会有犹豫和退缩。当年我在武大读书时，听说来自美国天主教大学 Maclin 教授曾经自费吃住在这里给同学们举办讲座、给同学们上课。他是美国天主教大学的教授，同时又是一个天主教徒，无论如何，他的奉献精神当然离不开他作为教师所具有的传授知识的使命感，然而，除此之外，即使他在给我们上课时从未传教，而只是讲授哲学理论，可是，谁又能否认他的敬业与认真与他作为天主教徒而怀揣的使命感无关呢？使命感会产生一个内在的力量，这是一种强大的动力。

吴：对对！

刘：要达到一个理想的目的，我觉得可能阳明哲学跟基督宗教在向着理想人格迈进的时候，是具有可供比较的理论的。

吴：只不过是我们在不同的体系下说法不同。

刘：对。就是说，在基督教这边更愿意作为一个目的因去说，当然动力因也是有的，但动力因就是外在的动力。

吴：我们这里说的动力是内在人性的召唤（**刘：**良心，良知），所以这里存在一个内在诠释系统的差异。

五、“君子”与“小人”之称

吴：在儒家文化传统中，作为一个普通人在道德上有君子和小人之别。普通人就是没有像基督教牧师那样有一个职位的人，基督教有没有类似于君子这样的人格，然后跟小人存在一个道德上的差异？比如说基督教有异教徒和教徒，那么异教徒是不是相当于我们这样一个小人，或者是怎么样的，在人格上的区分上有什么样的一些概念和观念可以沟通？

刘： 总的来讲，基督教理想人格的最高点就是神，“person”既是神格，又具有人格的意义，基督教里面又有另外一个说法，就是“incarnation”，道成肉身，正是通过道成肉身，神有了人形，它在具有神性的同时，也具有了人性，这才给了人成为类比上帝存在而存在的一种可能性，在这个意义上，人是平等的。那么回到您刚才的问题，您的意思是？

吴： 我的意思是讲，比如说，生活中间，你尽管不是一个神职人员，我认为你很有道德，这个人就是一个君子……

刘： 就是有没有“小人”这个意思？

吴： 不是，是这样的。在基督教的理想人格塑造中，一个人不是牧师，也不是神职人员，但我觉得这个人在基督教信仰上已经达到一个很高的地位，我怎么来称谓他？这在汉语里很好说，在儒家传统中，可以说这个人很君子，是吧？那就是一个褒扬性的称法。但在基督教中，我不能称扬你是一个牧师，我也不能称你是一个异教徒，我们讲“这个人做事很差劲，这是一个小人”，在儒家文化背景里，这样一个普遍性的人格有一个普遍性的二元对立，不是君子，可能就是小人，或者就是庶人、普通人，是吧？但是，我们至少有这样一些分别，那么在基督教中，如果我是你的教友，我的修为很好，但我不是神职人员，在我没有社会架构中的职位的时候，那有没有对正面人格的一些称谓？

刘：从圣经上的角度来说，所有的基督徒，无论年龄大小都是上帝的儿女，所以，他们在教会大家庭里自然就互为弟兄姊妹；神父称普通信徒为教友。基督宗教有许多尊称。对修为好的智者和大德之人，天主教教宗有授予尊称的习惯，例如"天使博士""圣徒""全能博士"等，将获得者树立为人生楷模教人学习。基督宗教没有"小人"的称呼。然而，历史上，对异教徒却有比"小人"之称更恶劣的称呼，那就是"恶魔""撒旦"。历史上，布鲁诺（Giordano Bruno，1548－1600）就被当成异教徒恶魔而处死。值得注意的是，《圣经·旧约》当中有对异教徒采取"以牙还牙"的针锋相对的态度的教异，而《圣经·新约》则一改过去，强调，"他打你左脸，你把右脸给他"的宽容态度，目的是弘扬上帝拯救的大爱。中世纪基督宗教伦理学强调"恶是善的缺乏"，因此，它是反对二元论的。

吴：我们讲，在这个汉语世界，包括佛教里面很有意思，它对人格是有阶位的，比如说有善男、善女……

刘：对，善男、善女。

吴：信男、信女。

刘：对，信男、信女。

吴：然后有菩萨道，再往上是佛。

刘：基督教也有。

吴：基督教有没有类似地描述这些人？

刘：天主教的教阶制度就是规定天主教神职人员的等级和

教务管理的制度，是教会法中的一项重要制度。教会教阶一般分为教皇、大主教、主教、神甫等，统称为大职教，下面是修士、修女等上职教，在教务方面按照级别逐级对下行使管理权，教阶是天主教会按照等级制度组成的教职体系和教会管理体制。罗马帝国后期参照帝国的官阶体系而形成，后逐步扩展并定型于中世纪西欧封建社会。教阶制的主体由主教、神父和助祭三个品位组成。主教品位又分作教皇、枢机主教（红衣主教）、首主教（即首席主教，一国教会组织之首或首都所在地的主教）、大主教、主教和一般主教等级位次。助祭之下还设有一些其他较低品位。教会管理体制则依照这一等级层次，逐级对下行使管理权。罗马教廷把整个西欧的基督教组织及神职人员，按着这一等级森严的教阶制度，统统纳入一个巨大而完整的组织体系之中。

吴：它这个仅仅是代表着宗教组织里面的阶层，但它是跟人格连在一起的吗？因为在儒家，比如说，我是一个厅级官员，或者我是一个尚书，或者我是一个侍郎，或者我是一个知府，我有这样一些官位，但这不必然说我是一个君子啊，在基督教文化的理想人格里面，有没有一套职位之外的语词或称谓？

刘：神职人员有被封圣或者被授予尊称，例如“全能博士”“天使博士”等，就是职位之外的称谓，这种称谓既是对拥有者出类拔萃智慧的肯定，也是对其理想人格的称颂与宣扬。不是每一个神职人员都可以封圣或者被授予尊称的，只有很少一部分被封圣，包括修女也是，很少一部分修女被封圣。但是历史上有一些人，比方说托马斯·阿奎那和奥古斯丁这样一些是被封圣的，但是跟他们同时代那么多优秀的神学家和教师,得到尊称的并不多。

吴: 都是一般的。

刘: 教阶制是非常严格的。对于普通人来说,加入天主教之前要学道理,这种学道理即学习基督教理想人格的一些内容、一些理论,并在这个过程中慢慢地去实践与塑造自己的理想人格,当然是基督宗教的理想人格。只有达到一定程度后才允许学道理者受洗。

六、"人格"意涵与异质文化

吴: 另外一个问题就是关于"人格"这个词,"人格"这个词是对英文"personality"的翻译,邓晓芒老师其实是不同意汉语里有"人格"这个说法的,就是说汉语里没有"人格",只有"品格""品性"等。

刘: "人格"是一个多层次的概念,可以用"品格"解释,但是它比品格内涵更丰富。

吴: 对,是这样,我就是这样认为的。我们用现代汉语的"理想人格"来解释整个中国古代以儒家为主的文化里面,人的不同的道德境界,就是君子、贤人、圣人,然后就是圣人与天合一的最高境界,我们把它称为"理想人格",实际上在整个中国古代并没有"人格"这个词,更没有现代汉语"理想人格"这个词。我是用现代汉语的语言来讲人怎么样成为人,是不同道德境界的。

刘: 您很严谨。

吴: 所以在这里我们是用现代汉语谈古代的道德境界,因为中华文化的传统特别是儒家，是使人成为一个道德的人作为一个目标，跟整个基督教或者是世界上所有的一神教不太一样的是，一神教里面可能更强调人向神的皈依。

刘：有道理。

吴：在这样两个不同的文化传统里面，比如说，未来的"一带一路"，或者是未来的美国、欧洲的大批人到中国来，就像今天的中国人到欧美移民、定居一样，那么，这样一个异质的文化，到中华文化传统中来，就涉及一个怎么样做人的问题，他不能够按照儒家的方式做，只能按照一神教的方式做。就是说，我们如何在现代汉语的"人格"的意义上来理解这个问题，即不同的文化传统特别是一神教文化传统的人与儒家文化的人联系在一起时，如何能够和平共处的问题，比如说，我一骂你，哎呀，这是一个小人，他要是知道汉语小人的意思肯定很生气，我是一个上帝的选民呐，或者说我是一个信上帝的，你怎么能这样讲呢？但是外来的这些文化有时会把你称为异教徒，以一个异样的眼光对待你。在这样一个多元的文化中，把它更简化一些，在一神教的文化传统和儒家的文化传统中，普通人在接触的时候怎么样以一种比较好的心态去对待对方？在这个问题上，我觉得探讨一下理想人格是非常有意思的，因为中国人对人在道德境界上是有分寸的，有分别的，这种分别如果在对方一神教系统中他不理解，那在语言上在做法上，他肯定就要产生误解。所以，我觉得考虑儒家文化对以基督教为代表的一神教文化的对话，其实是为一个未来开放的世界打开一扇门，就是我们这些普通人之间怎么交往。这是活生生的人啦！

刘：我觉得您有一个很大的抱负在这其中。随着中国这个新的对外开放，特别是“一带一路”倡仪的实施和活动的展开，中国传统文化与伊斯兰教、基督宗教接触会越来越多。从基督教这个角度说，它始终面临着一个新的基督教本土化的问题，即如何让基督教文化在跟中国现当代文化发生有效的碰撞，而不是产生摩擦和斗争。这应该是作为了解基督教文化和儒家文化的老师们或者一些学者去思考和尝试作出一些探究的问题。说到这里，也许应当提一下汉斯·昆（中文名：孔汉思，Hans Küng，1928－　）。

吴：对，全球伦理。

刘：汉斯·昆当年提出来一个宏大的理想，他要搞一套全球伦理提供给联合国通过。他虽然有点乌托邦的感觉，但也不是说不可以借鉴的。当前，在儒家文化跟基督教文化相互碰撞的时候，我们可以发挥我们传统文化中特有的专长去发掘一些共有的价值，就像您今天设计的这样一个对话，借此，我们可以尝试挖掘出一些共性的东西，建构一些可能对话与比较的平台，也就是要寻找两种文化深层中所蕴含的一些共性或有关的东西。目的是减少彼此的矛盾，协调共同的未来。当然，这需要通过哲学层面的一种反思后而形成一定的理论成果，然后再推广开来。

吴：再举一个简单的例子，我们的“君子”和英文里面的“gentlemen”这两个词在含义上能不能真正地对等呢？

刘：也许是有交叉的。“gentlemen”的意思指的是“出身高贵的人”“绅士”“君子”“有教养的人”。它可以指一定的外在的地位即出身，但在深层次上它更是一种高深的修为与涵养。儒家文化中的“君子”强调的就是涵养。所以在涵养、修养的意义上它俩是完全对等的。显然，“gentlemen”不仅仅指高贵的出身与显赫的地位，它更多的是强调内在的“君子”性格。一个出身并不高贵也无显赫社会地位的神父，当他在走向贫瘠之地的偏僻教堂中做善工的时候，他的物质条件是非常差的，但是，一旦他以爱岗敬业的态度锲而不舍地取得成就造福一方时，他又何尝不能被称为“gentlemen”或者“君子”呢？

七、人格平等与权威主义

吴：基督教文化——广义地讲是一神教文化，跟儒家文化还是有很大差异的。

刘：是的。不过，我在尝试去寻找对话的可能性。

吴：特别是在讲人要成为一个什么样的理想人的时候，我觉得儒家文化对基督教的一套信、望、爱的系统不太理解。

刘：不太理解吗？

吴：不太理解，但是按照现代性的平等观念来看，儒家可能有一些等级性、有一些阶位，比如说小人、君子、贤人、圣人，好像是一步一步往上走的，这在基督教一神教中好像不是那么明显。

刘：基督宗教理论上似乎是要尽量避免这种外在的区分，以体现作为“Image of God”的个体人之间人格平等原则，亦即在“personality”这个意义上是平等的。

吴：我的意思是讲，儒家有一个非常鲜明的小人、君子、贤人、圣人的区分，这在道理上实际上也隐含着一定的权威主义的东西，因为贤人比君子要高明，圣人比贤人更高明，所以我们虽然有一个非常清晰可辨的区分让你在道德上不断地达到一个更高的境界，但要是从一神教的角度看，人都是上帝的子民，各个宗教组织都是兄弟，除了一个神之外，大家都是平等的，在世俗层面都是一个平等的人格，中华文化恰恰没有这个东西。

刘：实际上，基督宗教的确一方面尽量避免区分人格，但同时又特别强调神父、牧师对于一般信徒的引领作用，这种引领不只是信仰上的指导，更多的是世俗伦理和理想人格塑造方面的影响，目的是一步步走向上帝。而其严格的教阶制度所体现的也是这样的一种模式，就此而言，基督宗教内部的等级性、阶位性也是非常明显的。

吴：它恰恰是在人的道德境界上也有一个高低的位阶，所以儒家礼制所构筑的不仅是社会制度层面的等级，就是在人格的成长上也有等级，这里有好处，也有坏处。

刘：是的。

吴：好处就是让你的道德境界不断地打开。

刘：开放的态度。

吴：但坏处就是它有意无意地形成各种各样的道德权威，道德权威主义在基督教或者以基督教为代表的一神教里头，恐怕还不太一样。

刘：有道理。基督教不但在最初最原始的意义上提倡人格平等，尽量地不去区分人格上的等级，而且在马丁·路德（Martin Luther，1483－1546）宗教改革之后，在外在做法上也是非常彻底的。宗教改革之前普通人是看不到圣经的，必须通过神父的讲解，只能聆听，但是看不到圣经文字，没有权利直接读圣经。马丁·路德他看不惯这个东西，他说我要直接跟上帝沟通，我要取消神父的所谓中保，我直接跟上帝沟通，亦即要彻底地去除所谓的不平等，无需神父作为一个所谓的桥梁（**吴：**中介）、中介。这种思想直接影响了近代的所谓自由、平等思想，人的主体性由此凸显出来，各种等级制度和宗教禁锢逐渐去除。这其中需要一个漫长的过程。无论如何，儒家思想在中国影响久远，精英主义和等级制度的影响比较明显。

吴：很深。所以我今天搞这个对话，其实也是与我自己最近研究的现代哲学家有关，我在开幕式[①]上讲到冯契先生，冯契先生做了很多工作，他在综合中国传统的儒家的理想人格加上马克思的一些思想，再加上近现代的一些自由平等的思想之后，提出一个新的概念，叫“平民化的自由人格”。

刘：有深意。

吴：所以，“平民化的”也是中国近代的，也是现代西方启蒙的，“人格”这个词也是来自西方的，但是它用现代汉语来表达的对理想人格的建构，其实是在适应社会主义的市场化改革。

刘：中国化的。

吴：中国的人，怎么样成为一个理想的人。就是不再有所谓的从君子到贤人到圣人这样一个等级，大家都是平民化的，都是

---

① 指的是2016年11月19—20日在武汉大学召开的“‘在比较中前进的中国哲学’高端论坛暨第二届比较哲学学术研讨会”。

自由的人格，在这一点上，在某种程度上，吸收了基督教一神教这样一些内容。

刘：似乎是这样的。您刚才提到孟子的理想人格最终是指向天的，无论我的理想人格建构经历一个什么样的过程，君子啊，大丈夫啊什么，最终一定要指向一个最高的、永恒的、永远生成着的过程，在这一点上与基督宗教理想人格建构有相通之处。您说到冯契，这让我想到台湾的谢扶雅。

吴：谢扶雅我还不太熟，没读过他的书。

刘：谢扶雅是既想当儒家、一个好的儒者，又想成为一个非常好的基督徒的人，他想从一个"Noble Christian"到达一个"Christian nobleman"，他想这样做，这也就是像您说的，他其实是一个想把儒家文化跟基督教文化做一个很好的糅合，然后在自己身上体现出来的学人。我觉得有一批学人是这样做的。

吴：所以我觉得儒家跟基督教的对话最终还要达到一个现代性的人格。

刘：很有启发。

吴：冯契先生给我们开创了一条道路，"平民化的自由人格"，就是我们不再像古代的圣贤、君子那样，但还是要有一个理想的人格。

刘：是啊。

吴：又是自由的，又是平等的，没有贵族气的，没有奴颜婢膝的。

刘：赞成你的观点。

吴：但也没有盗寇之心，在中国古代社会、包括现代社会

(**刘**：投机心理很强)中，下层社会其实有很多不健康心理(**刘**：的确如此)，一旦有钱就要称王称霸，这叫盗寇之心。然后是没钱，要么是人身的依赖，我的主子啊，我的领导啊；要么是物的依赖，成为商品拜物教。冯契先生提出的“平民化的自由人格”恰恰是针对近现代社会、资本主义社会所带来的商品拜物教和中国传统社会所带来的人身依附的，他要把这两个方面消解掉，所以提出一个“平民化的自由人格”。在这里，儒家讲理想人格，没错，是吧，但是怎么样把它变成一个现代性的，怎么样从基督宗教和其他的一神教里头汲取一些东西，这恰恰是这个对话的非常重要的动因。

刘：您讲得很有道理。我觉得其实现实也已经告诉我们，当下正是一个很好的机会，无论是就外在条件还是内在的动力来说，现在都是一个非常好的时机去进行这样的一种研究和对话。

吴：对，我觉得这样的话，中国文化其实它也有能力来消化吸收一神教所带来的各种各样的人格上、文化上的一些内容。

刘：所以，从这个意义上说，中国哲学就是大的、广义的中国哲学，它的研究范式也好，内容也好，将是非常有前景的。

吴：是啊，所以我觉得要多开展一些基督宗教和儒家文化的对话，或者在基督宗教和伊斯兰教之间，举办一次几个宗教在一起的对话。

刘：对对，比如说在利玛窦时代，他是很有抱负的，可是因为外在条件的不具备、国民整个文化素质和眼界的局限，那会儿很少有平民百姓能了解到，甚至平常知识分子对基督教也不感兴趣，没有了解，就没有推广的渠道，再有价值的理论和方法也都无法发挥效用。现在我们有这个条件了,国家鼓励文化对话,也鼓励宗教对话。这就为我们打开思路建构理想的对话与研究平台创造了一定的良好条件。

吴: 对,儒家文化恰恰有这样一个(**刘:** 包容),所以我觉得今天的对话是一个开始。

刘: 这是一个好时机、好时代。

吴: 我们以后可以开展多种多样的对话。

刘: 好的,开展多层面的对话。同时,也希望在座的同学们认识到,中国哲学研究,即广义的中国哲学研究,在方法论的建构和问题的选择上是非常广阔的、很有意思的。因此,只要踏实读书认真选取课题,你们的前途将是非常好的。

人名索引

E

F

G

H

J

K

L

利玛窦 Matteo Ricci 45,195,197-204,210,212-218,402

M

N

P

Q

荀子 4,223-226,248,290,363,369,378,381

书名索引

五画

六画

七画

八画

九画

十画

十一画

十二画

十三画

十四画

十五画

十六画

名词索引

人道主义　34，239，248，250，304，306，307

五画

六画

九画

十画

十一画

十二画

十三画

十五画

十六画

廿一画

后　记

校完本书的清样后，发现自己在比较哲学的道路上已经走了很长时间。从1990年第一篇学术论文——《略论老庄的生命哲学》，以一种不自觉的方式运用比较哲学的方法，到2000年与学院同仁共同创办"比较哲学试验班"，再到2008年创办并于2009年出版的《比较哲学与比较文化论丛》（现已出版12辑），2016年又成立了"武汉大学比较哲学与文化战略研究中心"（湖北省人文社会科学重点研究基地），不知不觉中我在这条道路上已经走过近30年的时间。从不自觉到自觉，从个人学术兴趣到培养人才，再到组织学术队伍，我突然发现自己在比较哲学领域里已经身陷其中、不能自拔了。出版这本书，并组织出版"比较哲学翻译与研究丛书"，我在此领域所做的事情似乎慢慢从游击队向正规军的方向发展。伴随着学术事业纵深的发展，但也越来越觉得自己从事此项工作所具备的技术手段——外语能力的不足。这一点只能

寄希望于同道的帮助与有志于此项事业的年轻学者继续推

当然，我本人在此领域努力的一切成果，都不是一个人[illegible]能完成的，其间有很多同道的支持与同仁的帮助，还有武汉大学哲学学院的经费支持与学术共同体的支持。这本书的出版，以及这套丛书的即将面市，也是因为得到了中国出版集团东方出版中心刘佩英副总编辑的鼎力支持。一切事成，既要心愿，也要诸胜缘的和合，契机契理、方得圆满。

最后，要特别感谢刘旭君对本书的精心编辑，他也为本书做了非常精细而专业的索引，让本书在形式上更合乎国际出版物的要求。希望本书的出版，有助于汉语哲学比较哲学理论的思考，同时也希望本套丛书的出版，能推进汉语哲学界比较哲学与比较文化的研究工作。

作者手记

2019 年 4 月 14 日